中國將帥事略

人類社會自產生私有財產和階級以後，便有了戰爭。戰爭造就將帥。將帥們統領千軍萬馬，馳騁疆場，或運籌帷幄，決勝千里，或恣逞勇猛，衝鋒陷陣，用血與火在歷史上寫下了威武雄壯而又殘酷血腥的篇章………

張雲風 編著

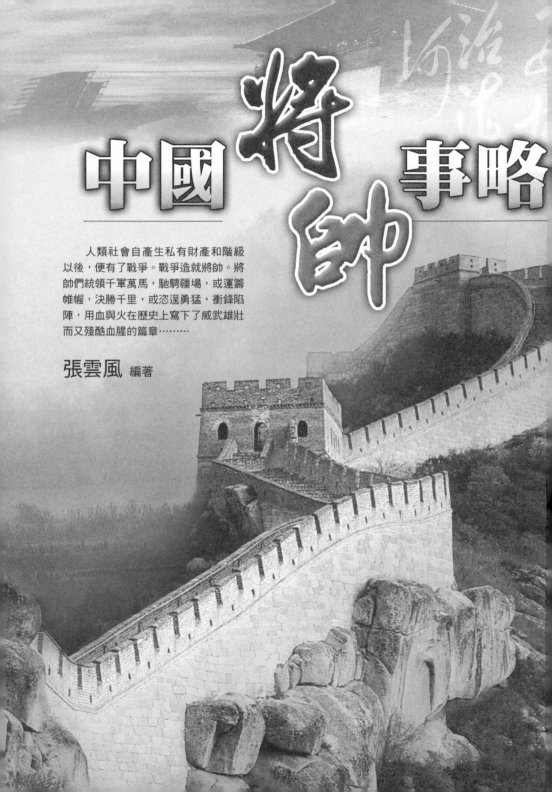

前言

張雲風

人類社會自產生私有財產和階級以後，便有了戰爭。戰爭是武裝鬥爭，是政治鬥爭的繼續，是解決階級和階級、民族和民族、國家和國家、政治集團和政治集團之間的矛盾的最高鬥爭形式。中國從傳說中的黃帝開始，黃帝便與東方的蚩尤發生衝突，但那還不是眞正意義上的戰爭。大約西元前二十一世紀，夏朝建立，戰爭隨之產生。在整個奴隸制社會和封建制社會，各種戰爭幾乎從未間斷過，只是規模大小不同而已。戰爭造就將帥。將帥們統領千軍萬馬，馳騁疆場，或運籌帷幄，決勝千里，或恣逞勇猛，衝鋒陷陣，用血與火在歷史上寫下了威武雄壯而又殘酷血腥的篇章。

「將帥」是「將」與「帥」的合稱，泛指在戰爭中領導作戰和指揮作戰的主將、統帥。最早的「將」和「帥」是有區別的。《公羊傳・隱公五年》載：「將尊師衆，稱某帥師；將尊師少，稱將。」《國語・齊語》載：「五鄉一帥，故萬人爲一軍，五鄉之帥（統帥）帥

（率領）也。」據此可知，「帥」比「將」統領的軍隊多，地位也就高些。後來，「將」和「帥」都被用作官名，二者連用，就成「將帥」了。

中國的官制完備於西周。西周設有「司馬」，為「九卿」之一，管理軍事。司馬之長稱「大司馬」，「掌建邦之九法，以佐王平邦國」（《周禮．夏官》）。春秋時，各國諸侯以卿統率軍隊，通稱「將軍」或「軍帥」。如鄭國以詹伯為將軍，晉國以魏舒為軍帥。另有「尉」，也是軍中將領。戰國時，將軍正式成為高級武官名稱。南方的楚國和越國，將軍還稱「柱國」，以示他們在國家中的重要地位。秦朝統一天下，置太尉，掌管全國軍事，另置將軍，統兵征戰。西漢初沿襲秦制。漢武帝時，太尉改稱大司馬，位居三公之首；再置大將軍、驃騎將軍、車騎將軍、衛將軍及左、右、前、後將軍等，出征時封加名號，班師後名號廢止。另外還有樓船將軍，任務是統領水軍。衛青任大司馬大將軍，霍去病任大司馬驃騎將軍，既掌管全國軍事，又負責統兵征戰，具有雙重責任。魏晉南北朝時，將軍名號繁瑣，權位各異。如魏、晉時有四征（征東、征西、征南、征北）將軍，四鎮（鎮東、鎮西、鎮南、鎮北）將軍，四安（安東、安西、安南、安北）將軍，四平（平東、平西、平南、平北」將軍等。北魏、西魏、北周則有柱國大將軍、上柱國大將軍等。這期間，征戰的將軍還稱「都督中外諸軍事」。從隋朝開始，設有兵部，兵部尚書主管全國軍事。唐朝沿隋制，征戰的將軍有時稱總管、大總管。唐玄宗時，在邊地設節度使，掌管地方軍、政、民、財大權，以致在「安史之亂」後形成藩鎮割據、尾大不掉的局面，加速了唐朝的滅亡。五代時，統軍的將軍稱都指揮使。宋朝實行「守內虛外」的國策，設樞密院，其長官稱樞密使，通常由文臣擔任，掌管全國軍事，將軍位卑權輕。明、清時戰時置大將軍、將軍，戰爭結束即罷。清朝還把將軍作爲皇家宗室的爵號，有時也授予駐防各地的軍事長官。自秦朝至清朝，都很注重皇家禁軍建設。統領皇家禁軍的將軍，秦、漢時稱郎中令，魏、晉時稱中郎將或領軍將軍。唐朝設大將軍，其下有羽林、龍武、神武、神策將軍等名目。後周時稱都點檢，宋太祖正是憑這一身分，發動政變奪得皇位的。明、清時多稱提督，負責保衛皇宮和京城的安全。

「帥」通常稱「元帥」，春秋時有此稱謂。《左傳·僖公二十七年》載：「晉作三軍，謀（考慮）元帥。」《國語·晉語》載：「（文）公問元帥於趙衰。」注云：「元帥，上卿。」可見當時只有上卿，才能擔當元帥的重任。唐高祖起兵反隋，設左、右元帥。唐玄宗時，設天下兵馬元帥、副元帥和行軍元帥，「元帥」正式成爲官名。元帥多由皇家親王擔任，副元帥由德高望重的武將擔任。「元帥」前加「大」字，即爲大元帥。北宋滅亡之際，宋徽宗之子趙構（南宋高宗）曾自封天下兵馬大元帥，裝模做樣地抵抗金兵。金朝設有都元帥和左、右元帥，位高權重。元朝在各行省置有都元帥府、元帥府，其元帥實是對地區進行軍事統治的行政長官。

將帥在戰爭中的地位和作用至關重要，往往決定戰爭的勝負。早在春秋時期成書的《孫子兵法》，就把將帥列爲戰爭勝利的決定性因素之一，指出：「知兵之將，生民之司命（生命的掌握者），國家安危之主（主宰）也。」「將者，國之輔也，輔周（周到，周全）則國之必強，輔隙（漏洞，缺陷）則國之必弱。」書中明確提出將帥的五條標準：「將者，智、信、仁、勇、嚴也。」「智」是多謀善斷，「信」是賞罰有信，「仁」是愛護士卒，「勇」是勇敢堅定，「嚴」是明法申令。據此，後世便有了「千軍易得，一將（帥）難求」的說法。中國歷史上的有爲將帥，大多是傑出的軍事家，胸懷全局，精通謀略，治軍嚴格，調度有方，能夠審時度勢，實施正確的戰略戰術，克敵制勝。夏、商、週三朝，文臣和武將的界限，並不十分嚴格。周武王兵伐商紂王的實際指揮者是姜尚，既是宰相，又是將帥，一戰而成爲西周的第一開國功臣。春秋戰國是中國歷史上新、舊社會制度交替的時代，隨著社會生產力的發展，鐵製兵器逐漸廣泛使用，兵種增多，兵員增加，戰爭方式發生了重大變化。這爲將帥們施展智慧和才幹，提供了廣闊的舞臺。孫武、吳起、孫臏、樂毅、田單、廉頗、白起等名將名帥脫穎而出，爲當時的戰爭增添了濃重的傳奇色彩。戰爭分正義戰爭和非正義戰爭。春秋戰國時期的戰爭，屬於爭霸和兼併性質，很難用「正義」與否準確劃分，但在客觀上產生了有利於歷史前進的效果，即加速了封建制取代奴隸制的過程，加快了中國趨向統一的步伐，促進了華夏族（漢族前身）與各少數民族的融合。

秦始皇雄才大略，叱吒風雲，領導和指揮了消滅六國的戰爭，統一天下，建立了多民族的統一的中央集權制國家。其後，凡符合人民群眾和中華民族根本利益的戰爭，就是正義戰爭；反之，便是非正義戰爭。在整個封建社會，一大批傑出的將帥，爲維護國家統一和民族團結而戰，爲反抗異族入侵和抵禦外國侵略者而戰，表現出了驚天地、泣鬼神的革命英雄主義和愛國主義精神。特別是一些將帥，在國家和民族危難時刻，挺身而出，擔負起平叛和禦敵的重任，威風八面，氣貫長虹。衛青和霍去病，為抵禦北方匈奴，多次率兵征伐，金戈鐵馬，大漠狂飆，有力捍衛了國家主權和尊嚴。郭子儀和李光弼，為平定「安史之亂」，不畏艱辛，浴血奮戰，成為國家再造的中流砥柱。岳飛為了抗擊金兵，「仰天長嘯，壯懷激烈」，以「壯志饑餐胡虜肉，笑談渴飲匈奴血」的豪情，決心「待從頭，收拾舊山河，朝天闕」（《滿江紅》），最後獻出了寶貴的生命。于謙反擊蒙古瓦剌部入侵，戚繼光平定倭寇騷亂，鄭成功收復荷蘭殖民者統治下的臺灣，等等。他們是眞正的民族英雄，功勳彪炳史冊，英名千古流芳。

中國多民族的統一的中央集權制國家，是各族人民共同締造的。中國廣袤疆域的開拓與奠定，中華傳統文化的形成與發展，每個民族都作出了不朽的貢獻，其中包括少數民族的帝王和將帥，如完顏阿骨打（金太祖，女眞族）、孛兒只斤鐵木眞（元太祖，蒙古族）、愛新覺羅努爾哈赤（清太祖，滿族）和木華黎（滿族）、伯顏（滿族）等，他們同樣是中華民族的英雄。中國歷史上發生的很多戰爭，屬於民族戰爭，不是國際衝突，它和近代外國侵略中國不可同日而語。民族戰爭中儘管也有正義與非正義、是與非的問題，但畢竟是中國內部的事情，並不排斥戰爭的雙方，都有推動歷史進步的功績。這就像自家兄弟，有了矛盾，也會吵架和鬥毆，不過，事後照樣是兄弟，和睦如初，親密如初。魯迅先生說得好：「劫波渡後兄弟在，相逢一笑泯恩仇。」中華民族的親和力和凝聚力，在世界各民族中首屈一指，無與倫比。

當然，將帥中也有野心家和陰謀家，也有賣國賊和民族敗類。唐朝的安祿山、史思明，發動「安史之亂」，登基稱帝，給國家和社會造成的破壞難以想像，致使唐王朝從繁盛的頂峰上急遽跌落下來，從此一蹶不振。明末的洪承疇、吳三桂引領清軍入關，充當了無恥「導盲犬」的角色；吳三桂後又發動叛亂，分裂國家，最終落得身敗名裂的下場。近代中國淪爲半殖民地半封建社會。曾國藩、李鴻章之流，殘酷鎮壓太平天國革命，雙手沾滿人民的鮮血。還有那個袁世凱，崇洋媚外，出賣國家和民族利益，竊取辛亥革命的勝利果實，復辟倒退，做了八十三天皇帝，既是竊國大盜，又是跳樑小丑，臭名昭著，世人不齒。

歷史上的傑出將帥，許多人還是軍事理論家，給後世留下了內容豐富、思想深邃的軍事理論著作。宋朝，它們被編輯成書，包括《孫子兵法》《吳子兵法》《六韜》《司馬法》《三略》《尉繚子》《李衛公問對》，稱《七書》或《武經七書》，作爲武學必讀之書。這些著作，閃爍著將帥們人格、謀略、智慧和功業的光芒，永遠是中國政治史和軍事史寶庫中的珍貴財富和遺產。

本書從中國歷史上眾多的將帥中，選擇了有代表性和典型性的六十七人，採用「事略」的方式，介紹他們的生平事蹟。正面將帥，突出他們在治理軍隊方面的見地作爲，在運籌帷幄方面的深謀遠慮，以及在臨陣作戰時堅定果決、機動靈活、英勇無畏，一往無前的精神和氣概。反面將帥，揭露他們從發跡到敗亡的種種醜惡行徑。中國古代許多帝王和宰相，如漢高祖、唐太宗、明太祖、元太祖、清太祖及曹操、諸葛亮、多爾袞等，也曾當過將帥，均是出類拔萃的軍事家。他們的事蹟在拙著《中國帝王事略》《中國宰相事略》中已有記述，這裏從略。智勇雙全、精忠報國的將帥，歷來是人們敬仰和崇拜的偶像。本書客觀地展現將帥的風采，熱情地禮讚將帥的功勳，旨在激勵中華兒女，從中吸取力量，弘揚愛國主義精神，增強民族榮譽感和自豪感，履行義務和責任，更加熱愛國家、建設國家和保衛國家，爲振興中華，實現民族的偉大復興而努力奮鬥！

張雲風　二〇〇六年三月於西安

目錄

姜尚——西周開國第一功臣

中國歷史上最早的著名將帥，恐怕要數姜尙。他生於商朝末年，後歸於周，輔佐周文王姬昌和周武王姬發父子，統領以周軍爲主的聯軍，兵伐商紂王，爲西周王朝的誕生，建立了卓越的功勳。

姜尙，姓姜名尙，字子牙，俗稱姜太公，東海（今山東日照）人。他的先祖封於呂（今河南南陽附近），故又稱呂尙、呂望、呂子牙、呂太公。

姜尙生當亂世，一生坎坷，飽經磨難。少年時代，他曾拜名師學習治國之道、強國之術；青年時代，滿腹經綸，博古通今，文武雙全，被人譽爲天下奇才。然而，他存在著天生的缺陷，不善操持家務，以致窮愁潦倒，經常沒有飯吃，直到三十多歲，還是孤身一人。爲了生計，他離開家鄉，外出闖蕩世界。眨眼間到了六十多歲，還是一事無成。這時，他到了商朝的國都朝歌（今河南淇縣），身無分文，饑寒交迫，苦不堪言，只能靠打工，每天混上幾文錢，買些食物，塡飽饑腸轆轆的肚皮。

一晃又是十年。一天，姜尙在朝歌意外遇見年輕時的朋友宋異人。宋異人同情姜尙生不逢時，將他接到自己家中居住，同時給他娶了一個年老的妻子馬氏。其時，姜尚七十二歲，而馬氏也已六十八歲了。

姜尚和馬氏成了家，謀劃起自食其力的問題。姜尚靈機一動，砍來一些竹子，編成笊籬，擔到集市上去賣。整整一天，沒有賣出去一把，又原封不動地擔了回來。馬氏大為惱火，一個勁地嘮叨，埋怨丈夫無用。

宋異人很是仗義，一面勸解安慰，一面從自家取來一些麥子，讓姜尚磨成麵粉，再到集市上去賣。姜尚照辦，可是從早上至下午，麵粉沒賣出一斤一兩。姜尚守著麵粉，計無所出。恰遇一隊朝廷的騎兵，縱馬從旁馳過，馬腿拖著繩子，繩子拖著籮筐，麵粉撒了一地，一無所剩。晚上，姜尚回到家裏，訴說了賣麵粉的經過。馬氏唾了丈夫一臉口水，大罵說：「你眞是廢物！」

宋異人繼續資助姜尚，幫他在朝歌校場旁邊開了個酒店，那裏操練的士兵很多，開酒店肯定賺錢。姜尚倒是精心，帶領夥計備下上好的酒肉，單等士兵前來吃飯。誰知接連數日，天不作美，暴雨傾盆，下個沒完沒了，士兵停止操練，也就無人光顧酒店。備下的酒肉發酸變味，最後只能倒掉餵豬。

宋異人再給姜尚一些錢，讓他領著兩個夥計做買賣牲口的生意。姜尚振作精神，從遠處買回上百頭（隻）牛馬豬羊，趕回朝歌，相信定能賣個好價錢。不想當時，朝歌久旱無雨，商紂王接受巫師指點，下令國都舉城祈禱求雨，並禁止買賣和屠宰牲口。姜尚趕著牛馬豬羊進城，與守衛城門的吏卒發生爭執，結果，牛馬豬羊皆被沒收。姜尚空手而回，本錢全無。

馬氏氣壞了，又恨又惱地說：「你簡直是個窩囊廢！我嫁給你算是倒了八輩子大楣了！」她不願再跟著沒用的丈夫受苦受窮，一跺腳，離開了姜尚。

宋異人不愧是姜尚的好友，在姜尚困厄之時，沒有厭棄他，而是竭盡所能地周濟他和幫助他。宋異人意識到姜尚的能耐不在經營，而在做官，因此積極活動，打通關節，給他在王宮裏謀了個下大夫的小官職位。

姜尚進了王宮，生活有了保障，時時留心國事，眼前展現出一片新的天地。他看到，商紂王在位日久，只顧享樂，修建鹿臺，營造鉅橋，寵幸美女妲己，酒池肉林，荒淫殘暴，天下離心。他還看到，西方周國的姬昌（當時號稱西伯），修德愛民，禮賢下士，重視發展農業生產，深得民心，國力日益增強。尤其是姬昌被商紂王囚禁於羑里（今河南湯陰西北）時，商紂王烹殺了姬昌的長子伯邑考，做成肉羹，逼迫姬昌食用。姬昌爲了免遭殺身之禍，別無選擇，強壓憤怒，硬是把肉羹吃了。其後，周國的大臣通過賄賂，送給商紂王許多美女和珍寶，從而使商紂王釋放了姬昌。姬昌回歸本國，勵精圖治，開始籌劃滅商之大計。姜尚通過比較，認識到正義和人心均在周國一邊，商朝滅亡只是時間問題。因此，他暗暗打定主意，投奔姬昌，一展平生抱負，轟轟烈烈地做一番大事業。

姜尚把自己的心思告訴宋異人。宋異人滿口同意。於是，姜尚悄悄離開朝歌，一路西行，到了渭水支流的磻溪（今陝西寶雞附近）之濱。但是，他並未直接去找姬昌，而是在那裏隱居下來，懸鉤垂釣，等待著釣出一條「大魚」。

周國的國都時在岐山（今陝西岐山）。姬昌麾下已經有散宜生、閎夭、南宮適等一批文臣武將，他的兒子姬發、姬旦（周公）等也有韜略，稱得上是人才濟濟。可是，姬昌覺得還缺少一位統帥型的人物，只有這樣一位人物，才能輔助自己，完成滅商興周的偉業。

這天，姬昌外出射獵，出發前命卜師占卜，占得的卜辭說：「所獲非龍非螭，非虎非熊，而是霸王之輔。」姬昌懷著獲得「霸王之輔」的願望，帶領眾人出發，一路射獵，偏巧不巧，也到了磻溪之濱。姬昌發現一位老人，年近八旬，精神矍鑠，手持釣竿，魚鉤卻是直的，沒串魚餌，而且魚鉤提離水面三尺左右，口中煞有介事地念叨說：「願者上鉤，願者上鉤！」

姬昌立刻被這一景象吸引了。他向前恭敬地說：「先生這樣能釣到魚嗎？」

老人說：「莫道鉤離奇，自有負命者。世人皆知商王無道，可西伯長子伯邑考，甘願上鉤；商王自認爲智足以拒諫，言足以飾非，卻糊里糊塗地放了西伯。」

姬昌聽了這話，大吃一驚，斷定老人不是凡人，忙問：「請問賢士尊姓大名？」

「老朽不是什麼賢士，東海草民，姜尙是也。」

「先生剛才幾句話，說透天下大勢。實不相瞞，我就是西伯姬昌。」

這在姜尙的預料之中。他裝出吃驚的樣子，說：「癡人妄語，見笑了。」

姬昌誠懇地說：「今商王無道，天下紛擾。若先生不棄，助我匡扶社稷，救黎民於水火，可好？」

姜尚說：「老朽乃山野之人，文不能安邦，武不能定國，恐負盛望。」

姬昌說：「哪裏哪裏？我先君太公曾經預言：『當有聖人適周，周以興。』先生就是聖人，我先君太公盼望先生久矣。」說著，親手扶著姜尚登上自己的馬車，返回國都。姜尚因此又有了太公望的美稱。

姬昌視姜尚爲天降的聖人，凡事都向姜尚請教。姜尚盡吐胸中經綸，縱論天下大勢，口若懸河，滔滔不絕。尤其是商朝的內部情況，他是問一答三，瞭若指掌。姬昌詢問「爲國之大務」。姜尚回答說：「愛民而已。」

姬昌說：「愛民奈何？」

姜尚說：「利而勿害，成而勿敗，生而勿殺，予而勿奪，樂而勿苦，喜而勿怒。」

姬昌請姜尚說得具體些。姜尚說：「民不失務則利之，農不失時則成之，薄賦斂則予之，儉宮室臺榭則樂之，吏清不苛擾則喜之。民失其務則害之，農失其時則敗之，無罪而罰則殺之，重賦斂則奪之，多營宮室臺榭以疲民力則苦之，吏濁苛擾則怒之。故善爲國者馭民，如父母之愛子，如兄之愛弟。見其饑寒則爲之憂，見其勞苦則爲之悲，賞罰如加於身，賦斂如取於己。此愛民之道也。」

姜尚的回答，反映了民本思想，具有積極意義。姬昌再詢問治國之道和強國之術。姜尚毫不猶豫地說：「重在三常。」

「何謂三常？」

「一是君以舉賢爲常，二是官以任賢爲常，三是士以敬賢爲常。一個國家，從上到下，只要形成舉賢、任賢、敬賢的良好風氣，它就無敵於天下。」

「三常」的實質是重視發掘和使用人才。姜尙在以血親關係爲紐帶的奴隸社會，大膽地提出這一觀點，表現了他的遠見卓識。

姬昌急於滅商。姜尙胸有成竹，早就規劃了滅商的方法步驟。他指出，商王雖然無道，但是國力尙未全盡，人才尙未全去，諸侯尙未盡叛。周國如果貿然伐商，前有崇國（今西安長安西）之阻，後有犬戎之患，勝負很難預料。當務之急是要繼續施行德政，愛惜臣民，修文重武，發展生產，進一步增強國力；而且要繼續朝商，做出恭敬和虔誠的樣子，消除商王的疑心；利用商王賜予的白旄、黃鉞之威，先滅犬戎，再滅崇國，建立鞏固的根據地；同時派人聯絡東夷，鼓動東夷反叛，等到朝歌空虛之時，周軍東進，一舉可獲成功。

姬昌聽了姜尙的規劃，心情激動，直恨相見太晚。他當即拜姜尙爲太師，即全國的軍事統帥。姜尙八十歲左右時，方才時來運轉，成爲姬昌的輔弼重臣。

姬昌按照姜尙的計策，迅速行動起來。主要是整頓國內，發展經濟，提倡禮義，操練兵馬。同時假裝尊商，暗中派人遊說諸侯，散布流言，離間商紂王與諸侯和大臣的關係。商紂王追求淫樂，醉生夢死，昏天黑地。忽然，東方傳來警報，東夷反叛了。商紂王怒不可遏，急命太師聞仲率兵二十萬，前去平叛。這樣一來，國都朝歌便空虛了。

姜尚探得實情，建議姬昌抓住時機，採取軍事行動。姬昌深以爲然。於是，姜尚發兵，征服犬戎和密須（今陝西涇水上游），掃除了東進的後顧之憂。接著，姜尚發兵進攻黎國（今山西長治西南），從黎國翻過大別山，便是商都朝歌。姬昌有些擔心，說：「這等於打到了朝歌的大門口，有把握嗎？」

姜尚說：「我們進攻黎國，是實中有虛，虛中有實。商王若救援，我們即收兵，此謂攻朝歌爲虛；商王若坐視不理，我們即滅黎國，順道滅邘國（今河南沁陽西北）和崇國，此謂掠地爲實。」

戰事完全如姜尚所料。周軍攻滅了黎國，商紂王毫無反應，只是歎息說：「不有天命乎？是何能爲！」於是，周軍南渡黃河，輕而易舉地又攻滅了邘國，回師途中包圍了崇國。崇國是周國的東鄰，國君崇侯虎是商紂王的親信。正是崇侯虎，當初告發姬昌有不臣之心，致使姬昌遭到囚禁。還是崇侯虎，建議商紂王烹殺伯邑考，做成肉羹，讓姬昌食用。因此，姬昌極端仇恨崇侯虎，發誓要將此人碎屍萬段。姜尚指揮周軍，包圍崇國的國都崇城，戰鬥進行得至爲激烈，數日攻城不下。姜尚命令，周軍連營紮寨，擂鼓吶喊，並不眞地攻城。這一方法非常有效，直把崇侯虎的軍隊折騰得筋疲力盡。姜尚再命士兵向城內喊話，說：「罪在崇侯虎一人，不管是誰，只要將此人獻出，必有重賞！」崇侯虎平時爲人刻薄，不懂得體恤士兵。因此在關鍵時刻，誰也不願替他賣命。他們毅然打開城門，投降周軍。周軍蜂擁入城，捉住崇侯虎。姬昌大喜，命將仇人殺了，將其首級高懸於城頭。

攻滅崇國，對於周國具有極大的戰略意義。姬昌很快在崇城的基礎上，新建宗廟和王宮，改稱豐邑（一稱豐京），將國都遷至這裏。這意味著，周國的政治中心大大東移，即將與商朝展開決戰。其時，各國諸侯傾向周國，三分天下，其二已經歸於周了。

姬昌躊躇滿志，準備依靠姜尚，給商朝以致命的一擊。怎奈姬昌已經九十七歲，積勞成疾，於遷都豐邑的次年駕崩了。

姬昌死後，其子姬發繼位，是爲周武王。武王尊亡父爲文王，繼續以姜尚爲太師，並尊爲尚父。同時任用弟弟姬旦爲相，決心繼承周文王的事業，推翻商朝，奪取天下。武王加強國都建設，新建鎬京，豐邑和鎬京隔澧水相望，合稱豐鎬。他非常敬重尚父，事事向姜尚討教。一天，他問姜尚說：「我欲輕罰而重威，行賞而勸善，簡其令而教化民眾，何道可行？」

姜尚回答說：「殺一人而千人懼，殺二人而萬人懼，殺三人而三軍震者，殺之。賞一人而千人喜，賞二人而萬人喜，賞三人而三軍喜者，賞之。令一人而千人得者，令之。禁二人而萬人止者，禁之。教三人而三軍正者，教之。殺一以懲萬，賞一而勸眾，此明君之威福。」

武王心領神會，注重賞罰和教化，周國內部更加團結，國力更加增強。武王經常詢問軍事方面的問題。姜尚說：「凡舉兵師，以將爲命。命在通達，不守一術。因能授職，各取所長。隨時變化，以爲綱紀。」他還說：「將有五才十過。五才，即勇、智、仁、信、忠。勇則不可犯，智則不可亂，仁則愛人，信則不欺，忠則無二心。十過，即有勇而輕死者，有急而心速者，有貪而好利者，有仁而不忍人者，有智而心怯者，有信而喜信人者，有廉潔而不愛人者，有智而心緩者，有剛毅而自用者，有懦而喜任人者。」

姜尚把自己的軍事理論用於實踐中，因而，周軍將士訓練有素，英勇能戰，具有很強的戰鬥力。

武王即位後的第九年，決定對商朝進行一次試探性的進攻。周軍浩浩蕩蕩，東進至孟津（今河南孟津）。姜尚向將士發布命令說：「總爾眾庶，與爾舟楫，後至者斬！」頓時，千舟競發，浪花飛濺，黃河兩岸，殺聲震天。各地諸侯以爲周要伐商，俱來參戰，聚集者達八百多人。諸侯們說：「商可伐矣！」武王聽從姜尚的意見，認爲時機尚不成熟，說：「汝等未知天命，未可也。」然後回師豐鎬。——這是歷史上著名的「孟津觀兵」。通過觀兵，武王和姜尚摸清了商朝的虛實，也看出了各地諸侯的態度。

而此時的商紂王，昏庸、荒淫、暴虐，達於頂點。他成天被美女妲己和佞臣費仲、尤渾、惡來等人包圍著，全然不知宮廷外面的情況。他用「炮烙」、醢刑（醢，讀做海）、脯刑等酷刑，隨意殺人，甚至剖孕婦之腹，殘殺胎兒，造成無數恨鬼冤魂。他的叔父比干、箕子和弟弟微子啓，爲了維護朝廷法度，多次冒死進諫，請求以國事爲重，別再荼毒百姓。商紂王勃然大怒，殘酷地殺死比干，囚禁箕子。微子啓被迫出逃。商朝眾多的大臣，包括太師、少師等，眼見得國家將亡，爲了自保，紛紛投奔了周國。

商紂王倒行逆施，眾叛親離，無疑是爲自己挖掘了墳墓。周武王徵詢姜尚的意見，說：

「商朝大臣或死或逃，此時伐商，可否？」

姜尚早有考慮，回答說：「知天者不怨天，知己者不怨人。先謀後事（行）者昌，先事後謀者亡。且天與不取，反受其咎；時至不行，反受其殃。此時伐商，應天順時也。」

武王即位後的第十一年冬天，武王和姜尚決定伐商。大軍未動，太史占卜，很想占個吉兆，鼓舞將士的士氣；不料占得的，卻是個凶兆。武王和許多大臣面面相覷，惶恐失色。姜尚昂然而起，拂去占卜用的龜甲、蓍草（蓍，讀作師）等，說：「枯骨死草，知何凶吉？戰事在即，應當盡快出兵，切莫誤了大事！」

由於姜尚的果決，武王統領戎車三百乘，虎賁三千人，甲士四萬五千人，從豐鎬出發。時值隆冬，寒風凜冽。周軍抵達邢丘（今河南溫縣東），連下大雨，一陣狂風，將中軍旗杆吹斷成三截。武王認爲這是不祥之兆，忐忑地說：「這可能是上天的警示，不讓我們伐商吧？」

姜尚不以爲然，說：「不！天降大雨，這是洗滌我軍的兵器；旗杆吹斷成三截，這是昭示我軍應該兵分三路。」

周軍在孟津渡過黃河，次年正月挺進至朝歌西南的牧野（今河南汲縣）。甲子日，武王在牧野舉行盛大的誓師儀式。全軍將士慷慨激昂，求戰心切。朝歌的商紂王慌了手腳，急召費仲等商量對策。當時，朝歌要兵沒兵，要將沒將，無奈之下，只得將七十餘萬奴隸和囚徒召集起來，發給兵器，命他們前往牧野迎戰。

次日黎明，周軍和商軍遭遇。姜尚手持白旄、黃鉞，護衛著武王，命令將士排好陣勢。商軍前來，一場大戰即將開始。突然，商軍陣內發生騷動。原來，那些奴隸和囚徒切齒痛恨商紂王，見了周軍，如見救星，發一聲喊，一齊倒戈，掉轉頭，攻殺押解他們的商軍。有人充當了周軍的嚮導，帶領周軍殺向朝歌。姜尚指揮周軍，奮勇向前，長驅直入。商軍一敗塗地，人人爭著逃命。商紂王登上鹿臺，但見周軍像潮水般湧來，眨眼間就進了朝歌城。他自知大勢已去，遂和妲己等美人一起，穿戴整齊，飾金佩玉，命侍衛放火，自焚而死。

武王在姜尚等重臣的護擁下，進入朝歌。他朝商紂王燒焦了的屍體射了三箭，繼命用銅斧砍下商紂王的頭顱，高懸白旗杆上示眾。商朝至此滅亡。四月，武王凱旋豐鎬，正式建立了西周王朝。

西周是中國歷史上第三個奴隸制王朝。周武王為了鞏固其統治，實行「封藩建國」的方針，即將功臣宿將和宗室成員，分封到各地去，建立諸侯國家，以拱衛中央政府。論功勞，姜尚最大，因此首得封賞，被封於營丘（今山東臨淄），其國稱齊國。

姜尚受封後，深感責任之重大，率領一支兵馬前往營丘。途中，他打探到海邊的東萊人，企圖搶先佔領營丘，建立割據政權。姜尚遂加快行軍速度，日夜兼程，趕在東萊人前面到了營丘，並將東萊人打敗，隨後便建立了齊國。

史載：「太公至國，修政，因其俗，簡其禮，通商工之業，便魚鹽之利，而人民多歸齊，齊為大國。」就是說，姜尚治理齊國，不拘泥於固有的成規，而是從實際情況出發，確定適用的政治措施和經濟政策。一是「因其俗」，尊重當地人民的風俗習慣；二是「簡其禮」，簡化朝廷的繁縟禮法；三是「通」和「便」，大力發展以魚鹽爲主的農、工、商業。由於政策正確，措施得當，齊國的各項事業很快走上正軌，出現「人民多歸齊」的良好局面。

五個月後，姜尙回豐鎬述職，向周武王和周公姬旦彙報施政情況。周公是武王的弟弟，受封於魯（今山東曲阜），因爲宰相，留在豐鎬，只派了兒子伯禽去建立魯國。周公聽了姜尙的彙報，異常驚訝，說：「太公治理齊國，爲何這樣快就取得成效了呢？」

姜尙如實講了自己「因其俗，簡其禮」和「通」、「便」的做法。周公讚賞地說：「太公眞可謂聖人也！」而他的兒子伯禽三年後才回豐鎬述職，彙報如何變更風俗和建立禮制，這才有了頭緒的情況。周公歎息說：「唉！魯國的後代怕是要臣事於齊國了！」

姜尙回豐鎬後，也留在國都，和周公等一起輔佐武王。武王在位三年駕崩，十三歲的太子姬誦繼位，是爲周成王。周公攝政，當國決事。不想此舉引起了一些人的忌恨，他們惡意中傷周公，誣衊他有篡位的企圖。成王年少無知，強令周公離開朝廷。這樣，姜尙就成了實際上的首輔大臣。然而，姜尙無心專權，反覆勸說成王，使之消除了疑心，並以禮召回了周公。周公得以繼續攝政。就在這時，發生一件大事，周公的弟弟勾結商紂王的兒子，發動叛亂了。

原來，武王在「封藩建國」的時候，也將商紂王的兒子武庚封爲殷侯，留住朝歌，以繼商嗣。爲了監視武庚，武王派弟弟管叔鮮、蔡叔度、霍叔處，率兵駐於朝歌周圍，號稱「三監」。正是管叔鮮、蔡叔度、霍叔處，蓄有野心，忌恨周公，散布了中傷周公的流言蜚語。周公重新攝政，他們更加忌恨，於是反和武庚勾結起來，聯合東方的徐戎、淮夷，舉兵反叛。這使新興的周王朝面臨一場巨大的危機。周公和姜尚經過商量，徵得成王的同意，決定東征平叛。按照計劃，周公和姜尚兵分兩路，周公直接進攻朝歌，姜尚繞道至東方，切斷徐戎、淮夷和武庚的聯繫，斷其後援。這場戰爭整整進行了三年。周公斬殺了武庚和管叔鮮，流放了蔡叔度和霍叔處，然後和姜尚會合，掃蕩和平定了東方所有的叛亂小國，從而大大擴展了周朝的政治版圖。

平叛戰爭取得輝煌的勝利，姜尚又建立了蓋世功勳。周公繼續「封藩建國」，特別規定齊國的疆域「東至海，西至河，南至穆陵（今安徽淮南），北至無棣（今山東無棣）。」同時授予姜尚享有征伐「五侯九伯」的權力，無須朝廷批准。

姜尚歸國，繼續治理齊國。齊國更加富庶，成爲周朝東方的強大屏障。姜尚活了一百多歲病死。戰國時期，有人將他的治政和用兵之道，輯錄成一部兵書，叫做《六韜》。《六韜》現存六篇，即文韜、武韜、龍韜、虎韜、豹韜、犬韜。它不是姜尚親手所作，但其中內容，很能體現姜尚的政治謀略和軍事思想。

孫武——「兵家鼻祖」及其「兵學聖典」

中國歷史上的東周分爲兩個階段，前段叫春秋時期（西元前七七〇～前四七六年）。這一時期，封國林立，諸侯爭霸，奴隸起義和奴隸戰爭的洪流，猶如驚濤駭浪，猛烈沖刷著奴隸制的污泥濁水，從根本上打擊了和動搖了奴隸主階級的腐朽統治。「禮崩樂壞」四字，形象地概括了當時奴隸制江河日下，搖搖欲墜的局面。春秋晚期，齊國出現一位傑出的軍事家孫武，他以一部內容深邃的兵學著作和指揮戰爭的勝利業績，而獲得「武聖」的稱號，其事其書，世代流傳，享譽世界。

孫武姓孫名武，字長卿，一稱孫子或孫武子。齊國樂安（今山東惠民）人。他主要是在吳國施展才幹和創建功業的，因此又稱吳孫子。

據《新唐書．宰相世系表》和《古今姓氏辨證》記載，孫武的祖籍在陳國，先祖姓陳，後姓田。西元前七世紀，陳國發生內亂，公子陳完逃至齊國避難，不久改稱田完。歷經數代，田氏發展成爲齊國的新興豪族。齊景公時，孫武的祖父田書因征戰有功，被賜姓孫，並獲得樂安作爲采邑。孫書的兒子孫馮，孫馮的兒子便是孫武。

齊國的始祖是西周政治家和軍事家姜尙。春秋早期，齊國出現過齊桓公、管仲等出類拔萃的人物。孫武的祖父和父親都曾統兵打仗。這些，無疑給予青年時代的孫武以巨大的影響，使他能夠了解戰爭和研究戰爭。西元前五三二年，齊國爆發「四姓之亂」：田、鮑、高、欒四大家族爲了爭權奪利，互相仇恨和攻殺。就在這個時候，孫武——或許還有其他成員——出於自身安全考慮，被迫離開故土齊國，移居南方吳國。吳國佔有長江下游地區，立國很早，開化緩慢，相對比較安定。孫武移居那裏，有利於冷靜地對戰爭進行思考和研究。

孫武在吳都姑蘇（今江蘇蘇州）附近安家，自耕自食，過著一種隱居式的生活。他好讀兵書，特別善於分析戰例，從夏、商、周以來戰爭的得失成敗中尋找規律性的東西，加以概括和提高，從而形成完整的軍事理論體系。經過大約二十年的思考和研究，他寫出了一部新的兵書，即《孫子兵法》。這是中國流傳下來的最古老的軍事理論著作，被譽爲「兵學聖典」；孫武以這部著作創立了兵家學派，因此被稱爲「兵家鼻祖」。

《孫子兵法》現存十三篇，依次爲《始計篇》《作戰篇》《謀攻篇》《軍形篇》《兵勢篇》《虛實篇》《軍爭篇》《九變篇》《行軍篇》《地形篇》《就地篇》《火攻篇》《用間篇》。全書全面論述了戰爭中的軍事謀略思想，中心是講在戰爭中，應當力求以智謀勝敵，而不只是以強力勝敵。關於戰爭，書中開篇指出：「兵者，國之大事，死生之地，存亡之道，不可不察也。」提出決定戰爭勝負的基本原則，是「道、天、地、將、法」等「五事」。作戰方針主張速攻，「兵貴速，不貴久」；作戰形式強調野外作戰，把「伐兵」（消滅敵人有生力量）放於

「攻城」（佔領敵方土地）之前；作戰指導注重主動和靈活兩個方面，特別指出：「兵，詭道也。故能而示之不能，用而示之不用，近而示之遠，遠而示之近」，也就是「兵不厭詐」。書中還論述了軍隊建設、將帥指揮、軍事心理和軍事地理等方面的問題，包含豐富的樸素唯物論和辯證法思想。它提出了「知己知彼，百戰不殆」的著名論斷，強調經濟是戰爭勝負的物質基礎；作爲戰爭的決策者和指揮者，應當審時度勢，妥善處理不斷變化的敵我、彼己、眾寡、強弱、攻守、進退、勝敗、虛實、勇怯、利害、勞逸、遠近、得失、治亂、安危等各種矛盾，變不利因素爲有利因素，永遠使自己處於有利地位，奪取戰爭的勝利。

《孫子兵法》內容豐富，博大精深。孫武寫作該書的本意，只在於興趣和愛好，並非要以它來謀取什麼名利。可是，他的好友伍子胥的出現，改變了他的人生軌跡，使他成爲一位戰功卓著、赫赫有名的軍事統帥。

伍子胥，名員，楚國人。楚平王聽信奸臣讒言，殺了伍子胥的父親伍奢和哥哥伍尚，伍子胥滿懷國仇家恨，逃離故國，前往吳國。途中經歷千辛萬苦，當過乞丐，好不容易到達吳都姑蘇。他也是一位軍事家，到了吳國後便和孫武結識，彼此成了好友。西元前五一五年，伍子胥說服吳公子姬光，殺死吳王姬僚。姬光成爲新的吳王，即史籍中所記載的闔閭。伍子胥升任大夫，輔佐闔閭，進行政治、軍事改革，一心想借吳國之力，攻滅楚國，替父兄報仇。闔閭雄心勃勃，急欲當齊桓公等一樣的霸主，視楚國爲爭霸的最大障礙，因而十分信任伍子胥和另一個楚國降臣伯嚭（嚭，讀作痞），連年發兵，進攻楚國。攻楚戰爭雖然取得了一些勝利，但是闔閭知道，憑藉伍子胥和伯嚭的能力，吳國很難征服楚國，自己也就很難當上霸主。爲此，他感到懊惱，經常登高望遠，慨然長歎。伍子胥揣摩闔閭的心思，這才鄭重地推薦了隱居的孫武。

闔閭對於孫武一無所知，說：「他一個隱居之人，能有什麼本事？」

伍子胥說：「孫武精通韜略，講兵布陣，有天地包藏之妙，鬼神不測之機。陛下若用此人爲將，天下莫敵。」

闔閭說：「寡人需要的是，能夠統領全軍衝鋒陷陣、攻城掠地的將帥，而孫武沒沒無聞，只會紙上談兵，哪堪大用？」

伍子胥認定孫武足智多謀，不厭其煩地予以推薦，一個上午，利用論兵的機會，連續七次講到孫武。闔閭很不高興，責備說：「你怕是以舉薦人才爲名，實欲呼朋引伴、結黨營私吧？」

伍子胥叫苦不迭，但是並不灰心。他身邊有孫武兵法的手抄本，特地呈給闔閭觀看。闔閭不看便罷，一看不禁拍案叫絕，因爲孫武論述用兵之道，字字珠璣，精妙絕倫，其中許多格言警句，無不閃爍著智慧的光芒。他迫不及待地要見孫武本人。伍子胥說：「孫武淡泊功名富貴，陛下見他，必須以禮相請。」闔閭滿口答應，即命伍子胥攜帶黃金和玉璧等禮物，去請孫武，擬用爲將。

伍子胥見了孫武，轉達闔閭的意圖。孫武淡然一笑，說：「我研究兵法，只是出於興趣和愛好，不是爲了博取高官厚祿。再則，我拙於辭令，不善爲將，所以無意出仕。」

伍子胥說：「先生滿腹經綸，棄之鄉野，豈不可惜？如今天下大亂，百姓塗炭，正是英雄用武之時。先生不爲自己，即使爲了黎民，也應見見吳王，盡吐胸中韜略。」

孫武經不住伍子胥的死纏硬磨，遂隨之到了姑蘇。闔閭很快接見孫武，說：「先生的兵法，寡人逐篇讀過，耳目一新，受益匪淺。」

孫武說：「草野之民，才疏學淺，承蒙陛下錯愛，實不敢當。」

闔閭要測試孫武的實際能力，說：「先生在兵書中所講的，可否小規模地演練一番？」孫武說：「可以。」闔閭故意給孫武出難題，說：「可否找些女人來演練？」孫武說：「可以。」闔閭大笑說：「女人也能操戈習戰嗎？」孫武認眞地說：「臣的軍事理論具有普遍性，不論是男人還是女人，通過訓練，都可以成爲能征善戰、紀律嚴明的軍隊。」

於是，闔閭將後宮美貌的宮女一百八十人，集合起來，交給孫武演練。王宮臨時充作演練場，闔閭和一幫文武大臣高坐於望雲臺上，觀看演練情況。

孫武將宮女分成兩隊，一爲左隊，一爲右隊，任命闔閭的兩名寵姬各爲隊長。同時調來一隊男士兵，一人任執法官，負責執法；二人任軍吏，負責傳達號令；二人爲鼓手，負責擂鼓；其他人任力士，手執兵器，立於一邊，以示軍威。

孫武身著戎裝，頭戴兜鍪，手持長劍。宮女們也都穿上軍服，有的握盾，有的操戟。她們覺得新鮮好玩，嘻嘻哈哈，笑個沒完沒了。孫武威嚴地說：「你們知道前心後心和左手右手嗎？」宮女回答說：「知之。」孫武說：「聽好命令：前，則視心；左，視左手；右，視右手；後，即視背。」意思是說，演練時必須聽從鼓聲的號令，向前向後，向左向右，保持隊形，做出刺殺和防禦的各種動作。宮女說：「諾。」

孫武再命軍吏三令五申，傳達號令。鼓手擂響大鼓，演練開始。宮女根本沒把演練當回事，以兩個隊長爲首，一面嘻笑，一面做著動作，號令向前她們向後，號令向左她們向右，一時隊形大亂，分不清東西南北。

孫武叫停，嚴肅地說：「約束不明，申令不熟，將之罪也。」他命軍吏再次三令五申，強調演練要領。然後擂鼓，再行演練。宮女平時嬌慣，不知輕重，哪會把號令放在眼裏？她們照舊嘻嘻哈哈，有人嫌累，乾脆坐到地上，東倒西歪，說笑逗樂了。

孫武是當眞的，命宮女集合，厲聲說：「執法官何在？」執法官向前。孫武說：「約束不明，申令不熟，將之罪也。約束既明，而不如法者，吏士之罪也。吏士有罪，按軍法，當如何處治？」執法官說：「當斬！」孫武斷然說：「吏士難以盡誅，可將左、右隊長斬首示眾！」

兩個隊長嚇得魂飛魄散，高聲呼喚吳王救命。其他宮女大驚失色，怕得要死。望雲臺上的闔閭見此情景，也很驚駭，忙派人傳話給孫武說：「寡人已知將軍能用兵矣。寡人非此二姬，食不甘味，願勿斬也。」

孫武說：「臣既已受命爲將，將在軍，君命有所不受。」他命令執法官說：「速斬二姬，以正軍法！」執法官答應說：「遵命！」不一時，獻上兩顆血淋淋的人頭。

孫武另任命兩個隊長，繼續演練。宮女們受到震懾，再不敢喧嘩嬉鬧，完全按照號令，列隊，進退，旋轉，刺殺，防禦，中規中矩，井然有序。自始至終，無一人大聲說話。演練進行數日，宮女佇列整齊，軍容雄壯。孫武派人報告闔閭，說：「兵既整齊，請大王前來檢閱。她們唯大王所用，可以赴湯蹈火。」

闔閭因失寵姬，心中不快，推辭說：「請將軍停止演練休息吧，寡人不想檢閱。」孫武由此看到闔閭的爲人，說：「大王徒好其言，不能用其實。」闔閭不打算重用孫武。伍子胥及時進言，說：「臣聞『兵者，兇器也』，馬虎不得。誅殺不果，號令不行。陛下欲霸諸侯，思得良將，良將以果毅爲能，孫武軍中執法，正是果毅的表現。美色易得，良將難求。陛下若因二姬而棄孫武，無異於愛莠草而捨嘉禾也。」

闔閭頓有所悟，再見孫武。孫武解釋誅殺二姬的原因，說：「令行禁止，賞罰分明，此乃軍中通則。三軍將士只有服從號令，步調一致，才能形成合力，克敵制勝。」

闔閭消除了怨氣怒意，正式拜孫武爲將軍，統領吳國兵馬。孫武爲了驗證和豐富自己的軍事理論，接受任命，加緊對步兵和水兵的訓練，很快地使吳軍成爲一支具有強大戰鬥力的軍隊。

闔閭心目中的生死對頭是毗鄰的楚國。因爲楚國地廣人眾，屢屢侵犯吳國。闔閭採納孫武和伍子胥的意見，先滅楚國的附屬小國徐國和鐘吾國，並以小股精銳部隊，時時騷擾楚國的邊境，實行「打得贏就打，大不贏就撤」的策略，致使楚國軍隊一直處於高度緊張狀態，焦頭爛額，疲憊不堪。西元前五一二年，孫武、伍子胥等虛張聲勢，統兵伐楚，揚言要進攻楚都郢城（今湖北江陵附近）。楚國立時全國動員，嚴陣以待。然而，吳軍只在楚國邊境虛晃一槍。孫武說：「民勞，未可，且待之。」吳軍隨後便撤回國內。而楚軍卻擺出臨戰架勢，許久方知吳國採用的是「疲敵」之計，目的在於拖垮楚國。

西元前五〇六年，闔閭親自掛帥，聯合仇恨楚國的唐國和蔡國，發兵六萬，眞正開始了進攻楚國的戰爭。孫武、伍子胥、伯嚭各統一軍，水陸三路，齊頭並進。當時，楚軍正圍攻蔡國。孫武佯裝率軍沿淮河西上，給人以救援蔡國的假象。途中，孫武突然捨船登岸，翻越大別山，突入楚境。南方，吳軍抵達豫章（今江西南昌），改向西北方向進軍。楚國派出大將子常，率兵二十萬迎敵。吳軍與楚軍相遇於柏舉（今湖北麻城），展開大戰。楚軍人數雖多，但是無暇休整，非常疲憊。吳軍人數雖少，但是訓練有素，人人驍勇。更重要的孫武指揮得當，專門集中兵力，攻擊楚軍的薄弱環節。大戰三日，楚軍潰敗，且戰且退，只好扼守漢水，以作防禦。吳軍乘勝追擊，強行渡過漢水。吳軍和楚軍連戰五次，楚軍皆敗，就連子常，也逃奔了鄭國。吳軍大進，如入無人之境，一舉攻佔了楚都郢城。楚昭王倉皇出逃，勉強保住了性命。

闔閭進入郢城，標誌著他的事業到達了頂峰，儼然成了一位「霸主」。孫武通過這場戰爭表明，他不僅是一位傑出的軍事理論家，也是一位卓越的軍事活動家。他指揮的吳軍，以少勝多，以弱克強，書寫了中國戰爭史上的一個奇蹟。

史載：闔閭「西破強楚，入郢，北威齊、晉，顯名諸侯，孫子與有力焉。」這客觀地評價了孫武在闔閭稱霸過程中的作用。就在孫武聲名大振的時候，他卻採取了一個出人意外的舉動：請求辭職。闔閭百般挽留，伍子胥更是誠懇勸阻，但是孫武辭意已決，沒有挽回的餘地。最後，闔閭只好同意，批准孫武辭職，並將富春（今浙江富陽）之地賜予孫武，作為食邑。

孫武激流勇退，是他淡泊名利、頭腦清醒的表現。官場歷來污濁和險惡，他不想混跡其中，落個身敗名裂的下場。在這一點上，他比伍子胥高明得多。伍子胥對於吳國，可以說是功勳卓著，但因為貪戀權勢，所以在繼任的吳王夫差時，受到猜忌，被迫自殺而死。

孫武晚年生活和結局，史無記載。根據他的性格，極有可能是飄然歸隱，老死山林。他的《孫子兵法》，早在戰國時期就廣泛流傳，成為歷代將帥的必讀書。它還廣泛流傳至外國，被尊為「世界第一兵家名書」。實際上，《孫子兵法》在國外的影響，遠遠超出軍事學的範疇，它成為一門專門的學問，其戰略戰術和辯證法思想，被廣泛應用於政治、哲學、文學、歷史，甚至企業經營和商業貿易等各個領域。

田穰苴——嚴正執法，怒斬監軍

春秋時期的齊國是傳統的軍事大國。齊桓公曾是春秋第一霸主。但是到了春秋晚期齊景公時，齊國的風光不再，淪落爲二等或三等國家，幸虧有宰相晏嬰的苦苦支撐，才在諸侯國中保留了一席位置。

當時，齊國軍事力量薄弱，導致鄰國時時入侵。西鄰晉國侵佔了阿、甄地區（今山東陽谷、甄城一帶），北鄰燕國侵佔了河上地區（今山東德州、河北滄州一帶）。齊軍面對強敵，基本上是每戰必敗，喪失大片國土。因此，齊景公急得像熱鍋上的螞蟻，不知如何應對。

這時候，晏嬰推薦了一位將軍，叫做田穰苴。田穰苴，說來和孫武是同一個先祖，就是田完（陳完）。田穰苴屬於田氏庶出旁支，其祖父和父親時家道敗落，早與田氏豪族沒有什麼關係。田穰苴是在民間長大的，青年時從軍，幾年後升任小小的車官，沒有任何名氣。晏嬰和他有過接觸，認爲他很有軍事才幹，足當大任。齊景公不以爲然，說：「田穰苴這個人，寡人從未聽說過，怎能把軍權交給他呢？」

晏嬰說：「田穰苴雖是田氏庶出旁支，然其人文能附眾，武能威敵。陛下不妨見上一見，試試他的才能。」

於是，齊景公召見田穰苴，試著和他談論軍事問題。不想，田穰苴對答如流，論述用兵方略，頭頭是道，頗具眞知灼見。他說：「古者以仁爲本，以義治之爲正。攻其國，愛其民，攻之可也。以戰止戰，雖戰可也。」他說：「國雖大，好戰必亡；天下雖安，忘戰必危。」他特別強調指揮戰爭的六大要素：一要順應天時，二要依靠地利，三要備足物資，四要上下一心，五要講究兵器的配合使用，六要掌握敵人的情況。他主張從嚴治軍，進入敵國作戰時，「無暴神祇，無行田獵，無毀土功，無焚牆屋，無伐林木，無取六畜、禾黍、器械」，優待俘虜，只要放下武器者，不應傷害他們。

齊景公聽了田穰苴這些話，樂得心花怒放，感謝晏嬰推薦了一位足智多謀的將帥。他當即任命田穰苴爲將軍，統領齊軍抵抗晉國和燕國的入侵，收復喪失的國土。田穰苴非常謙遜，說：「臣出身卑賤，陛下將臣提拔於低層行伍之中，位於大夫之上，士卒未必親附，百姓也未必信任。人微權輕，難以服眾。因此，臣請求陛下任命一位德高望重的大臣，作爲監軍，這樣最好。」

齊景公沒有理由反對，特任命自己寵信的大臣莊賈（賈，讀作古），前往田穰苴軍中，擔任監軍。田穰苴歡迎莊賈監督軍務。二人見面後約定：次日正午在軍營門口相會，共同整頓軍隊。

第二天，田穰苴早早到達軍營，命在門口樹立木表觀察日影，設立沙漏計量時辰，等待莊賈。莊賈平素驕縱，以爲自己出身尊貴，深得國君寵信，現在又出任齊軍的監軍，應當擺一擺架子，大可不必著急。整個上午，親戚朋友設宴，爲之送行；他則不緊不慢，開懷暢飲，樂不可支。午正時分，田穰苴沒有等到莊賈，下令推倒木表，撤去沙漏，自己進入軍營，集合部隊，宣布軍紀，然後帶領士兵，列隊操練。直到傍晚時，莊賈才滿面紅光，大搖大擺地來到軍營。

田穰苴毫不客氣，責問說：「爲何遲到？」莊賈滿不在乎，咧嘴笑著說：「親戚朋友設宴送我，多喝了幾杯，所以來晚了，嘿嘿。」

田穰苴板起面孔，怒怒地說：「將受命之日則忘其家，臨軍約束則忘其親，聽到鼓聲衝殺時則忘其身。如今，敵國侵入我國，邦內騷動，士卒正在邊境浴血奮戰，國君寢不安席，食不甘味。百姓的身家性命，全繫在監軍身上，而監軍怎能因爲有人送行飲酒而遲到呢？」

莊賈想要分辯。田穰苴問執法的軍正說：「軍法對遲到者的處罰，是怎樣規定的？」軍正回答說：「當斬！」莊賈聽了「當斬」二字，嚇得面如土色，渾身發抖。他忙命隨從報告齊景公，希望國君能救他一命。隨從前去報告尚未回來。田穰苴果斷地下令，將莊賈斬首示眾。此舉使三軍將士，無不震慄。

不一時，齊景公派遣使臣，手持符節，乘車馳入軍營，聲稱國君赦免莊賈。田穰苴說：「將在軍，君命有所不受！」他又詢問軍正說：「軍法對擅自在軍營乘車疾馳者的處罰，是怎樣規定的？」軍正回答說：「當斬！」那個使臣驚懼萬狀。田穰苴說：「國君的使臣，不可殺之。」他下令將趕車的馭手斬首，同時砍斷馬車的左轅，殺死左側的驂馬，進行象徵性的處罰，以維護軍法的威嚴。

田穰苴軍令如山，嚴正執法，表現出了巨大的勇氣和魄力。他從嚴治軍，大大提高了軍隊的戰鬥力。很快，齊軍開赴前線，抵抗晉國和燕國的入侵。行軍途中，他對士兵的宿營、挖井、壘灶、飲食、疾病、醫藥等問題，親自察看和過問，十分關心他們的生活。朝廷發給統帥的錢物，他全部分配給士兵，自己只領取其中的一份。尤其照顧身體虛弱的士兵，關愛他們，就像關愛自己的孩子。因此，全軍上下，形成了合力，樂於為國家而戰，回報他們的統帥。

齊軍抵達前線，休整三天，投入戰鬥，人人英勇，個個爭先，就連傷病員，也紛紛請求上陣殺敵。晉軍和燕軍面對奮勇不怕死的齊軍，自愧不如，急忙撤軍後退。田穰苴麾軍追擊，沒多久便收復了阿、甄、河上等地區。

田穰苴為齊國建立了功勳，凱旋回師。臨近國都，他命軍隊返回駐地，解除戰時狀態，並舉行了誓盟儀式。齊景公率領文武百官，到郊外迎接田穰苴，並把他送歸府第。接著，齊景公尊田穰苴為大司馬，由他統領全國的軍隊。後來，史學家常把「司馬」用作田穰苴的姓氏，稱他為司馬穰苴。

田穰苴執掌齊國軍權，使田氏家族更加顯赫起來。這引起了鮑氏、高氏、國氏三大家族的忌恨。他們聯手向齊景公進讒，聲稱田氏家族勢力強大，於國不利。齊景公說到底是個昏庸的國君，聽信讒言，罷免了田穰苴的職務。田穰苴被迫在家中閒居，研究兵法，不久因病而死。

一百多年後，田氏奪得齊國政權。齊懷王時，命人將田穰苴的軍事論述整理成書，定名爲《司馬穰苴兵法》，簡稱《司馬法》。齊懷王運用兵法中的戰略戰術思想，強化軍隊，四處征戰，屢屢獲勝，一度使齊國成爲「戰國七雄」中的盟主。司馬遷稱《司馬法》的內容「閎廓深遠」。宋代編輯「武經七書」爲武人必讀教材，其中就包括《司馬法》。

吳起——顛沛流離，戰功卓著

如果說春秋時期，是中國奴隸制崩潰的時期，那麼戰國時期（西元前四七五～前二二一年），則是中國封建制確立的時期。戰國時期，秦、楚、齊、燕、韓、趙、魏七國被稱爲「戰國七雄」。它們爲了爭權奪利，互相比拼，發動一系列戰爭，風雷激盪，令人眼花繚亂。戰爭造就英雄。正是這一時期，湧現出許多傑出的將帥，吳起便是最早的一位。

吳起，一稱吳子，衛國人。自小喜愛舞槍弄棒，結交朋友。青年時代，利用比較富裕的家境，廣散錢財，遊仕建業，結果一事無成。許多人譏笑他是敗家子。他憤怒之下，把譏笑他的三十餘人都殺了，決定離開家鄉。行前，他咬破臂膀，辭別母親說：「我吳起若不當上卿相一類的高官，絕不再回衛國。」

吳起到了禮儀之邦魯國，師從孔子學生曾參的孫子曾申，全面學習「六藝」（禮、樂、射、御、書、數）。這期間，他娶了一位齊國女子爲妻子。他的母親在衛國去世。他因爲還沒有出人頭地，所以無臉面回家奔喪。曾申認爲這是不孝，遂宣布與吳起斷絕關係。吳起離開曾申，全力習武，在軍事方面漸漸顯露才幹。魯國宰相公儀休向魯穆公舉薦，吳起首次爲官，當上了魯國的大夫。

恰遇齊國進攻魯國。魯穆公想以吳起爲將，卻又疑心吳起的妻子是齊國人，猶豫不決。吳起爲了建功立業，回家將妻子殺了，表明自己心向魯國，不會存有私情。因此，吳起當上了將軍，率兵抗齊，打了一次漂亮的勝仗，大破齊軍。

魯穆公打算重用吳起。可是，魯國的貴族群起反對，他們列舉吳起殺人、不孝等劣跡，特別說：「魯國是小國，若戰勝其他國家，反會招來麻煩。再說，魯國和衛國是兄弟之國，吳起在衛國無所作爲，魯國加以重用，等於是給衛國難堪。」魯穆公沒有主見，屈從於貴族的壓力，只能解除吳起的職務。

吳起心甚快快，離開魯國，聽說魏文侯尊賢敬士，便到了魏國。魏文侯是一位有雄心的國君，任用李悝（悝，讀作虧）爲相，進行變法，國力大大增強。他對吳起缺少了解，問大臣李克說：「吳起爲人如何？」李克回答說：「吳起貪求功名富貴，私人生活不大檢點，但有軍事才能，論統兵打仗，田穰苴猶恐不及。」

魏文侯需要將帥，遂接納了吳起。一次，魏文侯對吳起說：「說實話，寡人不好軍旅之事。」吳起說：「據臣觀察，陛下嘴上說的和心裏想的不一樣。陛下一年四季，派人宰殺牲畜，剝取皮革，日夜製造長短兵器，修理戰車，所爲何來？」他停了停，又說：「陛下是想做好戰備，準備隨時進攻和防禦敵人。但是，陛下只準備進戰退守之事，而忽略選擇能夠駕馭戰爭的將帥，這就像讓正孵蛋的母雞去和狐狸格鬥，讓正吃奶的小狗去和老虎格鬥，母雞和小狗雖有勇氣，但總歸會失敗。古時，承桑氏（古部族名）修德廢武，以亡其國；有扈氏（古部族名）恃眾好勇，丟了社稷。英明的國君應當記取這樣的教訓，必內修文德，外治武備，二者不可偏廢。敵人侵犯不去迎戰，算不上義；面對被敵人殺害的屍體只會哀傷，也算不上仁。」

吳起說的，正是魏文侯想的。魏文侯因此認定吳起具有將帥才能，遂在宗廟裏舉行儀式，正式拜吳起為大將，由他統領全國兵馬。

魏文侯經常和吳起討論軍事方面的問題。吳起非常強調禮義，說：「治國治軍，必教之以禮，勵之以義，使有恥也。人有恥，在大足以戰，在小足以守矣。」他論述戰爭的起因，說：「兵之所起者有五：一曰爭名，二曰爭利，三曰積惡，四曰內亂，五曰因饑。」他指出，作為將帥，要「總文武」，「兼剛柔」，謹慎處理五個方面的事項：「理（治軍指導思想），備（戰備），果（果斷），戒（警戒），約（軍紀）。」特別說：「兵戰之場，立屍之地，必死則生，幸生則死。其善將者，如坐漏船之中，伏燒屋之下，使智者不及謀，勇者不及怒，受敵（立刻迎戰）可也。故曰用兵之害，猶豫最大；三軍之災，生於狐疑。」

吳起把他的軍事理論用於實踐，取得了很好的效果。西元前四〇九年，吳起率領魏軍進攻秦國，攻佔五座城池，奪得了西河之地（今陝西東黃河西岸地區）。其後，吳起任西河守（地方行政長官）二十多年，西拒秦國，南禦韓國，經歷大小戰役七十六次，全勝六十四次，從而使魏國「開土四面，拓地千里」。

吳起統兵，最大的特點是能和士兵打成一片，同甘共苦。他和士兵吃同樣的飯，穿同樣的衣，睡覺不另設床鋪，行軍很少騎馬，看到士兵背負的物資沉重，每每讓分出一些，自己背上。一次，一名年輕士兵身上長了膿瘡。他親自用嘴把腥臭的膿血吸出，並予洗滌和敷藥。士兵的母親聽說其事，放聲痛哭。別人詢問原因。士兵的母親說：「從前，孩子他爹從軍，生過膿瘡，也是吳帥，用嘴吸出膿血。孩子他爹感激吳帥，奮勇殺敵，不久死在戰場上。現在，同樣的事情發生在我兒身上，我兒怕是也活不長了。」這件小事說明，吳起關心和愛護士兵，這才使士兵具有昂揚的戰鬥意志和無畏的獻身精神。吳起因次屢戰屢勝，毫不足怪。

吳起統兵，注重軍紀，賞罰分明。一年，秦國出兵十五萬，企圖奪取西河之地。而吳起手下，士兵不足五萬，眾寡懸殊。吳起並不懼怕，派出一支部隊，深入敵後進行騷擾，迫使秦軍首尾難顧，不敢貿然前進。兩軍對陣，尚未開戰，魏軍陣內一名士兵，突然呼喊著衝向前去，連殺秦軍三四人。吳起見狀，果斷地命令魏軍出擊，大砍大殺，取得了一場勝利。事後，那名士兵提著敵人的首級，前來請功。眾人無不認為他立了頭功，應予重重賞賜。可是，吳起卻下令，將士兵推出斬首。士兵大喊冤枉，眾人為之求情。吳起嚴肅地對那名士兵說：「我承認，你作戰非常勇敢，但是你忘了一條基本軍規：沒有將帥的號令，擅自行動。若人人都像你這樣，那麼軍隊還成其為軍隊嗎？」那名士兵痛哭流涕。吳起說：「軍令如山，軍法無情。為了整肅軍紀，我不能不殺你。你放心去吧，你的家屬，我會妥善安置的。」說完，他毫不留情地斬了那名士兵。

西元前三九六年，魏文侯病死，其子繼位，是爲魏武侯。吳起以爲自己於魏有功，聲名顯赫，能夠升任宰相。誰知，魏武侯卻任命持重的大臣田文爲宰相。吳起很不高興。一天，吳起遇見田文，不懷好意地說：「請允許我和你比比功勞，可以嗎？」

田文說：「可以。」

「統領三軍，使士卒捨生忘死，衝鋒陷陣，敵國不敢打魏國的主意，你比得過我嗎？」

「我比不過你。」

「管理百官，親近萬民，使國家府庫充實起來，你比得過我嗎？」

「我比不過你。」

「鎮守西河之地，使秦國不敢東向，韓國賓從，你比得過我嗎？」

「我比不過你。」

吳起傲傲地說：「這三個方面，你都比不過我。那麼，你任宰相，官位在我之上，這是爲什麼？」田文從容地說：「我們的國君年少即位，國人疑惑，大臣未附，百姓不信。這個時候，全國的軍政大權，到底應該託付給你還是託付給我呢？」吳起沉思許久，說：「應該託付給你。」田文笑了笑，說：「這就是我的官位在你之上的原因。」

吳起心服口服。從這件事可以看出，吳起的官癮雖然很大，但是他爲人直爽，不藏奸，不耍猾，心裏怎麼想，嘴上就怎麼說，也算一種光明磊落。

魏武侯即位後，巡遊全國各地。一次，他由吳起等人陪同，乘船遊覽黃河。水疾船快。魏武侯立於船頭，但見兩岸青山，鬱鬱蔥蔥，連綿不斷，陶醉地說：「好壯美呀！這高山大河，天然形勝，眞是我們魏國的寶貝！」

吳起見國君得意忘形的樣子，趁機進言說：「國家的生死存亡，關鍵在於國君的德行，而不在於地理形勢的險要。古時候的三苗氏（古部族名），左邊靠洞庭湖，右邊臨彭澤湖，因爲不修德義，終爲夏禹所滅。夏桀居住的地方，左邊有黃河，右邊有華山，南邊有伊闕山，北邊有羊腸山道，因爲不修仁政，終被商湯放逐。商朝，左傍孟門山，右依太行山，常山橫亙於北邊，黃河穿流於南邊，商紂王荒淫無道，周武王率兵征伐，一舉滅商，商紂王自焚身亡。由此觀之，國家強弱盛衰，在德不在險。假若陛下不修仁德，那麼我們這隻船上的人，終有一天會成爲敵國的臣民。」

吳起這番話，說得尖銳而深刻。魏武侯不由肅然改容，說：「對！很對！」

田文死後，公叔繼任宰相。公叔爲人奸詐，畏忌吳起手中的兵權，利用吳起把名聲看得很重的弱點，巧設計謀，陷害吳起。魏武侯受到公叔的蠱惑，逐漸疏遠了吳起。吳起擔心有殺身之禍，遂於西元前三八三年離開魏國，到了楚國。楚悼王久仰吳起的威名，任命他爲宛（今河南南陽）守，鎮守北部邊境。吳起積極向楚悼王建議，應當實行變法。楚悼王表示贊成，一年後任命吳起爲令尹（宰相），主持變法事宜。

吳起青年時代就有當卿相的理想。這個理想，竟在楚國實現了。因此，他忠心地輔佐楚悼王，大力推進楚國的變法。變法的內容主要有三個方面：一，凡是受封食祿的貴族，傳至第三代時，朝廷收回爵祿。第三代以後的貴族不再享有特權，遷移至荒遠地區，自食其力。這從政治上和經濟上削弱了舊貴族的勢力。二，精簡無關緊要的官員，削減過高的官員俸祿，把節省下來的錢物用於軍費。三，整頓吏制，要求官吏「私不害公」，「行義」而不計毀譽，一心爲國家效力。

吳起的變法，使楚國的舊貴族遭到沉重打擊，加速了楚國封建化的進程，楚國的國力很快增強。西元前三八一年，楚國大敗魏國，飲馬於黃河，引起了各國諸侯的震驚。

可惜好景不長。就在楚國大敗魏國的這年，楚悼王病死了。楚國的舊貴族趁機發動叛亂，發兵包圍王宮，指名要殺吳起。吳起猝不及防，自衛中身負重傷。他無法突圍，退進楚悼王的靈堂，伏在楚悼王的屍身上。他的敵人不會放過他，亂箭齊發。吳起當場死亡，就連楚悼王屍身，也被亂箭射得千瘡百孔。

楚國法律規定，凡是帶著兵器接觸到國王屍身的人，是爲大不敬，夷滅三族。所以，楚悼王之子楚肅王即位後，追查射殺吳起並箭中楚悼王屍身的人，誅滅了七十餘家舊貴族。

吳起一生顛沛流離，戰功卓著，最後落了個悲劇性的結局。他留給後世的是一部《吳子兵法》。這部兵法和《孫子兵法》一樣，在中國軍事史上，具有崇高的地位和深遠的影響。

孫臏——傳奇人生，光輝業績

齊國大概是由姜尙開國的緣故，誕生了一位又一位傑出的軍事家。戰國時期，齊國又出了個孫臏，以其傳奇的人生和光輝的業績，而贏得世人的尊敬。

孫臏是孫武的後世子孫，最早的名字可能叫孫賓。後來，他遭好友龐涓殘害，處以臏刑，這才改名孫臏。孫臏少年時代喪父喪母，生活孤苦，親身感受到了戰爭給普通百姓所造成的災難。因此，他決心學兵習武，在烽火連天的亂世，轟轟烈烈地做一番事業。孫臏成年以後外出遊學，到一個叫做鬼谷的地方，拜師學習。鬼谷住著一位高人，精通多門學問，閱歷豐富，知識淵博，尤善養性持身和縱橫捭闔之術，眞實姓名無從考究，只知他自號鬼谷子。鬼谷子的名氣很大，拜他爲師的學生很多，著名人物還有蘇秦、張儀、龐涓、尉繚等。

孫臏拜鬼谷子爲師，學習非常刻苦。鬼谷子知道孫臏是孫武的後人，特地將珍藏的《孫子兵法》十三篇以及自己的注解，傳授給孫臏。孫臏僅用三天時間，便將先祖的兵法熟記在心，背誦無誤，而且又引申出許多新的獨到見解。鬼谷子讚賞孫臏的天賦，高興地說：「孫武的事業後繼有人了！」

孫臏在鬼谷結識了同學龐涓，二人最爲相好，結拜爲兄弟，而且約定：日後不管誰先得志，一定互相提攜，絕不忘卻對方。

數年後，龐涓急於建功立業，提前離開鬼谷，去到魏國，拜見魏惠王，吹噓自己的能耐。魏惠王試用龐涓爲將。龐涓練兵訓武，進攻衛、宋等國，連連取得勝利。齊國進攻魏國，也被龐涓擊退。其他小國受到驚嚇，相約朝貢魏國。魏惠王神氣起來，更加信任龐涓，拜他爲軍師。龐涓自以爲天下無敵，把持魏國軍權，得意非凡。

龐涓是個極端自私而又虛僞奸詐、疾賢妒能的小人。他發跡以後，早把好友孫臏忘得一乾二淨，更不會兌現他與孫臏的約定。大思想家墨翟（墨子）前往鬼谷拜訪鬼谷子，發現孫臏學業已成，見識超群，勸其盡早建立功業。孫臏敘述了自己和龐涓的約定，說正等待著龐涓的提攜。墨翟自告奮勇，前去魏國，看到龐涓見利忘義，根本就沒有提攜孫臏的意思。於是，他直接拜見魏惠王，鄭重地推薦孫臏。魏惠王說：「孫臏比龐涓如何？」墨翟說：「猶似天壤。他們二人雖是同學，然孫臏獨得先祖秘傳，胸中韜略，鬼神莫測。龐涓哪能跟孫臏比呢？」

魏惠王召來龐涓，責備說：「聽說你同學中有個孫臏，乃孫武後人，獨得先祖秘傳，其才天下莫比，你爲何不給寡人引見？」龐涓無法隱瞞，辯解說：「臣知孫臏有才，但考慮他是齊國人，宗族皆在齊國，他來魏國，必先齊而後魏，所以沒敢推薦。」魏惠王很不高興，說：「照你這麼說，外國人就不能在魏國做官了？」龐涓來個順水推舟，說：「陛下既然想用孫臏，臣這就寫信召他到魏國來就是。」

孫臏應召到了魏國，十分感謝龐涓的推薦。魏惠王接見孫臏，發覺孫臏果然有才，打算拜他爲副軍師。龐涓心中有鬼，擔心孫臏分享軍權，假意說：「孫臏是我師兄，哪有兄爲副、弟爲正的道理？因此，臣建議師兄暫爲客卿，待日後建功，由師兄任軍師，臣甘爲副職。」

魏惠王表示同意。這樣，孫臏就當了地位崇高卻沒有實權的客卿，住在龐涓府中，心裏對龐涓充滿感激之情。

龐涓深知孫臏的才學遠在自己之上。他出於嫉妒，一心想要除去孫臏。爲此，他精心設計一個陰謀，派一名家丁冒充孫臏的親戚，從齊國來到魏國，騙取孫臏寫了一封家信，大意是說，等到功成名就之後，一定回齊國祭祖。龐涓將信略加改動，加了這樣幾句話：「今身仕魏國，心懸故土，不日當圖歸計，若齊王不棄，自當爲國效力。」龐涓將改動後的信呈給魏惠王，煞有介事地說：「臣原先就擔心，孫臏是齊國人，不會忠於魏國。現在看，果不其然。此人若回齊國，必然成爲魏國的禍患，因此應該趁早殺了他。」

魏惠王顧慮殺孫臏會引起諸侯恥笑。龐涓說：「那臣就去勸勸他。他若留在魏國，最好；他若執意要回齊國，陛下可將他交給臣發落。」

龐涓回府，裝出關心孫臏的樣子，讓他請假回齊國祭祖，聲稱自己會向魏惠王說情，批准成行。孫臏信以爲眞，果眞上了一道請假的奏書。魏惠王大怒，命將孫臏綁縛，交給龐涓發落。龐涓假惺惺地說：「這是怎麼說的？我去懇求大王，保全師兄。」他出去轉了一圈，回來說：「大王本想將你處死，經我懇求，答應免你一死。但是按照法律，要將你處以臏刑（剔去膝蓋骨）和黥刑（臉上刺字），師兄還得受點委屈。」

孫臏大喊冤枉。龐涓喝令行刑人，殘忍地剔了孫臏的膝蓋骨，又在其臉上刺字。孫臏疼痛難忍，生不如死。從此，他成了一個殘廢人。

龐涓爲什麼沒有殺死孫臏呢？因爲他知道，鬼谷子已將《孫子兵法》傳授給孫臏，他要孫臏活著，以便得到兵書，那時再殺孫臏不遲。一天，他問孫臏說：「師兄祖傳《孫子兵法》，可否借愚弟一閱？」

孫臏實話實說：「我在鬼谷讀過那部兵法，但已還給老師。不過，我能背誦，全記在心上了。」龐涓大喜，說：「那就請師兄把它寫出來，供愚弟學習，可以嗎？」孫臏一直把龐涓當作朋友，滿口答應。此後，龐涓派家丁嚴密監視孫臏，並督促他默寫兵法。當時所謂寫字，實是用刀在竹片上刻字，孫臏因是殘廢，所以寫得很慢。負責監視孫臏的家丁，同情孫臏的遭遇，悄悄把龐涓的所作所爲，統統告訴了孫臏，特別說：「先生把兵法寫完之時，也就是死亡之日。」孫臏恍然大悟，如夢初醒，萬沒想到自己的同窗好友，竟是人面獸心，陰險而又兇狠。

孫臏意識到處境險惡，隨時都有可能斷送性命。他畢竟懂得用兵之道，決定僞裝瘋癲，麻痹龐涓。他披頭散髮，大喊大叫，說飯菜是毒藥，拋撒在地；說房中有鬼，把竹簡投進火爐。龐涓聽說其事，前來察看，但見孫臏蓬頭垢面，趴在地上，忽兒大笑 忽兒大哭，忽兒磕頭，忽兒罵人，全無理智。龐涓心中疑惑，命將孫臏關進豬圈裏。孫臏不嫌豬圈的骯髒，腳踩污穢，倒頭便睡。醒來後抓了豬糞送進嘴裏，吃得津津有味。龐涓確信，孫臏眞的瘋了，自己的對手再不可能有什麼作爲了。但是，他還派人嚴密監視，禁止外人接近孫臏。

墨翟知道了孫臏的情況，大發感慨，說：「我推薦孫臏仕魏，反而害了他，眞是罪過。」他雲遊至齊國，把事情原委告訴宗族大臣田忌。田忌轉告齊威王。齊威王說：「孫臏是齊國人，卻在魏國受辱。不行，寡人這就發兵攻魏，營救孫臏。」

田忌說：「營救孫臏，只可智取，不可力敵。」於是，齊國君臣和墨翟一起，商定出一個巧妙的辦法來：齊國派遣使臣向魏國進獻貢物，墨翟弟子禽滑扮作侍從隨行；齊國使臣和魏惠王、龐涓周旋，禽滑私下會見孫臏，並將孫臏密藏於車廂中；齊國使臣回國，神不知鬼不覺地帶走了孫臏。龐涓不見孫臏，並未介意，以溺水爲由，報告魏惠王說，孫臏死了。

孫臏回到齊國，住在田忌府中，很受賞識，被尊爲上賓。齊國有賽馬的傳統，國王和大臣經常賽馬，賭注高達千金。田忌參加賽馬，總是一輸再輸，輸的金錢無數。孫臏給田忌出主意說：「賽馬均分三撥，上等馬對上等馬，中等馬對中等馬，下等馬對下等馬。恩公可將下等馬扮成上等馬，應對大王的上等馬，而用一等馬應對大王的中等馬，用中等馬應對大王的下等馬。這樣，比賽的結果會是一負兩勝，恩公必贏。」

田忌照辦，果眞連贏多次。齊威王詢問原因。田忌如實相告，說這都是孫臏的計謀。齊威王由此看到了孫臏的過人之處，他善於用局部的損失來換取全局的勝利，而這正是軍事鬥爭中一條重要的原則。齊威王召見孫臏。孫臏暢談兵法，充滿謀略和智慧。齊威王大喜，遂拜孫臏爲軍師。

西元前三五四年，魏國龐涓統兵八萬，大舉進攻趙國，包圍了趙都邯鄲（今河北邯鄲）。趙國形勢危急，趕忙向齊國求援。一年後，齊威王決定任命孫臏爲將軍，率兵救趙。孫臏謙遜地說：「臣乃殘廢之人，若任將軍，顯得齊國無人，必爲諸侯所笑。」齊威王尊重孫臏的意見，改以田忌爲將軍，孫臏仍爲軍師，坐於戰車中，爲田忌出謀劃策，不顯其名。田忌主張進軍邯鄲。孫臏說：「不可。我軍進軍邯鄲，必然和魏軍發生正面衝突，難免會有傷亡。現在，魏軍主力集中在趙國，國內肯定空虛。我們應當去包圍魏都大梁（今河南開封），這樣趙國的危險自會解除。」

田忌說：「圍魏救趙，此計甚妙。」

孫臏說：「不僅如此。龐涓聽說我軍遠襲大梁，必然回軍救援，途中疲憊不堪，那時我們以逸待勞，打他個措手不及，必獲全勝。」

田忌說：「一舉兩得，好！」

齊軍一路張揚，直撲魏都，擺出一副奪取大梁的架勢。魏惠王驚慌失措，急命龐涓回軍。龐涓已克邯鄲，正欲消滅趙國。怎奈王命難違，只能服從，拋棄輜重，日夜兼程，回救大梁。

孫臏接到報告，分析魏軍回師，必經桂陵（今河南長垣西北）。他請田忌在桂陵山地埋伏重兵，張下羅網，單等龐涓到來。龐涓只想著齊軍進攻大梁，根本沒想到齊軍會在中途設伏。他命魏軍放心前進，完全進入了齊軍的伏擊圈。田忌一聲令下，戰鼓咚咚，殺聲震天，齊軍奮起，衝向魏軍。魏軍長途跋涉，十分疲勞，士氣低落。他們人困馬乏，倉皇應戰，甚至不知道敵人是誰。齊軍打的是有準備之仗，避實擊虛，攻其不意。結果，魏軍大敗，幾乎全軍覆沒。龐涓跑得飛快，這才保住了性命。事後，他知道孫臏還活著，而且到了齊國，圍魏救趙，正是孫臏的計謀。他忌恨得要死，發誓還要與孫臏比個高低。

當時，魏國國力最強，多次發動兼併戰爭。西元前三四二年，魏國進攻反叛的韓國。韓國招架不住，派人向齊國求救。齊威王召集會議商討對策。大臣鄒忌反對救韓，主張隔岸觀火。田忌主張救韓，因爲韓國滅亡，戰火就會延及齊國。雙方爭執不下。齊威王徵詢孫臏的意見。孫臏說：「依臣之見，應當救而不救，不救而救。」

這話把所有人都弄糊塗了，誰也不明白其中意義。孫臏說：「現在，魏韓之戰剛剛開始，我們若救韓，就會把魏軍的矛頭吸引過來，這對我們不利。因此，我們可以答應救援韓國，但不能立即出兵，等待時機。等到韓國實在難以堅持，魏國也有很大消耗的時候，我們出兵，必能取得事半功倍的效果。這就叫救而不救，不救而救。」

眾人點頭，稱讚這是最好的計策。因此，齊威王一面答應韓國的要求，同意救援；一面卻按兵不動，坐等良機。

韓國得到齊國救援的承諾，軍心大振，拼死抗擊魏軍。魏軍畢竟強大，逐漸佔了上風，但也遭受了重大損失。孫臏審時度勢，說：「我們該出兵了。」齊威王乃以田忌、田嬰、田盼爲將，孫臏爲軍師，發兵救韓。孫臏仍用圍魏救趙的戰法，並不直接進軍韓國，而是揚言圍攻大梁。魏惠王再次緊張起來，忙命龐涓和太子魏申捨棄韓國，統領十萬大軍，迎戰齊軍。兩軍對峙，虎視眈眈。龐涓自恃其能，驕傲輕敵。孫臏針對龐涓的弱點，建議田忌說：「兵法云：百里而趨利著蹶（挫）上將，五十里而趨利者傷其軍。龐涓歷來狂傲，輕視齊軍，急於求戰，以獲其利。這一弱點，正好可以利用。我們不妨佯裝撤軍，用減灶的方法，引他上鉤。」

田忌大喜，依計而行。數日後，龐涓忽然接到報告，說齊軍撤退了。龐涓以爲齊軍是怯戰而退，不假思索地說：「追擊！」追擊途中，他特別留心齊軍宿營地的灶數。灶就是軍隊行軍時做飯的簡易爐灶，根據爐灶的多少，可以判斷出軍隊的數量。第一天，他清點齊軍爐灶爲十萬，意味著齊軍至少有十萬人；第二天，他清點齊軍爐灶爲五萬，意味著齊軍已減少一半。第三天，他清點齊軍爐灶爲三萬，意味著齊軍只剩下三萬人了。龐涓欣喜若狂，命令捨棄輜重，加快追擊的速度。魏申擔心魏軍的做法。龐涓自作聰明地說：「龐某熟知齊人，畏敵怯戰。孫臏、田忌撤退，正是他們逃亡的機會。灶數最能說明問題，從十萬減至五萬，再減至三萬，三天裏逃亡的士兵過半，這樣的軍隊還能打什麼仗？所以，我們不能給齊軍喘息的時間，放心追擊，這次非生擒孫臏、田忌不可！」

孫臏、田忌見龐涓窮追不捨，恰恰中計。齊軍退至馬陵（今河北大名東南），孫臏利用有利地形，做出部署：萬餘名弓箭手，埋伏於山谷兩旁和樹林背後；砍倒一些樹木，削去一株高樹的樹皮，在上面刻下大字，塗以白色：「龐涓死於此樹之下」。他吩咐弓箭手說：「晚上見到火光，就一齊放箭。」田忌等按照孫臏的安排，也分別進入陣地，等待廝殺。

晚上，龐涓帶領大軍到達馬陵，發現許多樹木橫在路中，並看到高樹上刻有字跡。他命人點亮火炬，照看字跡，這一看，三魂嚇掉兩魂，驚呼說：「上當了！上當了！」他忙下令退兵。說時遲那時快，齊軍弓箭手記著孫臏的吩咐，萬箭齊發，射向魏軍。魏軍大亂，死於亂箭者不計其數。田忌、田嬰、田盼突出掩殺，活捉魏申。龐涓智窮兵敗，走投無路，歎息說：「我終不如孫臏，遂成豎子之名！」當場自刎而死。魏軍失去主帥，成了一群沒頭的蒼蠅，或死或傷或降，基本上是全軍覆沒。

桂陵之戰和馬陵之戰，孫臏用最小的代價換取了最大的勝利，把不可一世的龐涓置於死地，也使魏國每況愈下。孫臏名顯天下，各國諸侯無不佩服。齊威王準備給他加官晉爵。然而，孫臏拒不接受，反而請求辭去職務，就像先祖孫武那樣，激流勇退，潛心研究兵法。他在前人軍事理論的基礎上，結合自己指揮戰爭的新鮮經驗，著成《孫臏兵法》一書。《孫臏兵法》已經失傳。一九七二年在山東臨沂銀雀山西漢墓中，重新發現該書的殘簡，從中可以看出孫臏的某些軍事思想。

樂毅——攻佔齊國，功敗垂成

齊威王時，因為重用孫臏等人，打敗魏國，所以齊國重新成為東方強國。然而，隨後的齊宣王、齊湣王忘乎所以，利令智昏，在戰略上犯了一系列的錯誤，窮兵黷武，連年征伐，四處樹敵。齊宣王時，大舉進攻北方的燕國，攻陷燕都薊城（今北京），殺死燕王姬噲，佔領燕國大部分國土，燒殺搶掠，激起了燕國人民的刻骨仇恨。後來在各諸侯國的干涉下，齊軍部分撤離燕國。齊湣王時，又南攻宋國和楚國，西攻晉國。西元前二八八年，齊湣王和秦昭王達成默契，改稱「帝」號，齊湣王稱「東帝」，秦昭王稱「西帝」。此舉立刻遭到各諸侯國的反對。兩個月後，二王稱「帝」的鬧劇草草收場。

當齊湣王得意洋洋地自我陶醉的時候，燕國正厲兵秣馬，發奮圖強。西元前三一二年，流亡在趙國的燕國公子姬職回國，當了國王，就是燕昭王。燕昭王受當時各國變法潮流的影響，認識到只有改革，才有出路，而人才是富國強兵的關鍵。為此，他以政治家郭隗為相，築黃金臺，招攬天下賢士。於是，樂毅、鄒衍、劇辛、屈景等，陸續到了燕國。其中，軍事家樂毅最有才幹。是他，幫助燕昭王報仇雪恥，給了齊國以毀滅性的打擊。

樂毅是魏國名將樂羊的後代，靈壽（今河北靈壽）人。自小受到先祖的影響，聰明好學，熟讀兵書。成年後武藝出眾，服務於趙國。西元前二九五年，趙國發生內亂。樂毅投奔魏國，侍奉魏昭王，不被信用。其時，燕昭王招賢的美名傳遍天下。樂毅心有所動，有心到燕國去，施展自己的軍事抱負。恰巧，魏昭王派遣樂毅爲使臣，出使燕國。樂毅得以見到燕昭王，說以兵法，深得燕昭王讚賞。燕昭王留下樂毅，拜爲亞卿，執掌軍事。樂毅不負燕昭王所望，一面幫助訓練燕國的軍隊，一面支持燕國的各項改革。經過二十多年的努力，燕國終於擺脫了積貧積弱的局面，國力殷富，士兵樂戰。

燕昭王決定攻伐齊國，以雪當年國恥。樂毅認眞分析了當時的形勢，說：「齊國，霸國之餘業也，地大人眾，未可獨攻也。王必伐之，莫如與趙、韓、魏聯合，共同出兵。」

燕昭王採納了樂毅的意見，派樂毅赴趙國，約會趙惠文王，同時派人聯絡韓國和魏國。趙國因經常受齊國欺凌，所以趙惠文王最支持伐齊，還主動派人聯絡秦國。齊湣王於西元前二八六年攻滅宋國，氣焰正盛，狂傲暴虐，大有一種「天下霸主，捨我其誰」的架勢。因此，各國視齊湣王爲共同的敵人，一經燕國牽頭，自覺地組成統一戰線，同意出兵，攻伐齊國。西元前二八四年，燕昭王任命樂毅爲上將軍，動員全國力量，聯合趙、韓、魏、秦國，舉兵伐齊。趙惠文王甚至把趙國的相印授予樂毅，以表示對這場戰爭的重視。

樂毅統領五國聯軍，共五十萬人，浩浩蕩蕩地進軍齊國。齊湣王恰也驚慌，忙自統中軍，並任命韓聶爲將軍，沿濟水設置防線，抗擊聯軍。大戰開始，樂毅身先士卒，果斷指揮。聯軍將士，人人奮勇，直殺得齊軍屍橫原野，血流成渠。韓聶死於亂軍之中。齊湣王大敗，狼狽逃回國都臨淄（今山東淄博），連夜派人向楚國求救，許諾割讓淮北之地。

濟水一戰，聯軍取得決定性的勝利。樂毅請趙、韓、魏、秦四國軍隊先行回師，剩下的戰事由燕軍解決。他帶領燕軍長驅直入，進逼臨淄。有人說：「兵法云：窮寇莫追。我軍此去，恐有風險。」樂毅說：「兵法是兵法，實際是實際。實戰中，應根據實際情況決定進退。現在，齊軍主力已被殲滅，殘餘部分猶如驚弓之鳥，不堪一擊。再則，齊王早已失去人心，像他這樣的窮寇，必須一追到底！」

事實證明，樂毅的決斷是正確的。當齊軍兵臨臨淄城下的時候，齊湣王無法組織起有效的抵抗，只能丟棄國都和百姓，逃之夭夭。樂毅兵不血刃地佔領了臨淄，把齊國宮室的金銀財寶、禮樂祭器等，全部運往燕國。燕昭王大喜，親至濟水前線，慰勞將士，封樂毅於昌國（今山東淄川東），號稱昌國君。

樂毅繼續用兵，兵分五路，佔領齊國廣大地區。實施佔領期間，他三令五申，嚴明軍紀，禁止燒殺搶掠，不許殘害百姓，特別注意尊重齊國的風俗習慣，用「仁義」贏得民心。他廢除了齊湣王時的租賦負擔，親近和拉攏社會名流，準備和齊國的上層人物，共同管理齊國。一次，燕軍進攻小城晝邑。那裏正是齊國德高望重的太傅王蠋的家鄉。樂毅傳令燕軍，撤退三十里，暫不攻城。他派出說客，攜帶重禮去見王蠋，聘請王蠋到燕國做官。王蠋熱愛自己的國家，沒有答應，上吊自殺。樂毅感歎不已，認為王蠋是齊國的忠臣，下令厚葬，並親自爲其墓碑題字：「齊太傅王蠋之墓」。另外，樂毅還爲春秋時期的霸主齊桓公和名臣管仲修建了廟宇，隆重祭祀。這些手段和措施，得到齊國人民的擁護。因此。樂毅迅速佔領了齊國七十多座城池。

齊湣王出逃，先後逃至衛國和魯國，不受歡迎。他處處碰壁，最後回到莒城（今山東莒縣）居住，繼續向楚國求援。楚頃襄王別有所圖，特派大將淖齒率兵開赴齊國。其實，楚國是想和燕國一起，瓜分齊國。齊湣王把淖齒當作救星，封他爲沒有任何意義的宰相。淖齒覺得好笑，幾天後便將齊湣王殺了。接著，齊國貴族田賈等又殺了淖齒，王位暫時空缺。短短數月，齊國發生了天大的變故，接近亡國的邊緣。

這時，燕軍控制著齊國的大部分土地，唯有莒城和即墨（今山東平度東）沒有攻陷。樂毅或許是出於憐憫之心，或許是犯了戰術錯誤，沒有乘勝進攻，因而齊國得以保全，並得到了喘息的機會。

樂毅建立了蓋世功勳，統兵駐紮在齊國，長久沒有軍事行動。這引起了燕國貴族的嫉恨。以太子姬樂資和大夫騎劫爲代表，向燕昭王進讒說：「樂毅在半年內攻佔齊國七十餘城，而三年中卻攻不下莒城和即墨，爲什麼？其中肯定有鬼！」甚至說：「樂毅在齊國所做的一切，都是爲了收買人心，目的只有一個：自己當齊王。」

燕昭王絕對信任樂毅，斥責太子和騎劫說：「齊國和燕國世爲仇敵，沒有樂毅，燕國能夠報仇雪恥嗎？樂毅功比天高，別說他沒有野心，即使他想當齊王，又有什麼不可以的呢？」

樂毅聽說其事，大為感動，確信燕昭王是一位值得依賴的國王。不想西元前二七九年，燕昭王病死了。姬樂資繼位，是為燕惠王。燕惠王遠沒有燕昭王那樣的襟懷，卻又自不量力，決意消滅齊國。齊國畏懼樂毅，實施離間計，聲稱齊國人願意奉樂毅為齊王，最害怕的是燕國更換將帥。燕惠王早就嫉恨樂毅，遂命騎劫取代樂毅的統帥位置，強召樂毅回燕國。樂毅接到命令，痛苦萬分，淚流滿面，意識到自己的功業已經到了盡頭。自己若回燕國，生命沒有保障。考慮來考慮去，決定投奔趙國。趙惠文王欽佩和敬重樂毅，熱情歡迎，並將他封於觀津（今河北武邑東），號稱望諸君。

燕軍突然換了統帥，將士不服，軍心浮動。騎劫只會誇誇其談，一心想著攻克莒城和即墨，撈取高官厚祿。齊國名將田單，巧妙地實施「火牛陣」，重創燕軍，殺死騎劫，乘勝收回丟失的七十餘座城池。

燕昭王和樂毅等苦心經營的勝利成果，莫名其妙地被毀於一旦。燕惠王看到兵敗歸國的少數士兵，這才頓足捶胸，後悔莫及。他特別擔心樂毅會幫助趙國進攻燕國，憑著樂毅的才能，攻滅燕國，根本不在話下。他左思右想，決定給樂毅寫一封信。信中，他一面承認自己有錯，詭辯撤換將帥是關心樂毅身體；一面責備樂毅，說他投奔趙國是忘恩負義。樂毅讀了燕惠王的信，思緒洶湧，感慨萬千。他為了表明心跡，專門給燕惠王回了一封長信，那就是著名的《報燕惠王書》。

樂毅在信中，充分肯定和讚美了燕昭王的胸懷和功績，同時批評了燕惠王嫉賢妒能、偏聽偏信的錯誤。樂毅表示，自己的事業和燕昭王是聯繫在一起的。避免殺身之禍，光大燕昭王的功業，這是自己的希望。即使自己遭到誹謗，蒙受不白之冤，也絕不會損害燕昭王的名聲。全信寫得眞摯、懇切、委婉，流露出一種壯志未酬、功敗垂成的無奈和苦悶。清代編選《古文觀止》，收進樂毅的這封信，足見它具有一定的思想價值和文學價值。

樂毅晚年，往來於趙國和燕國之間，被兩國同時視爲客卿。趙國和燕國因爲樂毅而保持了友好的關係，多年間沒發生過戰爭。樂毅死後，葬於邯鄲附近。

田單——威武神奇的「火牛陣」

西元前二八四年，樂毅統領燕、趙、韓、魏、秦五國聯軍，攻伐齊國，齊國一敗塗地。隨後，齊國除了莒城和即墨兩座城池外，包括國都臨淄在內的絕大多數地區，均在燕軍的控制之下。歷史上曾經強大過和風光過的齊國，風雨飄搖，隨時都有滅亡的危險。這時，無名小吏田單脫穎而出，以其卓越的見識和才幹，挽救了齊國。

田單，臨淄人，齊國宗室遠房庶族的後裔。齊湣王時，田單在臨淄集市上任小吏，沒沒無聞。齊國敗於濟水之戰，齊湣王逃跑，田氏家族和達官權貴跟著逃跑，從臨淄到安平（今山東臨淄東），從安平到即墨，大路上全是逃亡的人群和車馬。人群擁擠，車馬爭道，磕磕碰碰，混亂不堪，行進的速度很慢很慢。田單非常聰明，早就預料到這種情況，提前讓本族的人，改造馬車，一是把車軸鋸短，二是把車軸的兩端包上鐵皮。因此，他帶領的這隊田氏家族，穿行於擁擠的人群、馬車中間，見縫插針，靈活快捷，不怕車輛發生撞擊，行進的速度自然很快。他們平安地逃亡至安平，再逃亡至即墨，人員和器物等，沒有遭受什麼損失。大家論起功勞，異口同聲地誇獎田單，稱他是個有心計有謀略的人。

燕軍攻佔齊國大部分國土。即墨民眾自發地組織起來，抗擊燕軍。他們沒有統帥，想到田單改裝馬車的舉動，認定他有軍事才能，於是公推他爲將軍，領導抗燕鬥爭。

田單被時勢逼上將軍的位置，這爲他發揮軍事才幹提供了機遇。恰好，燕昭王病死，燕惠王新立。田單利用燕惠王對樂毅的疑忌心理，實施反間計，散步流言說：「樂毅滯留齊國，擁兵自重，不日便將自稱齊王。齊國人不害怕樂毅，只害怕別人取代樂毅爲將，那樣莒城和即墨勢必不保。」

燕惠王疾賢妒能，糊塗中計，任命騎劫爲統帥，取代樂毅。樂毅爲了自保，被迫投奔趙國。騎劫統領燕軍，改變樂毅制定的規則和章法，引起燕軍內部的混亂，大大地削弱了戰鬥力。

燕軍長期佔領齊國，齊國軍民普遍患有「恐燕症」，對齊國能否打敗和趕走燕軍，持有懷疑態度。田單利用民眾的迷信思想，竭力消除他們的疑慮，鼓舞他們的鬥志。他命即墨城中的人，吃飯前必在庭院中祭祀祖先；庭院中遺留的飯菜，招引了大量鳥雀前來覓食。這一現象，許多人感到奇怪。田單故意說：「這表明，天神下凡幫助我們。」一名機靈的士兵冒充天神。田單將錯就錯，尊稱那名士兵爲「神師」，恭敬供奉。然後，通過神師「旨意」，告訴民眾說，燕軍是可以打敗和趕走的。這樣做，其收效遠遠超過將軍的號令。

田單要使齊國民眾仇恨燕軍，形成同仇敵愾的局面。他派人在燕軍中散布說：「齊軍最怕燕軍的劓刑（割鼻），他們被割了鼻子，再走在燕軍前面，攻打齊軍，即墨城肯定淪陷。」

燕軍統帥騎劫信以爲眞，果眞把一些俘虜割了鼻子，再逼著他們走在燕軍的前面，進攻即墨。即墨城內的軍民，親眼看到自己的同胞受到侮辱，義憤塡膺。田單又派人在燕軍中散布說：「齊國人最害怕燕軍挖掘他們的祖墳，那是羞辱先人的舉動，最讓人寒心。」愚蠢的騎劫不動腦子，果然指揮燕軍大肆挖掘齊國人的墳墓，甚至暴露和焚燒屍骨。即墨軍民看到燕軍犯下的滔天罪行，痛哭流涕，增加了十倍仇恨，發誓要和燕軍血戰到底。

田單在激發國人仇恨的同時，還想方設法麻痹燕軍。他命強壯的年輕士兵不要露面，只讓老弱病殘和婦女登上城頭，擔任防禦事項。他還派人到燕軍營中，討論投降問題。燕軍將士無比興奮，樂得高呼萬歲。田單順著投降題目，再做文章，讓即墨富豪給燕軍頭目送去一些金銀，請求說：「即墨即降，但願燕軍不要擄掠我們的妻妾兒女。」

田單的做法天衣無縫，全像眞的。騎劫神氣活現，坐等即墨投降的一天。燕軍將士也都鬆懈，以爲很快就可以勝利回家了。其實，田單長期來一直在做著一件大事，他要通過這件大事，給殘暴的燕軍以致命的一擊。

什麼大事？答曰：威武神奇的「火牛陣」。田單擔任將軍以後，自知靠死打硬拼，齊軍不是燕軍的對手；若要取勝，必須設奇計出奇兵。爲此，他徵集到一千多頭牛，作爲「秘密武器」。他命人精心地餵養那些牛，給它們披上繒衣，繒衣上繪著五彩龍紋；牛的兩角上綁紮鋒銳的尖刀，牛尾上懸掛油脂灌注的草束。這天夜裏，田單命人鑿開城牆的通道，將牛從城內趕出，五千名強壯的士兵緊隨其後。隨著一聲號令，士兵將牛尾的草束點燃，草束燃著油脂，牛群受到驚嚇，發瘋似地衝向前去。前方正是燕軍的軍營。牛群衝進軍營，角上的尖刀，尾上的火炬，同時發揮威力，刀鋒所向，非死即傷。燕軍哪裏見過這種場面？以爲是天神天獸和天兵天將，嚇得四處逃命。齊國的五千名士兵，一面驅趕牛群，一面追殺燕軍。即墨城門打開，百姓湧出，敲鑼打鼓，爲齊軍吶喊助威，聲震天地。燕軍統帥騎劫，慌亂中弄不明白是怎麼回事，更不知齊國到底有多少兵馬。他倉皇逃命，死於亂軍之中。燕軍失去統帥，兵敗如山倒，紛紛退回燕國。田單率領齊軍，乘勝追擊，大發神威，數日之內，收復了被燕軍佔領的全部國土。

田單運用「火牛陣」，大敗燕軍，威武神奇，令人歎爲觀止。這是中國歷史上著名的戰例之一，表明田單在戰爭中敢於和善於創新，以一「奇」字，克敵制勝。田單挽救了齊國，齊國人民有心擁護他爲齊王。但是，田單爲人樸實，沒有非分之想，說：「先王之子田法章現在莒城，應當迎奉爲王。」他率領田氏宗室去莒城，將田法章迎至臨淄，厚葬齊湣王後，即立田法章爲王，是爲齊襄王。齊襄王感激田單，將他封於安平，號稱安平君。

司馬遷在《史記》中，高度讚賞田單，評價說：「兵以正合，以奇勝。善之者，出奇無窮。奇正還相生，如環之無端。夫始如處女，敵人開戶（不加戒備）；後如脫兔，敵不及距（擀不上）：其田單之謂也。」

廉頗——老當益壯的英雄

戰國時期的趙國是從春秋時期的晉國分離出來的，都邯鄲（今河北邯鄲）。趙烈侯和趙武靈王致力於改革，使趙國迅速強盛起來，成爲「戰國七雄」之一。西元前二九九年，趙惠文王即位。秦國昭王野心勃勃，虎勢眈眈，必欲呑併趙國及整個中原地區。爲此，秦國多次出兵進攻趙國。趙國幸有名將廉頗，英勇地率兵抗擊秦軍，才使國家避免了過早滅亡的厄運。

史籍記載廉頗早年事蹟，只有一句話：「趙之良將也。」這說明他是趙國人，而且是優秀的將帥。趙惠文王十六年（西元前二八三年），廉頗爲將，統領趙軍征伐齊國，大獲全勝，奪取了齊國重鎭陽晉（今山東鄆城西）。廉頗因此官拜上卿（相當於宰相），「以勇氣聞於諸侯」。

同年，發生了著名的「完璧歸趙」事件，大智大勇的藺相如脫穎而出，維護了國家利益和尊嚴，升任上大夫。

趙惠文王十八年（西元前二八一年），秦將白起進攻趙國，攻佔石城（今河南林縣西南）。一年後再進攻趙國，殺趙軍二萬人。廉頗率兵抗秦，有效地遏止了秦軍東進之勢。

趙惠文王二十年（西元前二七九年），秦昭王為了集中力量進攻楚國，暫時與趙國修好，邀請趙惠文王會於澠池（今河南澠池）。當時，秦強趙弱，趙惠文王由藺相如陪同赴會，什麼事情都有可能發生。廉頗送國王至邊境，鄭重地說：「陛下前往澠池，考慮路上來回和會盟時間，大約是三十天左右。三十天，陛下若不回來，則請立太子為王，以絕秦望。」趙惠文王表示同意。會盟期間，廉頗在邊境布置軍隊，嚴陣以待，以防發生不測事件。澠池會上，秦昭王傲慢地侮辱趙惠文王。藺相如針鋒相對，強迫秦昭王「擊缶」，再次維護了國家利益和尊嚴。秦昭王意欲劫持趙惠文王，但考慮到廉頗「盛設兵以待」，沒敢輕舉妄動。

趙惠文王平安回國，更加器重藺相如，拜為上卿。當時的上卿有左、右之分，右為上，左為次。藺相如位居其右，實際上為第一宰相，職位居於廉頗之上。

藺相如扶搖直上，廉頗很不痛快。他惱惱地說：「我為趙將，有攻城野戰之大功，而藺相如徒以口舌為勞，而位居我上，況且他出身微賤，我為此感到羞恥，不忍為之下。」他還揚言說：「我見藺相如，一定要當面羞辱他！」

藺相如聽了廉頗的話，想方設法，不再和他見面。每次朝會，藺相如總是稱病請假，避免和廉頗發生正面衝突。一天，藺相如乘車出門，老遠看到廉頗的車駕，忙命車輛拐進小巷裏，等廉頗的車駕過去，才返回原路，繼續前行。藺相如的侍從覺得很窩囊，說：「我等遠離家鄉，辭別親友，前來侍奉藺相，就是因為欽佩您的膽識和聲望。現在，藺相的職位在廉頗之上，他又說了那麼多不該說的話，而藺相卻毫不介意，出門躲躲閃閃，好像害怕他似的。這即使是普通人也會感到羞恥，更何況藺相身邊的人呢？我等不肖，請求就此辭歸！」

藺相如止住侍從，說：「你們看廉將軍和秦王比較，誰厲害？」

侍從說：「當然是秦王厲害。」

藺相如說：「對！秦王的威勢那樣厲害，而我藺相如敢於在秦國的朝堂上，當面叱責他，並羞辱其群臣。你們說，我會獨獨害怕廉將軍嗎？」侍從默不作聲。藺相如接著說：「我是想，強大的秦國之所以不敢侵犯我們，原因就在於趙國有我，有廉將軍。我和廉將軍發生衝突，就像兩虎共鬥，必有一傷。我忍讓於廉將軍，實是先國家之急而後私仇也。」

藺相如所想所做，堅持把國家利益放在第一位，表現了重「大我」輕「小我」的崇高品格。他的話很快傳到廉頗耳中，廉頗看到自己思想上的偏差，羞愧得無地自容。廉頗襟懷坦蕩，光明磊落，爲了大局，知錯即改，遂赤著上身，背著荊條，親至藺相如府第門前，跪地請罪，誠懇地說：「鄙賤之人，不知藺相寬宏至此，慚愧慚愧！」

藺相如扶起廉頗，說：「你我都是國家大臣，最要緊的是國家安危，私人間的恩怨、意氣等，算不了什麼！」從此，他們二人盡釋前嫌，結成刎頸之交。

其後數年間，廉頗東攻齊國，南攻魏國，均取得勝利。他的名字傳遍各個諸侯國，幾乎成了「勝利」的代名詞。

西元前二六六年，趙惠文王死，其子繼位，是爲趙孝成王。趙孝成王相當懦弱，依靠藺相如和廉頗的輔佐，僅能維持局面而已。秦昭王任用范睢爲宰相，封白起爲武安君，採用「遠交近攻」的策略，大力進攻韓、魏、趙國。秦昭王四十七年（西元前二六〇年），秦國兵伐韓國，奪取了韓國的大片土地，再攻佔野王（今河南沁陽），使韓國的上黨郡（今山西長冶）與韓國本土割斷了聯繫。韓國舉國震驚，朝臣分成主戰、主和兩派。經過辯論，主和派佔了上風，決意把上黨郡獻給秦國，謀求「以土地換和平」。可是，負責執行命令的郡守馮亭，不願意投降秦國，反而把全郡十七個縣獻給了趙國。這是一份「不義之財」，趙孝成王卻坦然受之，還封馮亭爲華陽君，仍爲上黨郡郡守。秦昭王不能容忍這種情況發生，憤怒地命王齕（齕，讀作核）爲將軍，統兵進攻趙國，兵鋒直指趙都邯鄲。趙孝成王迅速應對，命廉頗率兵二十二萬進駐長平（今山西高平西北），阻擊秦軍。秦軍、趙軍對峙，整整三年多，這就是歷史上著名的長平之戰。

廉頗通曉兵法，且有經驗，針對秦軍揮師遠征、不能久戰的弱點，採用築壘固守的防禦方針，堅壁不出。王齕多次挑戰，廉頗不予理睬，決定打消耗戰，拖垮秦軍。王齕把前線戰況報告秦昭王。秦昭王徵詢范睢的意見。范睢建議，派遣奸細，攜帶重金，賄賂趙國權臣，實施離間計，迫使趙國更換統軍主帥。秦昭王採用范睢的計策，於是邯鄲街頭，流言四起，紛紛說：「廉頗年齡太大，銳氣盡失，畏敵怯戰。秦軍不害怕廉頗，倒是害怕趙括。若是趙括爲將，威不可擋，秦軍必退。」

趙孝成王聽了流言，疑惑不已，派人前往長平，催促廉頗出戰。廉頗心中有氣，說：

「出什麼戰？那是迂腐之見！」趙孝成王由此更加疑惑，決意任用趙括，取代廉頗。

趙孝成王召見趙括，詢問說：「卿能否爲寡人擊退秦軍？」

趙括自我吹噓說：「秦國若使白起爲將，臣擊退秦軍尚需籌劃；若是王齕爲將，則微不足道矣！」

趙孝成王說：「這是何意？」

趙括說：「白起治軍有方，用兵如神，自統秦軍以來，攻必克，戰必勝，威名素著。我趙括與之對壘，勝負各半，所以說『尚需籌劃』。至於王齕，他算老幾？不過是趁廉頗怯懦，所以才敢孤軍深入，耀武揚威。倘若遇到我趙括，必會像秋風掃落葉一樣，把秦軍掃得一乾二淨。」

趙括是趙國名將趙奢的兒子，紙上談兵，頭頭是道，無人可比。趙奢生前預見到兒子不是將帥的材料，告訴妻子說：「兵者，死地也。而趙括把它想得過於簡單，死讀兵書，不知變通，若爲趙將，必敗趙軍。」

趙孝成王被趙括的大話所迷惑，決定拜趙括爲將，賜予金帛，命其持節，再率二十萬大軍，前往長平，取代廉頗，出任趙軍統帥。

趙括母親聽說其事，趕忙上書趙孝成王，轉述趙奢的話，說明趙括不宜爲將，而且還補充說：「趙奢爲將，所得賞賜，全部分給軍吏，受命之日，即宿於軍營，從不過問家事；而趙括爲將，東向而朝，高高在上，軍吏莫敢仰視，所受金帛，歸藏於家，貪圖便宜，購置田宅。他們父子是不一樣的人，所以請求別以趙括爲將。」藺相如正在病中，也反對以趙括爲將，說：「陛下重用趙括，若膠柱而鼓瑟耳！」然而，趙孝成王固執己見，堅持錯誤做法，硬是任命趙括爲主帥，取代了廉頗。

趙孝成王的昏庸，給趙國帶來了毀滅性的災難。長平一戰，趙括自恃其能，盲目指揮，致使趙軍大敗，四十萬士兵慘遭白起坑殺。趙國傷了元氣，因此失去強國地位，任由別國欺凌。趙孝成王十三年（西元前二五三年），燕國國相栗腹鼓動燕王姬喜說：「趙國的青壯年均死於長平，下一代尚未成人，正可伐也。」姬喜果然趁人之危，親自掛帥，兵分三路，進攻趙國，很快佔領了趙國的昌壯（今河北冀縣西北）、宋子（今河北趙縣東北）等地。

趙國再次處於危難之中。趙孝成王記取長平之戰的教訓，重新任用廉頗爲統帥，率兵擊燕。廉頗以國家利益爲重，欣然受命，率領有限的趙軍，進抵鄗城（今河北高邑東），抗擊燕軍。趙軍因衛國保鄉而戰，所以人人英勇，奮不顧身，斬殺燕軍統帥之一栗腹。燕軍沒有佔到便宜，全線潰敗，姬喜狼狽地退保國都薊城（今北京）。廉頗乘勝追擊，長驅五百里，將薊城包圍。姬喜焦頭爛額，全盤答應趙國提出的割讓五城等條件，廉頗這才撤軍。

廉頗抗擊燕軍取得勝利，更加提高了聲望。趙孝成王封他爲信平君，由其代行相國的權力。廉頗爲人豪爽，平時投靠他的門客很多。可是，那些門客多是勢利之徒。前些年，廉頗失勢，他們全部散去，另就高枝；如今，廉頗爲將代相，他們又回來了，阿諛逢迎。廉頗討厭門客趨炎附勢的嘴臉，冷冷地說：「我不想再看到你們，統統滾吧！」有的門客卻理直氣壯，說：「吁！君何見之晚也？這世界上，人與人交往，無不看重勢利。君有勢，我等從君；君無勢，我等離去。此固有理也，有何怨乎？」

廉頗不與小人計較，致力於處理趙國的軍政大事。六年後，他奉命率兵進攻魏國，攻克繁陽（今河南內黃東北），使趙國的軍事形勢又有所發展。西元前二四五年，趙孝成王死，其子繼位，是爲趙悼襄王。趙悼襄王疏遠年邁的將軍，改以樂乘代替廉頗的軍中職務。廉頗氣憤不過，攻擊樂乘，一賭氣，投奔魏國，到了大梁（今河南開封）。魏國懷恨於廉頗，不予信用。所以，廉頗空有雄心壯志，難能施展，苦悶抑鬱，很不開心。

這以後，秦國多次進攻趙國，趙國勢若危卵。趙王這才想起廉頗，仍想用他爲將，特派使者到魏國察看廉頗的身體狀況。趙國奸臣郭開，恰是廉頗的仇人，暗中買通使者，命他詆毀廉頗。使者見廉頗，儘管年過七旬，但每頓飯仍可吃一斗米十斤肉，縱馬舞刀，威風不減當年。使者回報趙王，根據郭開的指令，卻說：「廉將軍雖老，尙善飯，然與臣坐，頃之三遺矢矣（片刻間就上了三次茅房）。」

趙王聽了使者的彙報，認定廉頗已經老不中用，沒有召他回國。楚王看重廉頗的威名，秘密將他接到楚國，任爲將軍。怎奈廉頗畢竟年事已高，力不從心，加之到了一個生疏的環境，士兵不聽指揮，無法再建功業。他感慨地說：「我多麼想和趙國士兵一起衝鋒陷陣啊！」

廉頗晚年，居住異國，心情不暢，鬱鬱寡歡。大約七十多歲時病死，葬於壽春（今安徽壽縣）。他是一位將軍，也是一位英雄，戰功顯赫，老當益壯，贏得後人的尊敬和稱頌。

白起——「料敵合變，出奇無窮」

戰國時期，七國爭雄，各不相讓。地處西方的秦國，經過商鞅變法，加快了封建化的進程，一躍而成爲先進的經濟強國和軍事強國。西元前三〇七年，秦昭王嬴則登基後，依靠強大的國力做後盾，發動一次又一次的兼併戰爭，使秦國的疆域不斷擴大，從而爲日後秦國統一中國創造了條件。期間，傑出的軍事家白起南征北戰，攻城掠地，爲秦國的發展壯大，做出了卓越的貢獻。

白起，一稱公孫起，眉（今陝西眉縣）人。據說身材不高，但很精幹，眼珠黑白分明，目光炯炯有神。青年時代從軍，軍旅生活的磨礪，使他養成了堅定的意志和出色的才幹。秦昭王十三年（西元前二九四年），白起任左庶長，第一次統領秦軍，進攻韓國和魏國。次年，白起升任左更，指揮伊闕（今河南洛陽西南）之戰，先魏後韓，各個擊破，共殲滅魏、韓軍隊二十四萬人，俘擄魏將公孫喜，攻佔五座城池。這是中國歷史上第一個殲敵二十萬人以上的戰例，它爲秦國向東方擴張勢力，起了掃除障礙、開闢道路的作用。

白起在伊闕之戰中表現出了軍事統帥的才能。秦昭王提拔他爲國尉（太尉），掌握軍權。一年後又提拔他爲大良造，掌握軍政大權。其後大約三十年間，白起統領秦軍，不斷地進攻韓、魏、楚、趙、齊等國，攻無不克，戰無不勝。尤其是在秦昭王二十八年（西元前二七九年），白起統領數萬秦軍，進攻南方強大的楚國，接連攻克鄢（今河南鄢陵）、鄧（今河南鄧縣）等五座城池。次年，還一舉攻克楚都郢城（今湖北江陵西北），燒毀夷陵（今湖北宜昌東南），進軍至竟陵（今湖北潛江西北）。楚軍聞風喪膽，楚頃襄王被迫遷都至陳城（今河南淮陽）。

白起南征北戰，除了爲秦國掠得大片土地外，還殘忍地殺害了敵國的無數士兵。「斬首二十四萬」，「斬首十三萬」，「沉其卒二萬人於河中」，「斬首五萬」……典籍中的這些記載，說明白起好殺成性，也說明當時的戰爭，給人民造成了多麼深重的災難！

白起屢戰屢勝，深得秦昭王倚重。秦昭王曾稱讚他「取勝如神」，因而，他獲得了「常勝將軍」的美譽，被封爲武安君。秦昭王四十五年（西元前二六二年），秦、趙之間爆發了長平之戰。白起指揮這次戰役，大獲全勝，這使他的軍旅生涯達到了光輝的頂點。

長平之戰對峙三年多，秦軍勞而無功，止步不前。秦昭王四十七年（西元前二六〇年），秦國派遣奸細，攜帶重金，賄賂趙國權臣，實施離間計，誘使趙孝成王疑忌廉頗，改用誇誇其談的趙括爲趙軍統帥。秦昭王得知情況，立即任命白起爲上將軍，統領增援的秦軍，前往長平。而且對這一任命採取嚴格的保密措施，傳令軍中說：「有洩露白起爲上將軍消息者，斬！」

一明一暗，兩軍更換主帥，戰場形勢立刻發生了變化。趙括到長平後，趾高氣揚，改變廉頗的防禦戰術和部署，調整將官，撤除工事，準備攻擊秦軍。白起到長平後，不聲不響，勘察地形，調兵遣將，制訂了佯敗誘敵、分割圍殲的作戰計畫。具體做法是：主力部隊後撤，埋伏堅守，形成一個巨大的伏擊圈；正面一支部隊擔任誘敵任務，在趙軍進攻時，佯裝敗退，將敵人誘進伏擊圈內；同時派出機動部隊二萬五千人，迂迴至趙軍的背後，截斷趙軍的退路；再以五千名精銳騎兵，從兩翼插入趙軍營壘，將其分割包圍。

趙括根本不知道白起已任秦軍主帥，通知王齕，擇定交戰日期。王齕執行白起的計畫，故意戰敗，有步驟地後退。趙括得意忘形，命令追擊。當趙軍完全進入秦軍伏擊圈的時候，白起突然打出自己的帥旗，嚴嚴實實地把趙軍包圍起來。他指揮秦軍，截斷趙軍的退路，分割趙軍成為兩大部分，使之首尾不能相顧。秦昭王為了這次戰役，親自到前線慰問秦軍，而且將當地十五歲以上的男丁徵集入伍。這支新軍又在長平周邊形成一道屏障，徹底切斷了趙軍可能得到的援軍支持和糧草供應。

趙軍陷入絕境。趙括這時方知白起的厲害。但是，他依仗趙軍的人數遠遠超過秦軍的優勢，一面向邯鄲求援，一面組織突圍。然而，趙軍的突圍沒有一次成功，全被白起挫敗。白起對趙軍採取「圍而不攻，待其自斃」的辦法，從八月圍至九月，整整四十六天，致使趙軍得不到一點補充，矢盡糧絕，甚至出現「陰相殺食」的情況。趙括上天無路，入地無門，命趙軍分成四隊，輪番衝殺，企圖能殺出一條血路，突圍逃生。白起坐鎮指揮，趙軍的突圍除了傷亡外，起不了任何作用。趙括絕望了，帶領部分趙軍作最後的搏殺。秦軍一起放箭。可笑習慣於紙上談兵、眼高手低的趙括，死於亂箭之下。趙軍失去統帥，人心大亂。白起忙命樹起招降旗，並取了趙括首級，招降趙軍。趙軍當時所能做的，只是放下兵器，乖乖投降。

趙軍四十萬人，一日之間，全成了秦軍的俘虜。白起面對這樣龐大的俘虜軍陣，恰也為難。放歸趙國，等於保留了敵國的軍事力量；留在秦營，倘若有變，後果不堪設想。他與王齕等密議，只有將俘虜處死，方是上策。因此，他們編造謊話，用「挾詐」手段，將投降的四十萬趙軍全部坑殺，只將二百四十名未成年的「童子軍」放歸邯鄲，讓他們去宣揚秦軍的聲威。

長平之戰，趙國共損失軍隊四十五萬人，元氣大傷。白起指揮這次戰國時期最大的戰役，開創了以少勝多的著名戰例，標誌著他的軍事思想完全成熟，駕馭戰場形勢，從容自如。長平之戰後，白起乘勝利之餘威，兵分三路：一路由王齕率領，向東北進軍，翻越太行山，攻佔武安（今河北武安）；一路由司馬梗率領，向北進軍，平定太原郡（今山西中部地區）；一路由自己率領，駐守上黨郡，向東進軍，圍攻邯鄲。按照白起的設想，自己和王齕兩軍形成夾擊之勢，攻佔邯鄲不成問題，而且有可能攻滅整個趙國。

誰知事態的發展出現了戲劇性的轉折。趙國搖搖欲墜，岌岌可危。大臣蘇代向趙孝成王建議說，自己願意出使秦國，賄賂宰相范睢，通過范睢說服秦昭王，務要使白起撤軍。趙孝成王焦頭爛額，什麼樣的建議都會接受。這樣，蘇代就攜帶重禮到了秦都咸陽。

蘇代送給范雎許多金銀珠寶，然後鼓動唇舌，說以利害關係，大意是說：白起於秦，功高蓋世，若再滅趙國，那麼簡直可與歷史上的周公、姜尚相比，你范雎屈居其下，還能保住宰相之位嗎？趙國滅亡，趙國人民仇恨秦國，自會分別投奔燕國、韓國和魏國，那麼，秦國到底能得到多少土地多少人民呢？因此，你范雎應當勸說秦王，允許趙國割地求和，千萬莫讓白起再建功業。

范雎懷有私心，遂以「秦兵勞」、「休士卒」爲由，力勸秦昭王召回白起，休整軍隊。秦昭王信任范雎，答應趙國割地求和的條件，強令白起撤軍。這給了趙國喘息的機會。

白起很不情願地回師咸陽，聽說撤軍的原由，心中氣憤。主要是氣憤范雎，爲了一己之私，竟不顧國家利益，把唾手可得的滅趙機遇，白白斷送了。無奈之下，他交出軍權，居家養起病來。

秦昭王四十九年（西元前二五八年），秦軍經過休整，兵強馬壯。秦昭王雄心勃勃，舊事重提，決定再攻邯鄲，消滅趙國。他徵詢白起的意見。白起卻說：「不可！」

秦昭王無法理解白起的話，說：「前年長平之戰後，我們國庫空虛，百姓挨餓，而你卻要求增加兵援和軍糧供應，興師滅趙；現在，百姓和將士都得到休息，軍費和軍糧充足，三軍供應超過前年一倍以上，攻滅趙國正當其時，而你卻說『不可』，這是什麼意思？」

白起認眞分析形勢的變化，說：「長平一戰，秦軍大勝，趙軍人敗。秦國人歡天喜地，趙國人心驚膽戰。秦國厚葬死者，厚養傷者，耗費了大量資財。趙國死者不得葬，傷者不得養，百姓涕泣哀憐，齊心協力地以國難為憂，積累財富，增強實力。近年，秦國得到了休整，趙國同樣也得到了休整。而且，趙國與燕、韓、魏、齊、楚等國結盟，它們休戚與共，怨恨秦國。因此，臣以為此時不可進攻趙國。」

秦昭王不以為然，執意以王陵為將軍，統兵攻趙。事情正如白起所分析的那樣，趙國同仇敵愾，抗擊秦軍，致使王陵損失了五個軍營的兵力。秦昭王沒有辦法，還得用白起為統帥，扭轉戰場形勢。可是，白起帶有情緒，謊稱生病，拒不接受任命。他誠懇地告誡秦昭王說：「邯鄲是不容易攻克的。而且，各諸侯國怨恨秦國，肯定會救援趙國。我們秦國雖然取得了長平大戰的勝利，但士兵也傷亡過半，國力空虛。現在，我們跋山涉水，硬去爭奪人家的國都，趙軍應其內，各諸侯國攻其外，秦軍必敗無疑。」

秦昭王沒想到白起拒絕任命，不給自己面子，再命范睢登門相請，依然要他掛帥出征。范睢和白起，面和心不和，前者嫉恨後者功比天高，後者鄙夷前者陰險虛僞，彼此間沒有共同語言。因此，儘管范睢說了一堆好話，而白起不為所動，堅持說：「此時攻趙，不見其利，只見其弊。再則，白某生病，無法掛帥出征。」

范睢碰壁，回覆秦昭王，少不了添油加醋，詆毀白起。秦昭王大怒，說：「他不就是個白起嗎？沒有他，寡人照樣攻滅趙國！」他任命王齕為帥，代替王陵，率兵包圍邯鄲。這次包圍，整整八九個月，沒有效果。相反，趙軍經常派出小股部隊，深入秦軍背後，騷擾襲擊，使得秦軍損兵折將，連連失利。白起人在咸陽，心繫前線，聽說秦軍失利，感慨地說：

「秦王不聽臣計，今如何矣！」

秦昭王聽到白起的話，像是大發牢騷，又像是幸災樂禍。他很惱怒，再見白起，說：「你若果眞有病，可躺在軍車上指揮戰鬥。你若伐趙成功的話，寡人會重重賞你；你若拒不出征的話，寡人會更加恨你！」

白起還是沒有答應，說：「臣知道，臣只要掛帥出征，即使不勝，也會免罪；若予拒絕，即使無罪，也會遭受誅罰。但是，臣寧可遭受誅伐而死，也不會去當必敗之軍的統帥！」

秦昭王怒不可遏，下令罷免白起的所有官爵，貶爲庶民，趕出咸陽，遷徙至陰密居住。當時，白起確實染病，遷徙無法成行。就在白起滯留咸陽期間，前線戰事有了重大變化：魏國信陵君魏無忌竊符救趙，會同楚國春申君黃歇和趙國的軍隊，共數十萬人，在邯鄲城外大戰秦軍。秦軍受到重創，大敗而退，統帥之一鄭安平及其部下二萬人還當了俘虜。

秦昭王且愧且恨：戰事的發展完全在白起的預料之中。他容不得白起滯留咸陽，命令他立刻動身前往陰密。白起抱病起程。范睢又進讒說：「白起之遷，其意尙怏怏不服，嘴裏喋喋不休，還怨恨不已呢！」

秦昭王昏頭昏腦，惱怒地派出使者，賜給白起長劍，命其自裁。白起行至咸陽西門外十里的杜郵，使者追及，傳達旨意。白起手執長劍，憤憤不平地說：「我何罪於天而至此哉！」良久又說：「我固當死。長平之戰，趙卒降者數十萬人，我詐而盡坑之，是足以死！」說罷，以劍自刎而死。

白起是中國歷史上一位叱吒風雲、功勳卓著的名將。司馬遷稱讚他：「料敵合變，出奇無窮，聲震天下」。他的死並不在於他有什麼罪過，而是因爲他功高震主，違背了秦昭王的意志。范睢趁機蠱惑陷害，導致了一代名將悲劇性的結局。秦國百姓不忘這位功臣，「鄉邑皆祭祀焉」。

王翦

秦朝開國的英雄和功臣

西元前二三八年，秦王嬴政二十二歲，親自執政。他從呂不韋、嫪毒手中奪回了權力，重新部署戰略和策略，開始了兼併六國的戰爭。其後的十餘年間，強大的秦國軍隊金戈鐵馬，縱橫天下，以摧枯拉朽之勢，攻滅六國。西元前二二一年，嬴政終於成就了統一中國的偉大事業，他因此成爲千古一帝秦始皇。秦軍攻無不克，戰無不勝，原因很多，其中至關重要的一條原因是，他們有著許多傑出的將帥，而王翦則是眾多將帥中的佼佼者。秦國攻滅趙國、燕國和楚國的任務，均是在他手裏完成的。

王翦（生卒年不詳），頻陽東鄉（今陝西富平東北）人。自小愛好軍事，青年時代從軍，秦王嬴政即位後，他已成爲一位智勇雙全的將軍。西元前二三五年，王翦率兵進攻趙國，首戰告捷，攻佔了趙國的九座城邑。戰後，王翦認眞總結經驗，整頓軍隊，爲其後更大規模的戰爭進行準備。

西元前二三〇年，秦將內史騰進攻韓國，俘擄韓王安，韓國滅亡。西元前二二九年，王翦和另一員秦將楊端和，兵分兩路，再次進攻趙國，形成鉗形攻勢。然而，這次戰役進行得很不順利，因爲他們遭到了趙國名將李牧的頑強抵抗。趙國自廉頗以後，負責軍事的統帥就是李牧。他原先守衛趙國的北部邊界，抗擊匈奴的入侵，很有謀略。一次採用誘敵深入、一鼓聚殲的計策，斬獲匈奴騎兵十餘萬人，因而威震敵膽，聲名遠揚。他的軍隊實際上由車、騎、步三個兵種組成，具有極強的戰鬥力。西元前二三三年，正是李牧，曾經打敗秦將桓齮（齮，讀作易），取得了趙國對秦國作戰少有的勝利。王翦遭遇李牧，眞可謂是「棋逢對手，將遇良才」。秦軍和趙軍對峙，歷時一年多，誰也沒有佔到便宜。《孫子兵法》云：「兵者，詭道也。」這時，誰能巧妙地運用「詭道」，就有可能取得主動，改變局面。秦王嬴政麾下人才濟濟，其中包括軍事家尉繚和廷尉李斯等人，他們都是「詭道」方面的專家，慣於實施反間計，瓦解敵國的君臣關係。尉繚和李斯派出奸細，潛入趙都邯鄲，用重金收買趙王遷的寵臣郭開，借他之口，散布謠言，誣陷李牧即將叛趙降秦。王翦配合行動，主動向李牧提出休戰講和的建議。趙王遷昏庸無能，生性多疑，果然懷疑起李牧來。他罷免李牧和另一位趙將司馬尚的軍職，改用不懂軍事的趙蔥爲統帥。李牧忠於國家，不肯受命，結果被趙王遷殺害。李牧一死，趙軍渙散。王翦趁機大舉進攻，於西元前二二八年攻克邯鄲。趙王遷乖乖投降，其子嘉逃跑至代郡（今河北蔚縣東北），自立爲代王，趙國事實上已經滅亡了。

西元前二二七年，發生了著名的「荊軻刺秦王」事件，其主謀和策劃人爲燕國太子丹。嬴政赫然震怒，命令王翦率兵進攻燕國。王翦大軍，所向披靡，次年即攻克燕都薊城。燕王喜逃至遼東（今遼寧遼陽西北），迫於秦軍的壓力，只得殺了太子丹求和。當時正值寒冬，嬴政命王翦撤軍，燕國暫時保住了遼東半壁江山。

王翦的軍旅生涯中，最光彩的一筆還是攻滅楚國。西元前二二五年，王翦的兒子王賁已滅魏國。同年，嬴政決定進攻楚國。王翦手下有一位少壯派將軍叫李信，風華正茂，勇敢兇猛。嬴政欣賞李信，詢問說：「吾欲攻取楚國，將軍考慮需要多少兵馬？」李信回答說：「最多不過二十萬人。」嬴政不大放心，轉而詢問王翦同樣的問題。王翦回答說：「非六十萬人不可。」這是李信所要軍隊的三倍，嬴政搖頭，說：「王將軍老矣，何怯也？李信果勢壯勇，其言是也。」因此，他命李信和蒙恬，率領二十萬兵馬，進攻楚國。王翦見國王沒有採納自己的意見，藉口有病，告老回歸家鄉頻陽。

王翦果眞是年老怯戰嗎？當然不是。他是在認眞分析了楚國的形勢後，才主張出動六十萬兵馬的。楚國是一個大國，佔有長江流域和淮河流域，土地廣大，人口眾多，經濟比較發達，文化也很可觀。戰國中期以後，它在政治上缺少生氣，打了許多敗仗，丟失了一些國土。但百足之蟲，死而不僵，戰國末期，它仍有一定的實力，可以調動的軍隊，足有一百萬人。王翦意識到兼併楚國的艱鉅性，強調要集中優勢兵力，一戰而勝。李信年輕氣盛，顯得輕狂。嬴政則被取得的一系列勝利沖昏頭腦，因勝而驕，輕信李信，犯了兵家之大忌。

秦軍兵分兩路，李信攻平輿（今河南平輿北），蒙恬攻寢邑（今安徽臨泉），大破楚軍。李信東進，再勝楚軍，掉頭西向，準備與蒙恬軍會合。不想，楚軍大將項燕正緊緊地跟在李信的後面，經過三天三夜的急行軍，追上秦軍，出其不意地發起攻擊。李信倉皇應戰，秦軍受到重創，不僅丟失兩座營壘，而且死了七名都尉。李信狼狽地逃回秦國，再也沒臉說大話和吹牛皮了。

這次失敗是秦國多年來不曾有過的失敗。嬴政又氣又悔，氣的是李信過於狂傲，悔的是自己沒有聽從王翦的忠告。他無計可施，只得硬著頭皮，親自去到頻陽，承認錯誤，並請王翦擔任秦軍的統帥，說：「寡人因爲不用將軍之計，李信果然使秦軍受辱。今聞楚軍日進而西，將軍雖病，獨忍棄寡人乎？」王翦故意推辭說：「老臣罷病悖亂，唯大王更擇賢將。」嬴政羞愧地說：「已矣，將軍勿復言！」王翦說：「大王必不得已用臣，臣還是那句話，非六十萬人不可。」嬴政滿口答應，說：「一切都聽將軍的。」

王翦於是出任秦軍統帥，率領六十萬大軍出發。嬴政親自前往灞上（今西安東南）送行。王翦臨行，請求嬴政賜給多處田地、房屋和園池。嬴政說：「將軍行矣，何憂貧乎？」王翦說：「臣爲大王將，有功終不得封侯，故而趁大王高興的時候，臣要給兒孫們置些產業。」嬴政聽了，哈哈大笑。王翦及至函谷關，五次派人，請求嬴政賜予良田美宅。有人批評他做得過分。他說：「不然。秦王生性多疑，現在他把秦國的全部兵力交給我指揮，我若不多要田宅，裝出謀私的樣子，他會相信我嗎？」從這件事可以看出，王翦老謀深算，對於嬴政和官場有著清醒的認識。他比起利祿薰心的李斯來，顯然高明得多。

王翦大軍壓境，楚國出動全部兵力，抵禦秦軍。王翦到了前方，命令部下構築工事，採取守勢，並不忙於進攻。楚軍多次挑戰，王翦不予理睬，只命部分士兵警戒，其他人吃飽睡好，養足氣力。士兵們無事可做，他讓他們練習投石、跳躍和游泳，既是消遣，又是習武。歷時將近一年，王翦看到兵強馬壯，高興地說：「士卒可用矣！」

西元前二二四年，楚軍見秦軍久不出戰，以爲王翦根本就不想進攻楚國，覺得沒有必要把大量軍隊駐紮在靠近邊界的地方，開始向東方轉移兵力。王翦抓住這個機會，突然發動攻擊，突入楚境，進軍至平輿，大破楚軍。楚軍大將項燕收拾殘部，東退至蘄邑（今安徽宿縣東南），被秦軍追上，激戰陣亡。項燕一死，楚軍主力崩潰，再也組織不起什麼有效的抵抗了。

西元前二二三年，王翦攻克楚都壽春（今安徽壽縣），俘獲楚王負芻，楚國滅亡。一年後，王翦徹底平定江南廣大地區。

王翦的兒子王賁也是一位出色的將帥。西元前二二二年，王賁統領秦軍攻遼東，俘獲燕王喜；再攻代郡，俘獲代王嘉。西元前二二一年，王賁揮師南下，進攻齊國，齊王建投降。至此，秦王嬴政攻滅六國的戰爭全部結束，天下一統，中國歷史揭開了嶄新的一頁。

王翦是秦朝開國的英雄和功臣之一。他先後攻滅趙國、燕國和楚國，爲秦朝的建立和中國的統一，作出了巨大的貢獻。他的智慧和謀略在攻滅楚國的戰爭中，表現得淋漓盡致：一是故意「憂貧」，以獲得國王的最大信任；二是先守後攻，給予敵人以致命的一擊。秦朝統一中國後，論功行賞，「以王氏、蒙氏功最多，名施於天下」。這裏的「王氏」，就是指王翦和王賁父子。西元前二一九年，秦始皇巡行東方，在琅琊（今山東）築琅臺台，刻石紀功，頌揚秦始皇的功德。碑文中記有隨行大臣的名字，武成侯王翦位列第一，通武侯王賁次之。表明王翦、王賁被秦始皇視爲開國元勳，而且都封了侯爵。《史記》載：「秦二世時，王翦及其子（王）賁皆已死。」顯然，王翦和王賁是死於秦始皇在位的後期。二人死後，歸葬於家鄉頻陽，其墓至今猶在。

蒙恬——萬里長城，民族象徵

戰國後期，秦國的軍事舞臺上，佔有顯赫地位的，不僅有王翦、王賁父子外，而且有蒙氏家族。蒙氏家族包括蒙驁、蒙武、蒙恬祖孫三代，其中蒙恬在秦始皇統一中國後，北擊匈奴，修築長城和直道，對於鞏固中央集權制的封建國家，做出了特別重大的貢獻。

蒙恬（西元前？～前二一〇年），出身於將帥世家，其先祖是齊國人。他的祖父蒙驁在秦昭王時到達秦國，官至上卿，其後多次擔任秦軍統帥，進攻韓、趙、魏等國，攻取上百座城邑，使秦國增設了三川郡、太原郡和東郡。他的父親蒙武，曾是王翦的副將，參加攻滅楚國的戰爭，攻克楚都，俘擄楚王，同樣建立了功勳。蒙恬生活在這樣一個家庭裏，深受祖父和父親的影響，渴望建功立業，報效國家，成爲一位將帥級的英雄人物。

事實上，蒙恬最早從事的職業是獄吏。他年輕時十分好學，精通刑法，並且寫得一手好字。相傳，中國的文房四寶之一毛筆，就是蒙恬發明的。這一發明，對於中國文化的傳播和書法藝術的形成，具有重大意義。家庭的薰陶，時勢的需要，促使蒙恬改行從軍，而且很快顯露出了才華。他和李信等人一起，成了秦國軍界少壯派的傑出代表。西元前二二四年，秦國攻楚，李信和蒙恬同為秦軍的統帥。在這次戰爭中，李信驕傲輕敵，導致了秦軍的失敗。秦王嬴政不得不禮請老將王翦出馬，這才最終攻滅了楚國。隨後，蒙恬改在王賁部下效力，參與掃蕩了燕國和楚國的殘餘勢力。西元前二二一年，王賁和蒙恬揮師南下，進攻齊國。齊國政治黑暗，武備鬆弛。秦軍如入無人之境，幾乎沒有遇到什麼抵抗，一舉攻克臨淄。齊王建投降，齊國滅亡。

滅齊戰爭，是秦王嬴政攻滅六國的最後一仗。當年，嬴政統一中國，自稱始皇帝。秦始皇迅速建立封建的國家體制，實行郡縣制，將全國分為三十六個郡。但是，考慮到以國都咸陽為中心的京畿地區的戰略地位，決定不設郡而設內史，任命親信大臣予以管理。內史的行政首長也叫內史。秦朝的首位內史不是文官，而是由武將蒙恬出任。據此可知，蒙恬在秦始皇的心目中，忠誠可信，足以勝任任何最重要的職務。

中國統一了，中原地區戰事平息，但北部邊疆仍不安寧，主要是匈奴時時入侵，嚴重威脅著邊境人民的生命、財產安全。匈奴是中國古代的少數民族，史籍中或稱「戎」、「狄」，亦稱「胡」。早在商朝和周朝，匈奴人便與華夏人開始了密切的交往。春秋時期，匈奴人廣泛分布於西起關中，東至伊洛一線以北的廣大地區。他們以游牧為生，逐水草而居，粗獷豪放，剽悍善戰。戰國時，主要活動於秦、趙、燕國以北地區，勢力逐漸強大起來。秦始皇統一中國後，方士進獻迷信圖書，其中有句話，叫做「亡秦者胡也」。秦始皇以為「胡」就是匈奴，所以命蒙恬統領三十萬大軍，北擊匈奴，及早解決所謂的「胡患」問題。

蒙恬兵出上郡（今陝西榆林東南），對盤踞在這一地區的匈奴實施重擊，收復了河南之地。這裏的「河南」，指黃河河曲以南地帶，也就是通常所說的河套地區。蒙恬繼續東進北上，擴大戰果，進軍至陰山（今內蒙古陰山），大大拓展了秦朝的版圖。秦朝隨即在新收復的地區設置九原郡（今內蒙古包頭西），下轄四十四個縣，實行行政管理。新建各縣自然條件惡劣，人口稀少。中央政府通過發配罪犯和動員移民的措施，先後將三四萬戶人家遷徙至那裏居住，屯田開墾，發展農牧業生產。蒙恬則在高闕（今內蒙古杭錦後旗東北）、陰山一帶，設置城堡，建造工事，防止匈奴南侵。河套地區土地肥沃，水草豐美，內地遷徙的移民，帶去了先進的農耕技術，使那裏很快成爲經濟比較發達的地區，因而被稱爲「新秦」。由此可以看出，蒙恬北擊匈奴，對於秦朝鞏固北部邊防，起了相當大的作用。

西元前二一三年，秦始皇出於軍事防禦的考慮，命令蒙恬帶領軍隊和移民，修築長城。其實，從趙武靈王胡服騎射開始，趙、燕、秦國就先後修築過長城，用於防範北方游牧民族的騷擾。蒙恬奉命，將原先各國的長城連接起來，使之成爲一道堅固的防禦屏障。這是一項浩大而艱巨的工程，耗費的人力、財力和物力難以計算。蒙恬連接後的長城，西起臨洮（今甘肅岷縣），東至遼東，沿黃河，經蒙古草原，傍陰山山系，因地形而起伏，隨山水而轉折，扼險要，阻關隘，綿延萬餘里，巍峨雄壯，氣象萬千，號稱「萬里長城」。

修築長城，目的在於軍事。試想，當北方游牧民族以鐵騎利刀，直接威脅和肆意踐踏中原腹地時，作爲封建王朝的統治者，除了奮起抵抗，將敵人拒之於國門之外，還有什麼其他的辦法呢？長城在當時是一道防禦屏障，即使在後世也具有深遠意義。在中國漫長的封建社會中，中原華夏民族與北方少數民族，除了不斷戰爭外，更有許多互相扶助，通商通好，以及文明融合的時候。往小處說，由於長城的存在，中原文明得以快速成熟，並由此帶動了周邊少數民族文明的增長。往大處說，由於長城的存在，中國的古代文明才得以日臻完善，從而形成足以與外來文明交流和碰撞的力量，而且在很長一段時間內，可說是世界上最爲強大的。可惜限於種種原因，這一力量無法向外發展，而是在自身內部消耗掉了。

長城是中國古代勞動人民創造的奇蹟，也是中國古代文明成長的保障。它，永遠是中華民族團結、力量的偉大象徵。修築長城的決策者是秦始皇，實施者是蒙恬，他們的功績，世人會永遠銘記。

就在修築長城的同時，秦始皇還命蒙恬主持修建一條道路，從甘泉宮直達九原郡。這條道路「塹山堙谷，千八百里」，平均寬二十公尺，當時稱爲「直道」。實際上，這是一條軍事大道和戰略大道，目的在於加強中央政府對於邊地的統治，同時，北方匈奴一旦入侵，秦軍便可通過它運送兵員和作戰物資，直達前線。蒙恬主持修建了直道，無疑是爲秦朝的集權統治又立了新功。

其後，蒙恬駐守上郡，威震匈奴。蒙恬弟弟蒙毅在朝中任職，官至上卿，深得秦始皇寵信，出則參乘，入則御前。史籍記載蒙氏兄弟說：「恬任外事而毅常爲內謀，名爲忠信，故雖諸將相莫敢與之爭焉。」

西元前二一三和二一二年，發生了著名的焚書坑儒事件。秦始皇長子扶蘇反對父皇的殘暴做法，秦始皇因而大怒，將扶蘇發配到蒙恬軍中任監軍。這期間，蒙恬和扶蘇的關係相當親密，從而引起了宦官中車府令趙高的忌恨。接著而來的，便是蒙恬以及蒙氏家族遭受種種不幸。

西元前二一〇年，秦始皇在最後一次巡行中病死於沙丘平臺（今河北廣宗西北大平臺），死前召見丞相李斯和趙高，囑爲璽書，賜於扶蘇，命其速回咸陽，主持葬禮。不言而喻，這等於是命扶蘇繼承皇位。可是，趙高用心險惡，唆使秦始皇的小兒子胡亥，軟硬兼施說服李斯，組成一個謀逆集團，焚毀秦始皇的遺詔，另外僞造兩份詔書：一份謊稱秦始皇已立胡亥爲太子；一份賜扶蘇和蒙恬以死。他們嚴密封鎖秦始皇的死訊，車載秦始皇屍體，故意繞道九原郡，馳回咸陽。朝廷專使攜帶僞造的詔書送達上郡，上面寫道：

朕巡天下，禱祠名山、諸神，以延壽命。今扶蘇與將軍蒙恬將兵數十萬以屯邊，十有餘年矣，不能進而前，士卒多耗，無尺寸之功，反而多次上書，誹謗朕之所爲，以其不得罷歸爲太子，日夜怨望。扶蘇爲人子不孝，今賜劍以自裁！蒙恬與扶蘇居外，不匡正，宜知其謀，爲人臣不忠，今賜死！

扶蘇接了僞詔，以爲是眞的，泣入內舍，就要自刎。蒙恬見多識廣，阻攔說：「皇上在外，未立太子，令我將三十萬大軍駐邊戍守，令公子爲監軍，這是天下第一重任。現在僅憑一紙詔書，公子便要自裁，怎知其中沒有詐謀？我說，公子不妨派人馳赴行在（皇帝所在之處）問個明白。如果情況屬實，再死不遲。」

扶蘇聽了，頓時起疑。可是，那個專使受了胡亥、趙高、李斯的密囑，一再催促，逼令扶蘇自殺。扶蘇愚忠愚孝，失聲痛哭地說：「君要臣亡，不得不亡；父要子死，不得不死。爲臣爲子，哪裏容得我再行請命啊？」說罷，取劍自刎，倒地身亡。專使催促蒙恬自裁。蒙恬可不願糊里糊塗地送命，願意交出兵權，自入陽周（今陝西子長北）大獄，等候聖決。

扶蘇自刎，蒙恬入獄，趙高、李斯立刻擁立胡亥即位，他就是秦二世皇帝。李斯仍爲丞相，保住了榮華富貴；趙高升任郎中令，開始專權用事。

趙高當初犯法，曾被蒙毅判處死刑，若不是秦始皇的赦免，早就丟了性命。他升任郎中令後，所做的第一件事便是報復蒙毅。他無中生有，捏造罪名，聲稱秦始皇曾想立胡亥爲太子，而蒙毅拒不同意，一味死諫，致使事情沒有結果。胡亥聽任趙高擺布，命將蒙毅下獄斬首。

趙高殺了蒙毅，再慫恿胡亥，派遣使者前往陽周，賜蒙恬以死。使者傳達聖旨說：「君之過多矣！卿之弟蒙毅有大罪，法及內史。」蒙恬不服，說：「自吾先人，及至子孫，積功於秦三世矣。今臣將兵三十餘萬，身雖囚繫，其勢足以背叛。然自知必死而守義者，不敢辱先人之教，以不忘先主（指秦始皇）也。」他以西周周公受奸臣誣陷爲例，說：「我蒙恬一家，世無二心，而事卒如此，是必孽臣逆亂，內陵之道也。」他特別指出：「凡臣之言，非以求免於咎也，將以諫而死，願陛下爲萬民思從道也。」使者表示，自己只管執行命令，不能轉達罪犯的話。蒙恬呼天不應，叫地不靈，喟然歎息說：「我何罪於天，無過而死乎？」許久又說：「我蒙恬罪固當死矣！我修築長城，西起臨洮，東至遼東，綿延萬餘里，此其中能無絕地脈哉？此乃蒙恬之罪也。」說罷，吞藥自殺。

蒙恬的「絕地脈」之說，可以理解爲在修築長城的過程中，徵發了上百萬民工，辛苦勞作，以致無數的百姓，流離失所，慘死異鄉。然而，這不僅僅是蒙恬的罪過，更是秦始皇的罪過。蒙恬的死因不在於此，而在於胡亥，在於趙高，在於封建制度。他至死不明白這個道理，甚至對胡亥還抱有某種幻想，也算可悲的了。

韓信——「狡兔死，走狗烹」

秦二世胡亥繼續實行殘忍暴虐統治，十室九空，民怨沸騰。西元前二〇九年七月，陳勝、吳廣斬木爲兵，揭竿爲旗，中國歷史上第一次農民大起義爆發了。九月，楚國貴族出身的項梁、項羽叔侄和布衣出身的劉邦，也舉起反秦大旗，起兵回應。陳勝、吳廣死後，勝利果實落到項羽和劉邦手裏，秦朝滅亡後，他們二人爭奪天下。期間，著名軍事家韓信站到劉邦一邊，從而使劉邦笑到最後，由他建立了西漢王朝。

韓信（西元前？～前一九六年），淮陰（今江蘇淮陰）人。早年家貧，愛讀兵書，志向遠大。但是，因爲品行不端，飽受別人的嘲笑和欺凌。官府規定，這種人，不得選爲吏，也不許經商。韓信青年時，母親病死，無以爲葬。而他卻挑選了一片高曠開闊、足以居住萬戶人家的荒地，埋了母親。他的意思是，日後發跡，一定要有同樣多的人家爲母親守墓。

韓信家貧如洗，只能到當地亭長家去混口飯吃。亭長妻子感到討厭，故意錯開吃飯時間，韓信來時，他們全家已經把飯吃完。韓信知其用意，一怒而去。他到河邊釣魚，釣到魚就烤著吃，釣不到魚就餓肚子。一位漂母可憐這個青年人，經常送他一些飯吃。韓信很是感激，誠心地說：「我將來一定重重地報答你。」不料漂母朝他唾了一口，說：「呸！大丈夫不能自食，我是可憐你才給你飯吃，難道是圖你報答嗎？」韓信茫然，訕訕走開。他由於愛習武事，身無分文，卻始終佩戴一把寶劍。淮陰幾個惡少鄙夷韓信，嘲笑說：「瞧你長得高高大大的，還帶著寶劍，其實是個膽小鬼。」其中一人存心侮辱韓信，跨開兩腿，說：「喂！你若有種不怕死，就用寶劍刺我；不然，就從我胯下鑽過去！」韓信不願和無賴糾纏，強忍怒火，匍匐從那惡少胯下鑽過。目睹這一幕的人哈哈大笑，均以爲韓信怯弱。

韓信懷著發跡的願望，持劍從軍。他投到項梁軍中，當了一名普通的士兵。項梁死後，他在項羽帳下效力，升任郎中，充當執戟的衛士。他有軍事才略，屢次向項羽獻計獻策。可是，驕傲的項羽根本看不起韓信，從來不採納他的意見。鴻門宴之後，項羽自稱西楚霸王，封劉邦爲漢王。劉邦到了南鄭（今陝西漢中），積蓄力量，準備和項羽爭奪天下。韓信看到劉邦胸懷大志，絕非等閒人物，因而毅然離開項羽，投奔劉邦。劉邦開始也不怎麼看重韓信，給了他個連敖（管理糧草）的小官。韓信大失所望，飲酒犯法，獲罪當斬。一起犯法的共有十四人。武將夏侯嬰負責施刑，已斬十三人，待到韓信時，韓信大聲說：「漢王不是想得到天下嗎？爲何斬一壯士？」夏侯嬰奇其言，壯其貌，手下留情，報告劉邦。劉邦也就免了韓信的死罪，任命他爲治粟都尉。

這期間，丞相蕭何結識了韓信。雙方經過多次交談，蕭何驚訝地發現，韓信滿腹韜略，簡直是個奇才。他向劉邦鄭重推薦，希望能夠重用韓信。可是劉邦毫不介意，未予理睬。劉邦的漢軍多為關東人，因思念故鄉，屢屢有人逃亡。韓信見自己在南鄭不能施展抱負，也就在一天夜間，悄然離去。

蕭何得知韓信離去，來不及請示劉邦，急忙尾隨著追趕。有人報告劉邦說：「蕭丞相逃跑了。」劉邦大驚失色，說：「這怎麼可能呢？」他歷來倚重蕭何，蕭何一走，等於失去了左右手。蕭何總算追回韓信，兩天後拜謁劉邦。劉邦又怒又喜，罵道：「別人逃亡，你也逃亡，這是為何？」蕭何說：「臣不敢逃亡，實是追逃亡之人。」劉邦說：「你追誰？」蕭何說：「韓信。」劉邦又罵道：「諸將逃亡者數十人，你不去追，單追韓信，這是騙人！」蕭何說：「諸將易得，一帥難求。至如韓信，國士無雙。大王若是想長期在漢中當漢王，那就不必重用韓信；若是想爭奪天下，那就非重用韓信不可。臣願大王考慮，愼重抉擇。」劉邦說：「我當然是想爭奪天下，哪能鬱鬱困在這個地方呢？」蕭何說：「大王重用韓信，韓信則留；不予重用，韓信還會逃亡。」劉邦說：「好，看在你的面子，我就讓他當個將軍。」蕭何搖頭，說：「只讓他當個將軍，他還是不會留下。」劉邦說：「那就任命他為大將軍。」蕭何高興，說：「這就對了。」於是，劉邦準備召見韓信，拜為大將軍。蕭何忙說：「別！大王素來傲慢，不重禮節，封拜大將軍，如召小兒，不行不行。大王必欲拜之，擇日齋戒，設壇具禮，方可。」劉邦表示同意，於是築壇拜將，正式任命韓信為大將軍。這一任命，出乎所有人的意料，全軍皆驚。

韓信升任大將軍，幾乎天天和劉邦當面議事。劉邦說：「蕭丞相屢屢稱讚將軍，將軍何以教本王計策？」韓信謙遜地說：「教大王計策不敢。我只想問，大王意欲奪取天下，對手是不是項羽？」劉邦說：「當然是項羽。」韓信說：「大王自料軍事實力誰強誰弱？」劉邦說：「本王不如項羽。」韓信說：「對！我也認爲大王的軍事實力不如項羽。但是，事物都有兩面性，強可以變弱，弱可以變強。我在項羽軍中待過，熟知項羽的爲人。他既有匹夫之勇，又有婦人之仁，很難成就大事。名爲霸王，不居關中而都彭城（今江蘇徐州），乃一大失策；威逼義帝（指楚懷王熊心），厚賞親信，諸侯不平。而且兇狠殘暴，濫殺無辜，早已失掉人心。任用秦朝降將章邯、司馬欣、董翳，分王三秦（今陝西），也屬愚蠢之舉，殊不知三秦父老對這三人深惡痛絕。大王和項羽完全不同，自入武關（今陝西丹鳳東南）以後，強調軍紀，秋毫無犯，除秦苛法，約法三章。因此，三秦父老擁戴大王，期盼大王。不日，大王舉兵東向，三秦可傳檄而定，進而進兵中原，等待項羽的只會是兩個字：滅亡。」

韓信胸有成竹，侃侃而談。劉邦頻頻點頭，滿面喜色，只恨相見韓信太晚，放心地委以軍權。從此，用兵方略，皆由韓信決斷。西元前二〇六年八月，韓信趁項羽後院起火的機會，實施「明修棧道，暗渡陳倉（今陝西寶雞東）」的計謀，突然發兵，攻襲雍王章邯、塞王司馬欣和翟王董翳，迅速平定了關中的大部分地區。楚漢戰爭由此拉開了帷幕。

楚漢戰爭初始，劉邦曾聯合各國諸侯，組織起六十萬聯軍，攻克楚都彭城。項羽回擊，六十萬聯軍立刻土崩瓦解，劉邦狼狽地逃至滎陽（今河南滎陽），其他諸侯王又多歸附項羽。劉邦和張良等審度形勢，調整戰略部署，決定一面堅持正面防禦，一面開闢多個戰場。

任命韓信爲左丞相，渡過黃河，開闢北方戰場，首先消滅魏國，進而掃蕩其他諸侯王。韓信奉命而行，出神入化的軍事指揮藝術，得到了充分的發揮。

魏國地處河東（今山西），都平陽（今山西臨汾西南）。魏王豹用柏直爲大將，統領大軍，扼守黃河東岸的蒲阪（今山西永濟西），封鎖黃河渡口臨晉津，加強巡邏，控制船隻，使漢軍無法渡過黃河。韓信分析形勢，知道正面很難突破，決定聲東擊西，避實就虛。他在蒲阪對岸虛紮營壘，陳設旗鼓，擺出強行渡河的架勢，而主力偷偷向北運動，選擇夏陽（今陝西韓城南）作爲渡河地點。黃河水大流急。韓信命令製作許多木桶，連在一起，上面鋪置木板，放於水面，形成浮橋。漢軍順利地渡過黃河，攻陷重鎮安邑（今山西安邑東北）。魏王豹防不勝防，倉皇應戰，被韓信活捉。魏國滅亡。

韓信請求劉邦增兵三萬，乘勝東進，攻滅代國、趙國和齊國。劉邦同意，撥給韓信三萬兵馬，並派熟悉情況的張耳，協助韓信。韓信輕而易舉地攻滅代國，再跨越太行山，進攻趙國。趙王歇命大將陳餘、李左車，率兵二十萬，死守井陘關（今河北井陘北）西面的井陘口，迎戰漢軍。那裏地勢險要，「車不得方軌，騎不得成列」，歷來爲兵家必爭之地。李左車建議，正面堅壁防守，自率三萬奇兵，繞道漢軍背後，偷襲輜重，切斷漢軍的供給線，然後實行夾擊，即可斬殺韓信和張耳。怎奈陳餘迂腐輕敵，搬出「義兵不用詐謀奇計」的教條，拒絕李左車的建議，要和漢軍正面決戰。韓信偵知這一消息，大喜，進軍至井陘口三十里，安營紮寨。

韓信實地考察了地形，了解到陳餘胃口很大，想在井陘口一口吃掉漢軍。據此，韓信設下奇計，決定虛虛實實，誘擊敵人。這天，他挑選二千騎兵，各持一面漢軍旗幟，夜間抄小路繞至趙軍的側後方，悄悄埋伏。他命令說：「戰鬥打響後，趙軍見我軍後退，一定會傾巢出動，予以追擊。那時，你們可迅速佔領趙軍大營，拔去趙軍旗幟，插上漢軍旗幟。」二千騎兵領計而去。韓信傳令開飯，大聲說：「今日大破趙軍後會餐。」當時，趙軍二十萬，漢軍只有四五萬，將士們不大相信會「大破趙軍」，勉強應付說：「是。」然後，韓信命一將軍，率一萬先頭部隊先行，接近井陘口，背水列陣。那位將軍擔心會受到趙軍的攻擊。韓信滿有把握地說：「不會。趙軍搶佔有利地形，築成壁壘，意在全殲漢軍。他們不見我大將軍的旗鼓，不會出擊。因爲他們擔心因小失大，出擊了，我會統領主力撤退。」一切皆如韓信所料。漢軍的先頭部隊，順利渡河，背水列陣，佔穩了一個陣地。陳餘等見此情形，無不譏笑，笑他韓信不懂兵法。須知，背水列陣，正犯了兵家之大忌。天色大亮時，韓信打出「大將軍」的帥旗，統領大軍，擂鼓吶喊，進攻井陘口。陳餘認爲決戰時刻已到，命令趙軍大開營壘，全體出動，迎戰漢軍。雙方激戰許久，韓信、張耳佯裝戰敗，丟棄旗鼓，有序撤退，逐漸與先頭部隊會合。趙軍以爲打了勝仗，一面追趕漢軍，一面爭搶戰利品。漢軍合兵一處，背水而戰，沒有退路。因此，他們拼死衝殺，以一當十，勇猛無比。陳餘一時不能戰勝韓信，下令鳴金收兵，返回營壘。不想，趙軍的營壘早被韓信埋伏的二千騎兵奪得，趙軍的旗幟全部換成了漢軍的旗幟。陳餘大驚失色，以爲趙王歇已被漢軍俘擄。趙軍將士更是惶恐，扔掉兵器，爭相逃命。韓信指揮漢軍，夾擊殺敵。結果，趙軍落花流水，陳餘被擒殺。韓信乘勝進攻趙都邯鄲，活捉趙王歇。趙國滅亡。

戰後，將軍們請韓信講解用兵方略。韓信說：「兵書上不是說過『陷之死地而後生，置之絕地而後存』嗎？我們的士兵多是新兵，帶領他們作戰，跟帶領市人作戰沒有什麼兩樣。背水列陣，就是把士兵置於死地和絕地，使之人人爲自我而戰，退縮就意味著死亡。如果把士兵放在安全地帶，那麼戰鬥打響，他們一緊張，爭著逃跑，哪裏還會服從號令？」眾將聽了，無不佩服，說：「我等非所及也。」

趙將李左車也被活捉。韓信知道他有謀略，以禮相待，並虛心地向他請教用兵燕國和齊國的計策。李左車謙遜一番後，說：「大將軍旬日之內，大破趙軍二十萬眾，名聞海內，威震諸侯。然而兵勞卒疲，難以繼續作戰。足下舉疲憊之兵，進攻燕國，欲戰不拔，曠日持久，糧食供應大成問題。攻燕不破，齊必拒境自強。若此，漢王和項羽誰勝誰敗，就很難說。」韓信說：「那我該怎麼辦呢？」李左車說：「當今之計，不如按甲休兵，體恤將士，撫慰百姓，並陳兵於燕國邊境，派遣使臣使燕，曉以利害，燕王不敢不聽。燕國順服了，齊國自然會不戰而降。」

韓信依計而行，果然奏效，燕王投降。韓信把情況報告劉邦。劉邦大喜，接受韓信的建議，封了張耳爲趙王。項羽和劉邦在滎陽一帶展開了拉鋸戰，劉邦屢打敗仗。西元前二〇四年秋天，劉邦又敗，北渡黃河，悄悄到了韓信、張耳駐軍處修武（今河南獲嘉南）。韓信、張耳思想鬆懈，毫無防備，還在睡覺。劉邦進入軍帳，輕而易舉地收取了二人的印符。韓信、張耳發覺，爲時已晚，伏地請罪。韓信從此不再是大將軍，但仍作爲一軍的統帥，兼掛相國頭銜，奉命進攻齊國。

韓信進軍至平原（今山東平原南）。劉邦派遣的使臣酈食其（良其，讀作異基），已說服齊王田廣背楚降漢。韓信停止前進。謀士蒯通說：「漢王命令將軍進攻齊國，齊國雖降，但並未撤銷進攻的命令。酈食其不過是個儒生，他能說降齊國七十餘城，難道將軍就不如他嗎？」韓信覺得此話有理，繼續向齊國進軍。田廣因爲降漢，未作任何防備。韓信全速進軍，直逼齊都臨淄（今山東淄博）。田廣認爲酈食其欺騙了自己，將其烹殺，隨後逃至高密（今山東高密西南），重新歸附項羽，並向項羽求救。項羽派出大將龍且（且，讀作居），率兵二十萬救援田廣。韓信和龍且大軍相拒於濰水（今山東濰河），韓信採用上游堵水的辦法，臨戰時放水淹沒楚軍。楚軍全軍覆沒，龍且自殺。韓信四處進軍，生擒田廣，攻佔了整個齊國。濰水之戰，殲滅了項羽的大量有生力量，改變了楚漢戰爭的形勢，使漢軍在戰略上和兵力上都佔了優勢。韓信佔領黃河以北的廣大地區，擁有雄厚的兵力，因功而驕，逐漸變得桀驁不遜了。

西元前二〇三年初，項羽和劉邦對峙於滎陽。韓信派人上書劉邦，以「齊人誇詐多變」爲由，請求封他爲「假（代理）王」。劉邦認爲這是邀功求封，非常惱火，罵道：「吾困於此，日夜盼他相助，他卻想自立爲王！」張良、陳平趕忙從案下踢劉邦的腳，附耳說：「漢王不利，寧能禁止韓信自王乎？不如因立，善遇之，使自爲守。不然，變生。」劉邦立刻會意，因復罵道：「大丈夫定諸侯，即當眞王耳，何以假爲？」隨即派張良前往臨淄，正式封韓信爲齊王，命他繼續進攻項羽。項羽也看到了韓信的重要，特派武涉前往遊說，拉攏韓信。武涉對韓信說：「當今項王、漢王之事，權在足下。足下右投則漢王勝，左投則項王勝。項王今日亡，則漢王次取足下。足下與項王有舊故，何不反漢聯楚，三分天下而王之？」這番話本來是可以打動韓信的心的，可惜爲時太晚。韓信說：「我曾事奉項王數年，官不過郎中，位不過執戟，進言不聽，劃策不用，這才背楚歸漢。漢王授我上將軍印，數萬之眾，解衣衣我，推食食我，言聽計用，我才能有今天。漢王親信於我，背之不祥。」武涉辭去。謀士蒯通更看到韓信在項羽、劉邦中間舉足輕重的地位，勸說韓信脫離劉邦，自立爲王，三分天下佔其一。韓信當時並不認識劉邦的爲人，沒有那樣做，決心服從劉邦，並爲之打天下。蒯通見韓信缺少政治遠見，歎息一番，歸隱山林。

是年九月，項羽和劉邦鴻溝（今河南滎陽廣武山間）劃界，議和罷兵。項羽東撤，而劉邦卻撕毀和約，追擊項羽，同時命韓信前來會合。劉邦抵達固陵（今河南太康），遲遲不見韓信前來。張良料定韓信意在討價還價，建議劉邦給他增加封地。劉邦無奈，決定把陳縣（今河南淮陽）以東直至海邊的土地，封給韓信。韓信立即統兵，前來參戰。同時參戰的還有彭越、英布等王的兵馬。年底，各路漢軍將項羽合圍於垓下（今安徽靈璧東南），四面楚歌，風聲鶴唳。項羽兵力喪盡，在烏江邊（今安徽和縣東北）自殺。歷時四年多的楚漢戰爭，劉邦取得了最後的勝利。

楚漢戰爭剛剛結束，劉邦便削奪了韓信的兵權，改封他爲楚王，都下邳（今江蘇睢寧西北）。韓信哭笑不得，意識到劉邦是在利用而不是眞正相信自己。他在下邳，找到青年時代的幾個熟人。一是漂母，賜予千金；一是亭長，僅賜百錢；再一個便是那個羞辱他的惡少，召入軍中，任爲中尉。他告訴部下說：「此壯士也，方辱我時，寧不能死？死之無名，故而成就了今日的功業。」

西元前二〇二年二月，劉邦當了皇帝，建立西漢，定都長安（今西安西北漢城）。韓信就任楚王，出入均有士兵護衛。項羽部將鐘離昧原與韓信要好，特來投奔。韓信不知其中的厲害，予以收留。有人據此大做文章，告發韓信將要謀反。劉邦疑忌韓信，卻又不敢和韓信發生正面衝突。陳平獻計，假裝巡遊雲夢（今湖北一帶），趁機收捕韓信。韓信感到了危險，很想發兵以拒，但認爲自己無罪，處之泰然。他必須去見劉邦，又怕被擒，心情矛盾。有人說：「大王可將鐘離昧斬首，皇上必喜，自可免禍。」韓信去和鐘離昧商議。鐘離昧說：「劉邦之所以不敢進擊韓公，是因爲有我鐘離昧在；韓公若殺我以媚劉邦，我今死，你隨後必亡矣！」他大罵韓信說：「公非長者！」隨後自殺。韓信攜帶鐘離昧的首級去見劉邦。劉邦一聲令下，武士將韓信捆縛，載回洛陽。韓信後悔莫及，歎息說：「果如人言：『狡兔死，走狗烹；飛鳥盡，良弓藏；敵國破，謀臣亡。』今天下已定，我固當烹。」

劉邦回到長安，考慮到韓信所建立的功勳，並沒有殺他，而是將他貶爲淮陰侯。韓信深知劉邦是畏忌自己的才能，稱病不朝，心生怨望。但他依然驕傲，恥於與將軍周勃、灌嬰等人同列。一天，他路過將軍樊噲府第。樊噲熱情迎送，甚至自稱「臣」。韓信離開時大笑說：「沒想到我竟會和樊噲這樣的人爲伍！」還有一天，劉邦從容地和韓信談論軍事統帥的能力問題，突然說：「如我，能將（統率）多少兵馬？」韓信說：「陛下只能將十萬兵馬。」劉邦說：「如你如何？」韓信說：「如臣，多多益善耳！」劉邦冷笑，說：「既然如此，那麼，你爲何被我所擒呢？」韓信不想使劉邦過分難堪，換了一種口氣說：「陛下不能將兵，而善將將，韓信因而被陛下所擒。而且，陛下神威天授，非人力也。」劉邦聽了這幾句恭維話，轉怒爲喜。

西元前一九七年，陽夏侯陳豨出任代王劉如意的相國，行前拜訪韓信。韓信與之密談，說：「公之所居，天下精兵處也；而公，陛下之幸臣也。人說公反，陛下必不信；再說，陛下乃疑；三說，陛下必怒而親征之。吾爲公從中起，天下可圖也。」

陳豨到了代國，果然自稱代王，舉兵反漢。劉邦統領大軍，前往征討。期間，韓信和陳豨保持著秘密的聯繫，韓信還與家丁謀劃，準備夜襲皇宮，誅殺皇后呂雉和太子劉盈。呂雉偵察到這一情況，召見丞相蕭何，設下圈套。西元前一九六年正月，呂雉謊稱前線來人，報告劉邦征討陳豨，大獲全勝，陳豨已死。她命蕭何登門邀請韓信，騙其入宮，以作朝賀。蕭何奉命照辦。韓信進入長樂宮鐘室，被呂雉設伏的武士捉住，當場斬首。韓信死前仰天長歎，說：「吾不用蒯通計，反爲女子（指呂雉）所詐，豈非天哉！」呂雉斬草除根，夷滅韓信三族。

韓信到底有沒有謀反？許多史學家對此存有疑問。封建統治階級誅殺功臣，常常是欲加之罪，何患無辭。劉邦即帝位後。曾稱韓信為「人傑」之一，而日說：「連百萬之眾，戰必勝，攻必取，吾不如韓信。」正因為如此，他畏忌韓信和迫害韓信，完全是情理中的事。「狡兔死，走狗烹」，這是封建皇帝鞏固皇權統治的必然手段和必然結果，

周勃、周亞夫——父子功臣，悲劇命運

漢高祖劉邦死後，太子劉盈繼位，是爲漢惠帝。漢惠帝生性懦弱，呂雉以皇太后身分代掌朝政。漢惠帝死後，呂雉先後立了兩個小皇帝，以太皇太后身分臨朝稱制。呂雉代掌朝政和臨朝稱制，時間長達十五年之久。從宏觀方面看，她執行了劉邦的路線，國家形勢繼續往好的方向發展；從微觀方面看，她又實行了一些短視的政策，違背劉邦「非劉氏不得封王，非功臣不得封侯」的遺囑，殘酷殺害劉邦的嬪妃和兒子，精心培植呂氏外戚集團。西元前一八〇年，呂雉死時，她的侄兒呂產、呂祿，侄孫呂更始等十餘人，分別封王封侯，完全掌握了軍政大權，密謀作亂，企圖以呂氏天下取代劉氏天下。關鍵時刻，幾位元老重臣挺身而出，採取「安劉」行動，一舉消滅了呂氏集團。其中，老將周勃起了至關重要的作用。

周勃（西元前？～前一六九年）和劉邦同鄉，沛縣（今江蘇沛縣）人。周勃青年時代以編織草席謀生，愛好武事，射得強弩；同時還是一位吹鼓手，鄉鄰辦理喪事，他負責吹簫，廣有人緣。劉邦在沛縣起義，周勃踴躍參加，並在隨後的歲月中，跟著劉邦，東征西戰，進兵關中，滅亡暴秦，進而打敗項羽，爲西漢王朝的建立，立下了汗馬功勞。早在劉邦爲漢王時，他就被封為威武侯，擔任將軍。楚漢戰爭中，改封絳侯，食邑八千二百八十戶。劉邦稱帝後，他升任太尉，掌管全國軍事。劉邦平定諸侯王，他又參加了所有的戰爭，建功無數。周勃為人，質樸敦厚，不愛張揚。所以，劉邦臨死的時候，叮囑呂雉說：「周勃重厚少文，然安劉氏者必（周）勃也，可令為太尉。」

由此可見，劉邦是非常信任和看重周勃的。劉邦病重之際，聽說大將樊噲時時詆毀自己，憤怒地說：「樊噲是想讓我早死！」他立刻派遣陳平和周勃，攜帶密旨，前去誅殺樊噲。樊噲是劉邦的連襟、呂雉的妹夫，正統軍征討燕王盧綰。陳平、周勃奉命，再三考慮，反覆權衡，認為不能誅殺樊噲。原因是，樊噲和劉邦同鄉，建有很多軍功，而且他們是親戚，劉邦憑一時之憤，要殺樊噲，事後必定後悔。更重要的是，劉邦已經病入膏肓，呂雉將會掌權，如果殺了樊噲，呂雉追究責任，那麼屆時很難解釋清楚。因此，陳平和周勃多了個心眼，並沒有誅殺樊噲，只是將他押解長安，聽由劉邦和呂雉發落。事實證明，二人的做法完全正確。他倆回到長安時，劉邦已經駕崩。呂雉掌權，對於陳平、周勃保住樊噲的性命，深感欣慰和讚賞。

呂雉專權期間，周勃曾任太尉，陳平任丞相。但是，她為了維護呂氏外戚集團的利益，免去了周勃和陳平的職務，任命呂王呂產為相國，趙王呂祿為大將軍，呂氏子侄分別控制南軍（負責守衛長安）和北軍（負責守衛皇宮）。呂雉死後，呂產、呂祿畏懼周勃、陳平等，因謀作亂，奢望建立呂氏天下。周勃和陳平聯絡劉氏宗室成員劉章、劉興居和老臣酈商、灌嬰等人，巧設計謀，派人說服呂祿交出大將軍印符，歸於周勃。周勃率領侍衛，馳入北軍，召集將士，宣布說：「爲呂氏右袒，爲劉氏左袒！」廣大將士痛恨呂氏，一齊露出左臂高呼說：「我等願爲劉氏效力。」周勃掌握了北軍的指揮權，同時控制了南軍，然後率領南、北軍的將士包圍長樂宮和未央宮，誅殺呂產、呂祿、呂更始等。呂氏外戚集團徹底覆滅。

周勃、陳平隨後迎立劉邦之子代王劉恆爲皇帝，他就是漢文帝。文帝即位，爲報答周勃、陳平安定劉氏天下的巨大功勳，決定拜陳平爲丞相，周勃爲太尉。陳平推辭說：「高帝（指劉邦）時，周勃功不如臣；及誅呂氏，臣功不如周勃。臣願將丞相之位讓於周勃。」於是，漢文帝拜周勃爲右丞相，排位第一；陳平爲左丞相，排位第二。周勃擅長軍事，對於刑律、賦稅等事不大熟悉，漢文帝有所詢問，他常常無法回答。有人告誡周勃說：「周君既誅諸呂，擁立代王，威震天下，受厚賞，處尊位，卻不稱職，禍將及身矣！」周勃深以爲然，遂請求辭去丞相職位。漢文帝批准，由陳平升任右丞相。西元前一七八年，陳平病死，周勃再次被任命爲丞相。這時，漢文帝已經鞏固了自己的地位，重用近臣，開始疑忌周勃。不久，他頒詔說：「前日吾詔列侯就國，或頗未能行。丞相朕之所重，其爲朕率列侯就國。」這是個冠冕堂皇的理由，周勃因此被罷相，以絳侯身分去了侯國絳城（今山西翼城東）。

周勃在絳城過得很不輕鬆，擔心受人陷害，經常身披甲冑，以防不測。果然，有人誣告周勃企圖謀反。漢文帝全然不念功臣，命將周勃下獄，交由廷尉審訊。周勃在獄中飽受獄吏欺凌，不得不送給獄吏千金。漢文帝的舅舅薄昭相信周勃不會謀反，請求薄太后予以營救。

薄太后責備漢文帝說：「周勃當初手握皇帝玉璽，統領北軍將士，那時不反，現在居一小縣，難道還會謀反嗎？」漢文帝調閱有關案卷，發現周勃確實蒙冤，命令釋放，恢復其爵邑。周勃出獄，感慨地說：「吾嘗統領百萬軍隊，安知獄吏之貴也！」西元前一六九年，周勃憂鬱而死，諡曰武侯。

周亞夫（西元前？～前一四三年）是周勃的小兒子，原任河內太守，周勃死後受封爲條侯。他和父親一樣，具有傑出的軍事才幹，並爲西漢王朝的鞏固，建立了卓越的功勳。

周亞夫以治軍嚴厲著稱。西元前一五八年，匈奴大舉入侵漢境，烽火達於京城。漢文帝迅速作出部署，以劉禮、徐厲、周亞夫三位將軍，分別駐軍灞上（今西安東南）、棘門（今陝西咸陽東北）、細柳（今西安西），拱衛長安。一天，漢文帝乘車前往三個軍營，慰勞部隊。他先到灞上和棘門，但見軍門大開，外邊的車輛可以直接馳入，沒有一點戰備的跡象。漢文帝再到細柳，但見軍門緊閉，戒備森嚴，將士們全副武裝，刀出鞘，箭在弦，保持著臨戰的狀態。漢文帝的先遣侍從到了軍門，被軍門都尉攔住。侍從怒怒地說：「天子馬上就到！」軍門都尉說：「軍中只聽將軍之令，不奉天子之詔！」不一會兒，漢文帝的車駕到達，還是進不了軍門。漢文帝派出使者，持節通知周亞夫說：「吾欲勞軍。」周亞夫這才命令開啓軍門旁邊的小門，請皇帝從小門進入。而且，守門士兵說：「將軍有令，軍營中不允許車馬奔馳。」漢文帝命御者遵守規定，按轡緩行。車駕抵達中軍人營。周亞夫身穿甲冑，恭敬地作揖迎接皇上，說：「介冑之士不拜，請以軍禮相見。」漢文帝見此情形，既感動又震動，起身手扶車前的橫木，點頭答禮。他派人告訴周亞夫說：「皇帝敬勞將軍。」接著，他慰勞了全軍將士，禮畢而去。

陪同勞軍的大臣，認爲周亞夫傲慢無禮，心目中沒有皇帝。而漢文帝卻看到了周亞夫的過人之處，說：「嗟乎，此眞將軍矣！灞上、棘門，治軍猶如兒戲，敵人來襲，其將肯定成爲俘虜；至於周亞夫，誰敢侵犯他？」事後，漢文帝提拔周亞夫爲中尉。西元前一五七年，漢文帝駕崩時，鄭重地叮嚀太子劉啓說：「國家若有危急之事，周亞夫可任將軍，命他統率部隊。」劉啓即位，是爲漢景帝。周亞夫升任車騎將軍。

漢景帝登基的第四年（西元前一五四年），國家果眞有了「危急之事」，爆發了「七國之亂」。參加叛亂的共有七個劉姓諸侯王，分別是：吳王劉濞（濞，讀作鼻）、楚王劉戊、趙王劉遂、膠西王劉卬、膠東王劉雄渠、淄川王劉賢、濟南王劉辟光。七王代表七國，打著「誅晁錯，清君側」的旗號，公開叛亂，叛軍總數達數十萬人。一時，京師震動，人心惶惶。

漢景帝開始採取妥協的做法，聽信袁盎讒言，誅殺了晁錯，詔令劉濞等罷兵。可是，七王叛軍得寸進尺，反而向長安進軍，劉濞自稱「東帝」，面對漢景帝罷兵的詔書，不屑一顧，狂妄地說：「我已爲東帝，尙可誰拜？」漢景帝忍無可忍，任命周亞夫以中尉身分行使太尉職權，派出三路軍隊鎭壓叛亂。周亞夫自請統兵，進擊勢力最爲強大的吳國和楚國，同時建議說：「楚兵剽悍輕捷，難與爭鋒，請命梁王協同平叛，絕其糧道，叛軍可制。」梁王指劉武，漢景帝的胞弟。周亞夫這一建議，是其平叛戰爭迅速取得勝利的原因之一。

周亞夫統領三十六員大將，兵馬數萬人，準備出函谷關，東赴洛陽。趙涉分析函谷關一帶，必有敵軍埋伏，不如取道武關（今陝西丹鳳東南），雖然多用一兩日時間，但比較安全。周亞夫為人謙和，善於採納部下的意見。他到達洛陽後，會兵滎陽，掃除函谷關一帶的敵軍，保證了長安與前線之間軍令和供應的暢通。

吳、楚叛軍集中力量進攻梁國，包圍梁都淮陽（今河南淮陽），淮陽岌岌可危。梁王劉武一面抵抗，一面向朝廷告急，請求增援，特別催促周亞夫，趕快發兵相救。周亞夫審時度勢，認為淮陽兵強城堅，叛軍很難攻破，所以並不派兵救援劉武，而是引兵東向，在昌邑（今山東金鄉西北）駐紮，深築壁壘；另外派出一支騎兵，迂迴到淮河下游，截斷叛軍的糧道。叛軍無糧，不攻自亂，那時淮陽之圍，自會解除。

劉武孤軍作戰，非常氣憤，上書漢景帝告狀，說周亞夫見死不救。漢景帝是了解周亞夫意圖的，但為了做做樣子，還是詔令周亞夫，救援梁王。周亞夫心領神會，以「將在外，君命有所不受」為由，拒絕詔令。這樣一來，內外議論，紛紛指責周亞夫，有罵他膽小如鼠的，有罵他私通敵國的。周亞夫不為所動，堅持既定的戰略意圖。

吳王劉濞見周亞夫不派援軍，圍攻淮陽，更加肆無忌憚。他把本國的全部兵馬，調來前線，輪番衝殺。劉武抗擊叛軍，軍民犧牲慘重。就在劉濞得意忘形的時候，部下報告，後續糧道被周亞夫截斷。劉濞大驚失色，因為這樣下去，他的部隊失去供應，只能滅亡。他恨死了周亞夫，被迫放棄淮陽，率兵撲向昌邑，指望奪取漢軍的糧草。劉濞的舉動完全在周亞夫的預料之中。他在昌邑挖溝築壘，就是爲了對付劉濞來攻。劉濞缺糧，利在速戰。可是周亞夫緊關城門，堅壁不出。叛軍多次挑戰，漢軍沒有反應。劉濞氣得暴跳如雷，派人辱罵周亞夫是「膽小鬼」，是「懦夫」。周亞夫笑了笑，說：「別理他。叛軍缺糧，罵得越凶，餓得越快。」劉濞支撐不住了，孤注一擲，在昌邑的東南方向擺出死戰的姿態，而自率主力，企圖偷襲西北方向，強行破城。周亞夫識破叛軍的伎倆，特意加強西北方向的防禦。劉濞損兵折將，一無所得。叛軍糧食告盡，劉濞不得不下令撤軍。周亞夫等待的就是這一時刻，迅速率領大軍，大開城門，蛟龍猛虎似的追殺敵人。叛軍筋疲力盡，完全喪失了戰鬥力。漢軍大獲全勝，殺死、俘擄叛軍無數。劉濞帶領隨從，逃往南方的的越國。漢軍窮追不捨。越國當時臣服於漢朝，砍下劉濞頭顱，獻給朝廷。劉濞一死，其他六國諸侯王心驚膽戰，相繼兵敗，被殺或自殺。

聲勢浩大的「七國之亂」，歷時三個多月，就被平定。周亞夫在平叛戰爭中，指揮有方，料敵如神，表現出了高超的軍事才幹，有力地維護了國家的統一。隨後，他正式升任太尉，遷升丞相，輔佐漢景帝，決斷國家大事。但是歷朝歷代，功臣總會受到來自各方面的疑忌和打擊。周亞夫也不例外。梁王劉武一直記恨於他，常在竇太后跟前詆毀周亞夫。竇太后決定封異姓人爲侯，漢景帝決定廢黜原立的太子劉榮，周亞夫均表示了反對的意見。後來，匈奴王徐盧等五人降漢，漢景帝決定封他們爲列侯。周亞夫說：「那五人背叛其主而降陛下，陛下侯之。這樣，何以責怪人臣不守民族氣節呢？」漢景帝堅持己見，說：「丞相議不可用。」周亞夫因此以病爲由，辭去了丞相職務。漢景帝一次召見周亞夫，賜食，但僅給他一盤肉，故意不給筷子。周亞夫很不樂意，自去取了主席上的筷子。漢景帝據此大做文章，說：「朕賜君肉，君還不滿足嗎？」周亞夫免冠謝罪，然後快步離去。漢景帝注目周亞夫，說：「此人怏怏，非我年輕皇帝的大臣哪！」

西元前一四三年，周亞夫整修父親周勃的墳墓，買了一些木製甲盾埋於墓中。有人告發此事。漢景帝立命將周亞夫逮捕下獄，交付廷尉審訊。廷尉說：「君侯想謀反嗎？」周亞夫說：「我所買寶器，乃葬器也，何謂反乎？」廷尉說：「君侯不欲反地上，即欲反地下耳！」眞是欲加之罪，何患無辭！周亞夫面對這樣的指控，悲憤至極，五日不食，嘔血而死。可憐一代名將和功臣，就這樣落了個悲劇的命運。

李廣——威震匈奴的「飛將軍」

西漢時期，漢朝和匈奴時戰時和，漢、匈民族之間，演出了一幕幕威武雄壯的歷史劇，其中既有喜劇，也有悲劇。漢武帝劉徹爲了維護國家尊嚴和邊境安寧，連續多年用兵，北擊匈奴。戰爭造就將帥。李廣在漢朝眾多將帥中最早出名，抗擊匈奴數十年，英勇善射，因而獲得了「飛將軍」的美譽。

李廣（西元前？～前一一九年），隴西成紀（今甘肅秦安北）人。出身於軍人世家，祖上李信在戰國末期是秦國的名將，參加了秦始皇統一中國的許多兼併戰爭。李廣從小就開始習武，尤愛騎馬射箭，逐漸練得百步穿楊的好功夫。及至青年時，長得身材魁偉，性格沉穩，嚮往從軍，建功立業。西元前一六六年，匈奴十四萬鐵騎突入漢境，前鋒到達甘泉宮（今陝西淳化境）一帶。漢文帝調集十萬騎兵，在渭北和長安周圍布防。李廣是這十萬騎兵中的一員，首次走上戰場，以其高超的射技，射殺多名敵人。漢文帝大加讚賞，說：「可惜李廣生不逢時，若當高祖世，萬戶侯豈足道哉！」

漢景帝即位後，李廣升任騎郎將。「七國之亂」期間，李廣任驍騎都尉，隨同周亞夫，參加平叛戰爭，十分英勇，名聲大顯。梁王劉武有心拉攏李廣，破例授予他將軍印。按照規定，朝廷官員不能接受諸侯王的封賞。因此，李廣被調回，出任上谷郡太守。上谷郡（今河北懷來）與匈奴接壤，匈奴人經常出兵騷擾。李廣職責之所在，率兵迎戰，每次戰鬥總是衝鋒在前，奮不顧身。有個叫做公孫昆邪的人，欽佩李廣，特地趕到長安，求見漢景帝，哭著說：「李廣才氣，天下無雙，常常自負其能，捨生忘死，萬一失手，將會是國家的損失，無法彌補。」漢景帝愛護李廣，將他調至離京城較近的上郡（今陝西榆林東南），仍任太守。

上郡也是匈奴經常入侵的地區。一天，朝廷派出的一名宦官，帶領數十名騎從外出，途中遇到三名匈奴人。雙方發生衝突，匈奴人射殺了宦官的騎從，宦官本人也中箭受傷。宦官逃回，報告李廣。李廣說：「是必射鵰者也。」他立刻帶領百名騎兵，追趕匈奴人，射殺二人，生擒一人。經審問，果然是射鵰者。李廣捆了那人，準備返回，沒料想突然出現數千名匈奴騎兵，佔據了附近的山頭，布下陣勢。漢軍人少，相當驚恐。李廣鎮靜地說：「我們離開大軍約有幾十里路，現在敵眾我寡，假若驚慌逃跑，必然遭到射殺，無一能免。因此，我們只能待在這裏，匈奴會以爲是誘兵，估計他們不敢輕易發動攻擊。」漢軍很快鎮定下來，接受李廣的命令，前進至離匈奴軍陣二里的地方，停下，皆下馬解鞍，坐地休息。有人不解地說：「敵人很多，我們下馬解鞍，他們來襲，怎麼辦？」李廣說：「敵人以爲我們會逃跑，我們偏不，意在造成敵人的錯覺，迷惑他們。」這時，匈奴軍的一個頭目，騎著白馬，出來察看情況。李廣抓住這一機會，帶領十餘名漢軍，躍上馬背，衝向前去，一箭便將那個頭目射死。然後，他們又回到原地，躺下休息。匈奴軍看到李廣等從容的樣子，認定他們是漢軍的誘兵，始終沒敢出擊。半夜時分，匈奴軍撤退。次日平明，漢軍安全地回歸大營。李廣憑藉膽量和智謀，避免了一場滅頂之災。

此後，李廣相繼擔任隴西、北地、雁門、雲中郡的太守。不論在什麼地方，他都有勇有謀，震懾匈奴，不敢入侵。漢武帝登基後，左右稱讚李廣爲名將。漢武帝遂提拔他爲未央衛尉，負責皇宮的警衛。元光六年（西元前一二九年），漢武帝爲回擊匈奴的入侵，任命衛青爲車騎將軍，率騎兵一萬，出上谷；公孫賀爲輕車將軍，公孫敖爲騎將軍，李廣爲驍騎將軍，各率騎兵一萬，分別出雲中（今內蒙托克托東北）、代郡（今河北蔚縣東北）、雁門（今山西右玉東南），四路共擊匈奴。四路大軍統帥，資格最老的無疑是李廣。從史實看，李廣似乎只善防禦，不善進攻。因爲他在進擊匈奴的幾次戰爭中，都莫名其妙地打了敗仗或喪失了戰機。李廣兵出雁門，恰遇匈奴主力，部隊被擊潰，自己也被匈奴軍俘擄，幸賴騎射技術高超，途中奪馬逃歸。李廣獲罪當斬，由家人出錢贖爲庶人。

李廣居家期間，常在藍田山中射獵。一天，深夜時方才回城，路經灞橋（今西安東）。灞橋上設有灞亭，亭尉巡夜，按照規定，禁止行人夜間通過灞橋。李廣的僕人向前，說：「我家主人是故將軍，煩請行個方便。」亭尉堅持原則，大聲說：「就是現將軍也不准犯夜，何況故將軍乎？」李廣無奈，只得坐於河邊，天明時才得過橋回城。元朔元年（西元前一二八年），漢武帝命衛青再擊匈奴，同時起用李廣任右北平（今遼寧淩源）太守。李廣臨行，奏請讓灞橋亭尉隨軍。亭尉奉命報到。李廣記恨前事，利用職權把亭尉殺了。從這件事可以看出，李廣心胸比較狹窄，難能容人。

李廣出任右北平太守是稱職的，築城修塞，加強巡邊，嚴防匈奴入侵。匈奴士兵久聞李廣的威名，不敢輕舉妄動。右北平一帶多有猛虎。李廣在巡邊的時候，憑著勇猛的射技，連續射殺幾隻老虎。一次，他又巡邊，遙見草叢中似有一虎，連忙張弓搭箭，使勁射了過去。隨從向前察看，發現射著的並不是虎，而是一塊形象似虎的巨石。令人驚駭的是李廣之箭，筆直地插入石中，約有數寸，箭羽露在外面。隨從奮力拔箭，箭鏃紋絲不動。李廣向前察看，也自稱奇，返回原處，再射幾箭，箭鏃彈落一邊，無一能進石內。原來巨石非常堅硬，有意射它，反而不能射穿。這事風傳開來，匈奴士兵嚇得直吐舌頭，說：「神！神！」他們欽佩和畏懼李廣的神勇，遂贈給一個美號，叫做「飛將軍」。

李廣守衛右北平，有效地保證了漢朝東北邊境的安全。五年後，李廣被調任郎中令。郎中令是宮廷侍衛長，官階位於「九卿」行列。元朔六年（西元前一二三年），已是大將軍的衛青，統領六位將軍，進擊匈奴。李廣作爲後將軍，率領一軍出征。其他將軍都建了軍功，因功封侯，唯獨李廣戰績平平，無功而返。元狩二年（西元前一二一年），漢武帝實施河西戰役，由霍去病統率精銳騎兵，攻擊河西走廊的匈奴休屠王和昆邪王；同時任命李廣、張騫爲將軍，率一萬四千騎兵，從右北平出塞，攻擊匈奴左賢王，牽制匈奴兵力，策應河西攻擊戰。漢軍東、西兩線同時發動進攻。西線，霍去病出奇的英勇，取得了輝煌的勝利。而東線，李廣和張騫則遇到了麻煩。二人分別率四千、一萬騎兵，合擊匈奴左賢王。李廣部深入匈奴境內數百里，如期到達預定位置，而張騫部卻走錯了道路，沒能到達。左賢王的四萬騎兵，立即將李廣部包圍。漢軍見敵人十倍於自己，未免驚恐。李廣故意派兒子李敢外出巡視。李敢回來報告說：「胡虜不足畏也！」李廣說：「聽見沒有？匈奴軍沒有什麼了不起的！」他命漢軍圍成圓陣，外向，嚴陣以待。左賢王向漢軍發起進攻，先用箭射，矢下如雨；接著進攻漢陣，雙方展開了廝殺。激戰進行整整一天，漢軍死傷過半，匈奴軍死傷三千餘人。這時，李廣發現匈奴軍的幾名裨將，搖著旗幟指揮戰鬥。他遂使出高超的射技，連發幾箭，將那幾名裨將射殺。匈奴軍久聞「飛將軍」的大名，嚇得暫且後退，不敢貿然向前。當晚，剩餘的漢軍坐地休息，面無人色。李廣卻意氣風發，談笑自如。次日天明，匈奴軍重新發起進攻，漢軍又死傷一千多人，形勢十分危急。幸好，張騫部的萬名騎兵趕到。匈奴軍被迫撤圍退去，李廣部避免全軍覆沒。

李廣灰溜溜地回軍，雖然沒有受到懲罰，但也沒有受到封賞。他的從弟李蔡，才幹、人氣遠不如李廣，但早封樂安侯，而且還當過丞相。李廣的許多部下，也因紛紛立功而封侯。李廣自認晦氣，一次見到望氣專家王朔，懊惱地說：「自漢攻伐匈奴以來，我李廣參加了所有的戰爭。我周圍和部下的校尉，才能不過中等，卻有數十人立功封侯。而我，心力不落人後，卻無尺寸之功，不得封侯，這是爲什麼？你看看我的相貌，是不是就沒有封侯的命？」王朔說：「將軍自想，有什麼事情引以爲恨嗎？」李廣想了想，說：「我爲隴西太守時，當地羌人反叛。我誘降他們中的八百餘人，一天內全部殺了。此事，至今猶引以爲恨。」王朔說：「禍莫大於殺害投降的人，這正是將軍不得封侯的原因。」

李廣歷任七郡太守，共計四十餘年，所得賞賜，全部分給下屬，家無餘財。他平常話語不多，好友聚到一起，經常畫地爲陣，討論兵法，或者比賽射箭，用以取樂。他熱愛士兵，堅持和他們同吃同住，賞罰分明，尤忌過於嚴苛。因此，士兵樂爲所用，打起仗來，無不奮勇向前。

元狩四年（西元前一一九年），漢武帝實施漠北戰役，命令衛青、霍去病，統領兩大集團軍，共十萬名精銳騎兵，跨越大漠，到漠北去和匈奴決戰。李廣已經年過六旬，仍然請求參戰。漢武帝顧及他的年齡，不予批准。怎奈李廣多次請求，漢武帝也就同意，任命他爲前將軍，編進衛青軍列。漢武帝特別叮囑衛青說：「李廣年老氣傲，命相乖蹇，毋使獨擋匈奴單于。」

這次決戰，規模很大，條件艱苦。衛青深入漠北一千多里，遭遇到的是匈奴伊稚斜單于的主力。衛青命李廣前軍和趙食奇右軍合兵東行，限期會合，進攻伊稚斜的側翼；自己則率領中軍向北挺進，進攻伊稚斜的正面。李廣很不樂意，說：「我爲前將軍，大將軍爲何命我繞道東行？況且，我自結髮時就與匈奴作戰，威震敵膽。我願自領一軍，獨戰匈奴，拼著一死，也要砍下匈奴單于的頭顱！」衛青記著漢武帝的叮囑，不敢造次，堅持命李廣和趙食奇合兵東行。李廣一臉怒氣，嫌他衛青過於老成，居然不打招呼，扭頭而去。這位「飛將軍」

自以爲能，勉強和趙食奇合兵，然而在行軍中卻迷失了方向，沒有按期到達會合地點。衛青畢竟是一位傑出的軍事統帥，根據實際情況，調整作戰部署，孤軍作戰，大破匈奴軍，殺死和俘擄一萬九千餘人。霍去病部也大獲全勝，進軍至翰海（今俄羅斯貝加爾湖）凱旋。

衛青班師，念念不忘迷失了方向的李廣和趙食奇。直到漠南，李、趙二將方才率領本部追趕上了大部隊。他們這次出征，等於在大漠上白走了一個來回，沒有投入任何戰鬥，空耗了大量軍資。衛青派遣軍中長史詢問李、趙貽誤軍機的緣由。趙食奇無言以對。李廣倒很爽快，說：「諸校尉無罪，貽誤軍機，責任在我，我自當領罪。」他召集自己的部下，從容地說：「我李廣自結髮時便與匈奴交手，經歷大小七十餘戰。這次有幸跟隨大將軍再次出征，不想卻迷失道路，貽誤軍機，豈非天哉！我李廣已經六十多歲，死不爲夭，怎能再對刀筆小吏，乞憐求生？罷罷！今日便與各位長別了！」說著，拔了佩刀，一抹脖子，自刎倒地。眾人搶救不及，眼看著李廣命絕身亡。衛青聽說其事，嗟歎不已。百姓聞之，知與不知，老壯皆爲垂淚。

或許是運氣不好的緣故，李廣臨死時也沒能封侯。《史記》和《漢書》給予李廣很高的評價，李廣也因此給後世留下了「李廣難封」和「李廣不侯」的典故。不過，李廣的英勇和正氣一直爲人所稱道，唐朝詩人王昌齡的一首《出塞》詩寫道：「秦時明月漢時關，萬里長征人未還。若使龍城飛將在，不教胡馬度陰山。」詩中的「龍城飛將」，就是指李廣。

衛青、霍去病——

大漠狂飆，舅甥英雄

漢武帝劉徹雄才大略，文治武功。十六歲登基尤其是二十二歲親政後，倚仗祖輩父輩積累的雄厚國力，擯棄「黃老之學」和「和親」政策，堅持對北方匈奴用兵，維護國家尊嚴和邊境安寧。期間，湧現出衛青、霍去病兩位傑出的將帥，馳騁大漠，北擊匈奴，攻無不克，戰無不勝，建立了不朽的功勳。

衛青（西元前？～前一〇六年），字仲卿，河東平陽（今山西臨汾西南）人。生母衛媼是漢武帝姐姐平陽公主家的女僕，原先生有一男三女。其中，第三個女兒叫做衛子夫。後來，衛媼與平陽公主家的男傭私通，生了個兒子，這個兒子就是衛青。衛子夫雪膚花顏，能歌善舞，被平陽公主養爲歌伎。建元二年（西元前一三九年），漢武帝赴平陽公主府飲宴，發現了美貌的衛子夫，大加寵幸，帶進宮中。衛青繼被平陽公主養爲騎奴。衛青志向遠大，一邊放牧牛馬，一邊閱讀兵書，渴望日後能夠從軍，建功立業。

衛子夫入宮，受到皇后陳阿嬌的強烈妒忌。陳阿嬌想方設法謀害衛子夫，激起漢武帝的反感。漢武帝乾脆封衛子夫爲夫人，並提拔衛青爲建章監。陳阿嬌非常氣憤，夥同其母劉嫖，派人綁架衛青，用以敲山震虎。衛青得到好友公孫敖等人的解救，安全無恙。漢武帝鄙視劉嫖、陳阿嬌的無恥行徑，針鋒相對，又提拔衛青爲侍中、太中大夫。陳阿嬌出於仇恨，私搞「巫蠱」，詛咒漢武帝和衛子夫。事情敗露，漢武帝大怒，立即廢黜陳阿嬌，把她打入長門宮。陳阿嬌且羞且憤，不久憂鬱而死。

衛青出身貧苦，勇壯多力，特別在軍事方面表現出了獨到的才幹，很受漢武帝的賞識。元光六年（西元前一二九年），漢武帝破格提拔衛青爲車騎將軍，率領公孫賀、公孫敖、李廣三員大將，兵分四路，征伐匈奴。公孫賀、公孫敖、李廣三路損兵折將，唯獨衛青一路，不負所望，深入大漠，進軍至匈奴腹心龍城（今蒙古鄂爾渾河西和碩柴達木湖附近），斬殺匈奴軍七百多人。這個戰果不算輝煌，然而卻是西漢對匈奴作戰以來取得的首次勝利。衛青因此被封爲關內侯。

戰爭使衛青嶄露頭角。元朔元年（西元前一二八年），衛子夫生子劉據，被立爲皇后。衛青更加受到重用。秋天，漢武帝實施「河南（即河套地區）戰役」，命衛青爲將軍，統領三萬精銳騎兵，從雁門出塞，攻擊匈奴樓煩王和白羊王。這一仗取得了巨大的勝利，不僅收復了河南地區，而且消滅敵軍數千人，俘獲牲畜一百多萬頭。漢武帝異常興奮，詔令嘉獎衛青及其副將，改封衛青爲長平侯，增加封邑三千八百戶。然後，漢朝在河南地區設置朔方郡（今內蒙古烏拉特前旗南）和五原郡（今內蒙古包頭西北），徙民定居屯墾，使之成爲捍衛長安的北部屏障和進擊匈奴的戰略基地。

元朔五年（西元前一二四年），漢武帝把「防胡」的戰略部署改為「滅胡」，又派三路大軍攻擊匈奴。衛青統領三萬騎兵出高闕（今內蒙古烏拉特中後旗西南），日夜兼行，直搗匈奴右賢王的營帳駐地。匈奴右賢王萬沒料到漢軍如此神速，嚇得三魂丟了兩魂，只帶著一名愛妾、數百名騎兵，連夜逃跑。衛青指揮士兵奮力衝殺，共俘擄匈奴副王十餘人，男女一萬五千餘人，牛羊百萬餘頭。捷報傳至長安。漢武帝馬上派出使節，持大將軍印信，到軍中拜衛青為大將軍，又增加其封邑八千七百戶。衛青凱旋，漢武帝為之舉行盛大隆重的儀式，並宣布封衛青的兒子衛伉為宜春侯，衛不疑為陰安侯，衛登為發干侯。朝臣山呼萬歲。衛青反而不自在地說：「臣賴陛下聖明，出師大捷，這是眾將士的功勞。陛下重封於臣，臣感激不盡，只是臣的兒子尚在襁褓中，沒有絲毫功勞，受封列侯，恐怕怠慢了眾將士。」漢武帝說：「朕並沒有忘記他們。」於是詔令，所有從征的將領皆封為侯，對士兵則一律給予重賞。

元朔六年（西元前一二三年），衛青再次率兵征伐匈奴，其外甥霍去病出盡了鋒頭。霍去病（西元前一四〇～前一一七年），其父霍仲孺，私通衛子夫的姐姐衛少兒所生。霍去病因是衛子夫、衛青的外甥，任職侍中，十八歲時作為「嫖姚校尉」，跟隨衛青出征。「嫖姚」意為勇猛迅疾。霍去病在戰鬥中，確實表現出了「嫖姚」的特點，率領八百名騎兵，脫離大部隊，追逐匈奴兵數百里，殺死和俘獲敵軍二千餘人，其中包括匈奴單于的兩個長輩。由於他驍勇異常，功勳卓著，漢武帝破例封他為冠軍侯，食邑二千五百戶。

漢武帝敏銳地覺察到霍去病是個將帥之才，決定予以重用。元狩二年（西元前一二一年），漢武帝實施「河西（即河西走廊地區）戰役」，果斷地任命霍去病為驃騎將軍，率一萬騎兵，孤軍深入沙漠，攻擊匈奴休屠王和昆邪王。霍去病可謂初生牛犢不怕虎，身當重任，無所畏懼，率領騎兵從隴西（今甘肅西部）出塞，經過金城（今甘肅蘭州西北）和令居（今甘肅永登西），翻越烏鞘嶺，渡過狐奴河，轉戰六天，沿途消滅五個匈奴部落。然後跨過焉支山（一名胭脂山，今甘肅山丹南），迅速向西挺進一千餘里，深入到河西地區，尋到匈奴休屠王和昆邪王的主力。休屠王和昆邪王根本沒有想到河西腹地會出現漢軍，倉促應戰，戰鬥至為激烈。霍去病的騎兵猶如下山的猛虎，出海的蛟龍，直搗敵陣，左右攻殺。匈奴軍陣腳大亂，一敗塗地，死了八千多人。休屠王和昆邪王見勢不妙，帶領殘部，狼狽逃往祁連山（今甘肅酒泉東南）方向。他們的部下折蘭王、盧胡王，被當場擊殺。昆邪王的兒子、相國、都尉等，則被生擒活捉。就連休屠王祭天所用的金人，也成了漢軍的戰利品。

捷報飛馬送達長安，人人吃驚。誰也不敢相信，這一輝煌的戰績，竟出自二十歲的軍事統帥霍去病之手。漢武帝為了獎勵霍去病的赫赫戰功，下令給他增加封邑二千戶，全體將士賜予金帛，回師休整，駐軍隴西待命。不久，霍去病再次出征。漢武帝任命公孫敖為將軍，率領三千名騎兵，補充到霍去病騎兵的行列。同時任命李廣、張騫為將軍，率一萬四千騎兵，從右北平出塞，攻擊匈奴左賢王，牽制匈奴兵力，策應河西攻擊戰。霍去病善出奇兵，沒有重複原先的進軍路線，改從北地郡（今甘肅慶陽西南）出塞，實行深遠的大迂迴。公孫敖部因不熟悉地形，迷失了道路，不能如期和霍去病部會合，這使霍去病陷入孤軍作戰的境地。他面臨著兩個可供選擇的方案：一是引兵返回，空耗軍資；二是繼續前進，那要冒生死風險。此時此刻，霍去病想到的是掃除匈奴，保家衛國，即使粉身碎骨，也在所不惜。因此，他毅然選擇了後者，率領己部萬名騎兵，實行大迂迴，挺進祁連山。騎兵從靈武（今寧夏靈武西南）渡過黃河，長途跋涉，穿越浩瀚的騰格裏沙漠和巴丹吉林沙漠，插向西北，直抵居延海（今甘肅喀順諾爾湖）畔。接著，從那裏沿弱水（今甘肅弱水、黑河）逆流往南，轉向西，再向東南，到達祁連山麓匈奴休屠王和昆邪王大本營的側翼。霍去病的這次迂迴，等於畫了一個碩大的半圓，抄到了匈奴軍的屁股後面。霍去病會集部將，進行戰爭動員。隨後一聲令下，驍勇的漢軍猶如神兵天降，以迅雷不及掩耳之勢，突入匈奴軍營，大砍大殺。匈奴軍驚慌失措，不明白漢軍從何而來，有的逃跑，有的投降，許多人尚未反應過來，便成了刀下之鬼。這是一場短兵相接的戰鬥，殘酷而慘烈。結果，漢軍殺死匈奴軍三萬餘人，俘擄七千餘人，殺死匈奴遬濮王（遬，讀作速），俘擄匈奴單桓王、酋塗王、稽沮王、呼于耆王，以及單于閼氏、番王、王母、王子六十四人，相國、將軍、當戶、都尉六十三人。霍去病的騎兵，也有兩千人多人命喪戰場。

「河西戰役」開創了中國古代騎兵縱深迂迴，圍殲敵人的戰略戰術。霍去病以少勝多，以弱克強，表現出了非凡的膽略和頑強的意志。霍去病凱旋。漢武帝頒旨宣布，霍去病封邑再增加五千四百戶，隨征將士多人封侯。

匈奴休屠王和昆邪王丟失了河西走廊，畏懼匈奴伊稚斜單于降罪，請求投降漢朝。漢武帝決定，由霍去病率三萬騎兵，前去受降。霍去病抵達隴西，匈奴二王的情況發生了變化，休屠王突然變卦，不願降漢。昆邪王箭在弦上，不得不發，索性發兵攻襲休屠王，將他殺死，兩部並作一部，共四萬多人，駐軍黃河西岸，徘徊觀望。霍去病了解到這一情況，立刻作了周密部署，自率一萬騎兵西渡黃河，另外安排二萬兵馬待命，準備接應。漢軍和匈奴軍兩相對峙，劍拔弩張。昆邪王的裨將見漢軍人數不多，頓時又心生他想，甚至蠢蠢欲試，企圖襲擊漢軍。霍去病早就做好了兩手準備，一面直接馳入匈奴軍中，與昆邪王當面談判；一面命部將出擊，斬殺那些膽敢輕舉妄動的敵人。漢軍將士英勇無比，當場擊斃懷有二心的匈奴軍八千餘人。昆斜王命令裨將解除武裝，拱手投降。隨後，漢朝在河西走廊地區，陸續設立武威郡（今甘肅民勤東北）、酒泉郡（今甘肅酒泉）、張掖郡（今甘肅張掖北）和敦煌郡（今甘肅敦煌西），委派官吏，進行行政管理，史稱「河西四郡」。這樣，漢朝的政治區劃就向西部大大延伸，從金城直到鹽澤（今新疆羅布泊）一帶，匈奴勢力幾乎絕跡，漢朝通往西域的道路完全打通了。

元狩四年（西元前一一九年）夏天，漢武帝為了徹底「滅胡」，趁熱打鐵，實施「漠北戰役」，組建了兩大集團軍，共十萬名精銳騎兵，深入漠北作戰。第一集團軍，以大將軍衛青為統帥，率五萬騎兵；第二集團軍，以驃騎將軍霍去病為統帥，也率五萬騎兵。為了保障後勤供應，另組織五十萬步兵、民夫運輸隊伍。其中，馱運物資裝備的騾馬就有十四萬匹。

按照預定的方案，衛青部從定襄出塞，進擊左賢王；霍去病部從代郡出塞，進擊伊稚斜單于。兩大集團軍迅速深入大漠，向北挺進。這是自古以來罕見的攻伐大軍，戰馬奔馳，車輪滾滾，旌旗蔽日，刀劍鮮明。將士們一個個精神抖擻，士氣高昂，決心爲國家而戰，爲民族而戰，充滿壯懷激烈的雄心和豪情。

大漠，是一片神奇的土地。丘陵遍布，溝壑縱橫，沙嶺連著沙嶺，就像金色的波濤，高低起伏，綿延不絕。大漠的氣候變化無常。忽兒烈日當空，沙粒發燙；忽兒風起雲湧，沙飛石走。陰晴轉換，全在一瞬間。英勇的漢軍，歷盡艱難，憑著堅忍不拔的頑強毅力和團結精神，順利穿越了「死亡地帶」。最可貴的還是後勤供應隊伍，他們多是徒步，肩扛背負，驅趕騾馬，在荒涼的大漠上，踩出一條千里補給線。騎兵前鋒前進到那裏，物資裝備就運送到那裏，有效地保障了軍械、糧草的供應。

兩大集團軍渡過大漠才發現，他們捕捉的目標，與預期的正好相反：衛青遇到的是伊稚斜單于的主力，霍去病遇到的卻是左賢王的主力。衛青部深入漠北已經一千多里，再作變更是不可能的，只能面對現實，沉著冷靜，運用智謀，殲滅敵人。伊稚斜聽從副王趙信的計策，將王庭遷至更遠的北方，親率主力以逸待勞，專候漢軍。衛青偵察到這一情況，命前軍和右軍東行，限期會合，進攻伊稚斜的側翼；自己則率領中軍向北挺進，進攻伊稚斜的正面。然而，前軍和右軍在行軍途中迷失了方向，沒有按期到達會合地點。這樣，衛青只能孤軍作戰，陡增了意外的風險。衛青審時度勢，鎮定自若。他命部下用武剛車（一種有皮革防護的戰車）圍成圓形的堅固營壘，將精銳騎兵隱藏起來，偃息旗鼓。然後派出五千名騎兵，向伊稚斜發動進攻。伊稚斜以為漢軍能夠投入戰鬥的僅僅五千人而已，營壘中必是一些疲憊的傷患和輜重。他很得意，立刻親率萬名騎兵衝殺過來，雙方展開惡戰。沒有人退縮，因為退縮就意味著死亡。金鼓齊鳴，人吼馬嘶，刀光劍影，血肉橫飛，五千漢軍死死纏住一萬匈奴軍，誰也沒佔上風。雙方直戰到黃昏時分，天氣突變，大風驟起，黃沙撲面，天昏地暗，兩軍對陣，只聞其聲，不見其人。衛青抓住這一時機，一聲令下，武剛車圓陣敞開，藏在營壘內的鐵騎呼嘯而出，就像黑色旋風，分成兩股，從左右兩側包抄敵人。頓時，殺聲震天，蹄聲撼地，戰場上鋪天蓋地，全是大漢的戰馬，大漢的士兵。鐵騎所到之處，匈奴軍人仰馬翻，死傷一片。伊稚斜驚呼上當，關鍵時刻，丟棄部下，慌忙撥轉馬頭，由數百名親隨護衛，趁著蒼茫暮色，奮力突圍，落荒而逃。深夜，衛青從捕獲的俘虜口中知道，伊稚斜已經逃往西北方向。他立即派出一支輕騎兵，連夜追擊。輕騎兵追擊二百多里，不見伊稚斜蹤跡，這才停止。這場大戰，衛青雖然沒有捉住匈奴單于，但基本上殲滅了伊稚斜的主力，共殺死和俘擄匈奴軍一萬九千餘人。戰後，衛青統領漢軍，進抵窴顏山（今蒙古杭愛山南），入住趙信城。城裏有匈奴軍的大量屯糧，衛青在那裏獲得補給，停留一日，班師回國。

當衛青激戰匈奴單于的時候，霍去病的騎兵也已深入漠北二千餘里，遭遇匈奴左賢王的主力，發動了猛烈的攻擊。左賢王生性狡猾，善於保存實力，所以部下兵馬多達七八萬人。他乍見漢軍，特別是見漢軍高舉著的斗大「霍」字帥旗時，簡直不敢相信自己的眼睛，驚慌地說：「他們是從地底下鑽出來的不成？」他久聞霍去病的威名，不敢和漢軍正面交鋒，只顧自己逃跑。霍去病指揮五萬精銳，突入敵陣，勢如狂飆，砍瓜切菜似的，一場好殺。共殺死和俘擄匈奴軍七萬餘人，擊斃北車耆王，抓捕韋允王、屯頭王、韓王，以及將軍、相國、當戶、都尉八十三人。霍去病乘勢追擊左賢王。大軍一直到達狼居山（今蒙古烏蘭巴托東）。在該山的主峰上，霍去病積土爲壇，舉行了祭天儀式。隨後又在附近的姑衍山，舉行了祭地儀式。大軍繼續北進，搜捕殘敵，登臨翰海（今俄羅斯貝加爾湖），凱旋而歸。

漠北之戰，是漢朝和匈奴之間規模最大的一場決戰。這場決戰，使匈奴遭到了毀滅性的打擊，完全喪失了元氣，一時再無力量振兵南侵。漢朝方面也付出了沉重的代價，士兵死了一萬多人，戰馬損失十餘萬匹。匈奴單于爲了休養生息，只得將王庭遷移到更遠的的北方。從此，「漠南無王庭」，漢朝邊境出現了十餘年和平安定的局面。

衛青和霍去病回到長安。漢武帝重賞功臣，新設大司馬一職，衛青爲大司馬大將軍，霍去病爲大司馬驃騎將軍，二人的封邑和俸祿相等。而且，漢武帝還把喪夫寡居的姐姐平陽公主，嫁給衛青爲妻。這樣，衛青就成了漢武帝的雙重外戚，既是妻弟，又是姐夫。史載，衛青性格寬仁，能夠體恤士兵。霍去病則不然，性格剛烈，不大關心士兵的疾苦。霍去病顯貴以後，武帝曾想給他建造府第。他說：「匈奴不滅，無以家爲也！」其豪情壯志可讚可歎。然而在戰場上，他驕縱任性，只知道猛打猛衝，從沒想過改善士兵的生活。漢武帝犒勞將士的酒肉，普通士兵難得享用，軍中經常斷糧，士兵面有饑色，屢發怨言。而他視而不見，聽而不聞，跑馬擊鞠，只顧自己快樂和開心。

名將李廣在「漠北戰役」中無功自殺，其子李敢因爲立功而封關內侯。李敢懷疑父親死得冤枉，一次在酒宴上責問並毆打了衛青。衛青體諒李敢的心情，並不在意。霍去病卻不答應，懷恨李敢。不久在渭北射獵，霍去病公報私仇，竟然將李敢射殺。漢武帝偏愛霍去病，謊稱李敢被麋鹿觸斃，一件驚心大案，就此不了了之。

元狩六年（西元前一一七年），正當霍去病春風得意、前途無量的時候，突然患暴病而死。漢武帝非常痛心，下令陪葬茂陵（今陝西興平境）。十一年後，即元封五年（西元前一〇六年），衛青也病死，亦陪葬茂陵。爲了紀念這兩位傑出的將帥，漢武帝命令將霍去病和衛青的墓，分別築成祁連山、廬山的形狀，以象徵他們征伐匈取的功績，猶如巍巍高山，永世長存。

李廣利、李陵——失節叛國，敗降匈奴

漢武帝中期，任用衛青和霍去病爲統帥，攻伐匈奴，取得了巨大的勝利。其後，他迷信神仙，熱衷於巡遊、封禪和建造宮室，奢望長生不死，恣意追求享樂。北方匈奴在沉寂了多年之後，逐漸恢復了元氣，又時時入侵漢朝邊境。太初元年（西元前一〇四年），漢武帝放置近鄰匈奴不顧，卻把目光盯向遠方，發動了攻伐大宛的戰爭。

大宛爲西域古國之一，位於中亞費爾干納盆地，距離長安約一萬二千多里，盛產良馬。該國共有七十餘座城邑，其中有座城邑叫做貳師（今吉爾吉克斯坦境），出產的良馬特別珍貴。這種馬身高體長，膘肥性烈，日行千里，超影逐電，流的汗像血一樣鮮紅，傳說是天馬流在人間的後裔，號稱「汗血馬」，又稱「天馬」。漢武帝酷愛奇珍異寶，對於汗血馬情有獨鍾，必欲得之而後快。欲得寶馬，先禮後兵。漢武帝派遣壯士車令爲使臣，攜帶千兩黃金和一隻金鑄的馬，外加絲綢等物，前往大宛國都貴山城（今卡散賽），換取汗血馬。大宛王毋寡認爲，汗血馬乃是國寶，不能輕易給人，斷然拒絕了漢使的要求。車令碰了釘子，仰仗是大漢使臣，大發脾氣，出言不遜。毋寡可不買賬，下令將車令驅逐出境。車令攜帶原物回國，途經鬱城（今烏茲別克斯坦境），鬱城王接到命令，將車令殺了，劫奪了黃金、金馬、絲綢等物。車令的隨從逃回長安，把情況報告漢武帝。漢武帝火冒三丈，說：「這個大宛國好不曉事，敬酒不吃吃罰酒，豈能饒它？」於是，立刻任命李廣利爲將軍，統領五萬兵馬，遠伐大宛。

李廣利（西元前？～前九十年）是漢武帝寵妃李夫人的哥哥，著名音樂家和歌唱家李延年的弟弟，供職禁軍，金玉其外，敗絮其中，無德無能。自從霍去病、衛青死後，漢武帝麾下再無出類拔萃的帥才。這次兵伐大宛，挑來挑去，只好在筷子裏面拔旗杆，起用李廣利爲將軍。因爲這次軍事行動的任務是奪取貳師城的汗血馬，所以李廣利的名號，叫做「貳師將軍」。李廣利受封將軍，恰也神氣。在他看來，大宛不過是個區區小國，豈是堂堂大漢的對手？五萬漢軍開過去，別說打仗，即便人踩馬踏，也會把它踩爛踏平！八月，李廣利引兵西向，出玉門關，過鹽水（今新疆羅布泊），沿途都是沙漠，地廣人稀，無糧可繼，無水可汲。途經的小國，認爲漢軍遠征，旨在掠奪，爲防不測，紛紛堅守城門自保，拒絕給漢軍提供糧食。這樣，漢軍的行動受到制約，每前進一步，都很艱難。李廣利強行動武，攻克城邑，可以得到補給；攻城不克，士兵只能餓著肚皮前進。許多人戰死餓死，等到進抵大宛邊城鬱城的時候，五萬漢軍只剩五千多人，而且都是衣冠不整，面黃肌瘦，筋疲力盡。李廣利命攻鬱城。鬱城王早已做了準備，嚴陣以待，堅守不出。一方是疲憊之旅，一方是以逸待勞，結果可想而知。鬱城沒有攻下，漢軍又有不少傷亡。李廣利的傲氣和橫勁一掃而光，灰溜溜地說：「一個小小的鬱城尚不能攻克，哪裏還能打到大宛的國都呢？」為了避免全軍覆沒，他迫不得已，只好帶領殘兵敗將，撤退東歸。這一去一返，歷時五個月，及到敦煌（今甘肅敦煌）時，五萬漢軍只剩二千人了。

李廣利上書漢武帝，說：「大宛距離我國甚遠，進軍途中缺少糧食。士兵不怕戰而怕饑，況且兵員太少，不足以征服大宛。故請暫且罷兵，等待休整充實以後，再行前往。」漢武帝原先聽人說過，大宛國小人少，三千兵馬即可蕩平，這才派了李廣利為將，以利他建立功勳，封官賜爵。誰知李廣利好不中用，不僅慘敗撤退，而且還請罷兵，眞讓人喪氣！漢武帝恨怒交加，專門派出使者，站在玉門關上宣布說：「皇上聖諭：李廣利及其部下，若有敢入關者，斬！」李廣利見此架勢，嚇得膽戰心驚，沒奈何只得留駐敦煌，等待指令。

這年，漢武帝還派了趙破奴為浚稽將軍，率兵二萬，開赴浚稽山（今蒙古阿爾泰山中段），征伐匈奴。趙破奴行軍二千餘里，卻沒找到敵人。返回途中，八萬匈奴騎兵突然出現，包圍了漢軍，發動猛烈攻擊。結果，趙破奴被匈奴軍捉了去，漢軍一半人戰死，一半人投降，整整二萬人，無一生還。

李廣利兵敗，趙破奴兵敗。消息傳開，人們無不扼腕歎息，自然想到衛青和霍去病。那時的漢軍攻無不克，戰無不勝，何等氣概，何等威風！而今，將不如以前的將，兵不如以前的兵，大漢顯然在走下坡路了。一些有識之士進言說，漢軍不宜在兩個方向同時作戰，相比而言，北方的匈奴才是主要敵人，因此應當停止遠伐大宛的戰爭。然而，漢武帝獨斷專行，聽不進臣屬的意見，說：「大宛是個芝麻大的小國，我軍尚且不能攻克，哪還談得上什麼征服匈奴？再則，大宛若不臣服，那麼西域各國就會看樣子，必然輕視大漢，產生連鎖反應，那會是什麼後果？因此，我們還是要先攻大宛，然後回過頭來再對付匈奴！」

皇帝決定，誰敢反對？於是，漢武帝發布動員令，招兵買馬，大赦囚犯，徵發郡縣惡少年，七拼八湊，共得騎兵、步兵六萬人，全部裝備精良的兵器，仍由李廣利統領，於太初三年（西元前一〇二年）秋，再次進軍大宛。這是一場贏得起輸不起的戰爭，必須保證充足的糧草供應。為此，漢武帝不惜血本，又徵集民夫七八萬人，牛十萬頭，馬三萬匹，驢和駱駝一萬隻，負責運送糧草及裝備。人手不夠，就連以前犯罪而被處刑的士卒也予釋放，重上前線，戴罪立功。這樣的陣勢，堪與當年的「漠北戰役」相比。西域各國，莫不畏懼，一改原先的態度，主動出城迎接，並供應糧食。輪臺國（今新疆輪臺）對於漢軍缺乏熱情。李廣利大怒，攻破其國都，將全城百姓屠戮一空。漢軍進入大宛國境內，直撲貴山城。因為是長途跋涉，當漢軍抵達貴山城周邊的時候，只剩三萬人了。

大宛王毋寡見漢軍來勢洶洶，決定憑城堅守，不予交鋒。李廣利攻城四十多日，急切不能得手。貴山城內無井，飲水全靠穿城而過的一條河流。李廣利還算聰明，命人壅土築堰，迫使河流改道。這樣一來，城內斷水，毋寡驚慌，派人向北方的康居國求援。康居國倒是派出了援軍，但是看到漢軍威勢強勁，不敢介入，只是駐足觀望。這時，大宛上層集團發生內訌，以貴族昧蔡為首的大臣殺死國王毋寡，攜其首級與漢軍談判，提出的條件是：大宛臣服於大漢，但漢軍不得進入貴山城，並立即撤軍；至於汗血馬，大宛可以敬獻給大漢天子。李廣利記取第一次兵伐大宛的教訓，見好就收，遂與大宛簽訂和約，並立昧蔡爲新的大宛王。剩下的問題就是汗血馬了。昧蔡打開城門，放出所有的馬匹，聽任漢軍挑選。兩位相馬專家細細打量，最後挑選了三十四匹汗血馬和三千匹中等良馬。李廣利班師，一路耀武揚威。及至玉門關時，只剩下一萬多名士兵和一千餘匹戰馬了。李廣利回到長安，恭敬地獻上汗血馬。漢武帝如願以償，大喜過望，特封李廣利爲海西侯，食邑八千戶。並作《天馬歌》，以表達獲得汗血馬的喜悅心情。

漢武帝愛馬讚馬，陶醉不已。至於爲了這些汗血馬，先後死去的近十萬生靈，以及耗費的無數錢財，他並不在意，甚或忘記了。

漢武帝兵伐大宛，從本質上說，屬於掠奪性質的非正義戰爭。然而，這場戰爭客觀上卻起到了某些正面的作用，漢朝威服了西域各國，同時也震懾了更遠的大夏、安息、條支等國家。從此以後，以「絲綢之路」爲紐帶，中國和西域、中亞、西亞的來往更加密切，有力地促進了東西方文化的交流和發展。

漢武帝轉而「教訓」北方的匈奴。匈奴新任單于且鞮侯（鞮，讀作低）陰險狡猾，放話說：「漢朝爲父，匈奴爲兒，論起來，漢天子還是我的丈人輩哩！」他假惺惺地自稱「兒輩」，遣使到長安求和。漢武帝自然同意，派遣蘇武爲使臣，持節攜禮，前往匈奴，商量和議，釋怨修好。不想，蘇武出使匈奴，卻被匈奴扣押，飽受淩辱。漢武帝大怒，迅速調集兵馬，再次征伐匈奴。領兵的統帥還是李廣利，另有一位將軍叫李陵，由此生出了一系列的事端。

戰爭於天漢二年（西元前九十九年）五月開始。貳師將軍李廣利和因杅將軍公孫敖，分別率領三萬騎兵和一萬騎兵，一出酒泉，攻擊匈奴右賢王；一出西河（今內蒙古東勝境），進軍涿塗山（今蒙古杆達勒戈壁），尋找匈奴主力。李廣利出師大捷，殺敵萬餘人，算是個不小的勝利。可是，勝利使這位國舅頭腦發昏，洋洋得意，完全喪失了防備敵人的警惕。匈奴右賢王召集餘部，氣勢洶洶地反撲過來，就在李廣利班師的途中，出其不意地將漢軍重重包圍。李廣利四面受敵，驚慌失措，經過交戰，性命算是保住了，而代價卻異常慘重：約兩萬名騎兵葬身於荒漠。公孫敖一軍深入匈奴境內，盲目轉悠，沒有發現匈奴主力，原路返回，一無所得。

漢武帝覺得大傷面子，轉而把希望寄託在李陵身上。李陵（西元前？～前七十四年），字少卿，乃已故名將李廣的孫子。他二十多歲，為人頗像李廣，豪壯勇猛，精於騎射，愛護士卒，不甘人下。他官任騎都尉，駐防張掖郡。按照原先的安排，李陵歸李廣利節制，負責監督輜重，保證後勤供應。此人年輕氣盛，渴望獨當一面，建功立業，所以特地到長安見皇上，叩頭懇請說：「臣的部下皆是勇敢之士，力能扼虎，射必命中，情願自領一軍，進擊匈奴！」漢武帝用懷疑的目光注視李陵，說：「你怕是不想歸貳師將軍節制吧？」李陵說：「不！臣只想衝鋒陷陣，殺敵立功！」漢武帝為難地說：「現在兵力吃緊，朕哪有騎兵劃撥給你呢？」李陵憤然說：「臣願以少擊眾，無需騎兵，只求步兵五千人，直搗匈奴王庭！」

漢武帝讚賞李陵的這種氣概，說：「那好，朕給你軍餉和裝備，你可以自募步兵五千人。」李陵謝恩退出，很快招募了五千人，均爲英勇果敢的壯士。漢武帝給李陵下了一道死命令：九月發兵，進軍至浚稽山。李陵接到命令，不敢怠慢，獨自領兵，出居延，進抵浚稽山。他將那裏的地形繪製成地圖，指派屬下陳步樂，到長安報告軍情。漢武帝聽了彙報，知道前方將士同心協力，深感欣慰，特封陳步樂爲郎官。

陳步樂到長安彙報軍情，浚稽山的形勢風雲突變，匈奴且鞮侯單于親率騎兵三萬人，包圍了漢軍。李陵迅速作出反應，環車爲營，列隊爲陣，前面的人持戟盾，後面的人持弓弩，發令說：「聞鼓聲則進，聞金聲則退。」匈奴兵欺漢軍人少，放膽進攻。李陵據險堅守，千弩齊發。匈奴前驅，應弦而倒，約略後退。李陵擊鼓，漢軍奮勇殺出，斬首數千級，趁勢拔營，緩緩向南方回軍。且鞮侯可不想放過這支孤立的漢軍，立刻又調來八萬騎兵，攻襲李陵。李陵且戰且走，大小至數百回合，又殺敵三千餘人。回軍途中，他們陷入一片沼澤地帶，蘆葦雜草叢生。匈奴兵從上風放起火來，意欲燒死漢軍。李陵情急，亦命放火，燒去下風的蘆葦雜草，切斷火勢。漢軍好不容易走出沼澤，暫在一座山下紮營。且鞮侯站在山上指揮，命令騎兵輪番出擊。漢軍憑藉樹木作掩護，又殺敵數千人，同時發射連弩，單射匈奴單于。且鞮侯驚走，回顧部下，疑惑地說：「這是漢朝精兵，連戰不疲，這樣引著我們南下，莫非另有埋伏不成？」部下說：「我軍八萬人，追襲漢軍五千人，若不能勝，豈不惹人恥笑？好在目前都是山谷，單于儘管追擊，待到平原地帶，仍不能勝，那時回軍不遲。」

漢軍也有很大傷亡，但是士氣依然旺盛，鬥志依然高昂，又殺敵二千餘人。且鞮侯損失騎兵萬餘，意欲退去。在這關鍵時刻，漢軍中的軍候管敢膽小怕死，無恥地投降了匈奴。他告訴且鞮侯說：「李陵軍無後援，矢盡糧絕。現在，只有李陵和校尉韓延年，各剩步兵八百人左右，旗分黃、白二色，勉強支撐。單于若用精騎馳射，必破無疑。」且鞮侯了解到漢軍的眞實情況，打消了退兵的念頭，派出精騎，繞到漢軍前面，射殺漢軍，而且高聲喊話說：「李陵速降！韓延年速降！」

李陵和韓延年被困在山谷之中。匈奴兵從山上放箭，矢如雨下。漢軍突出山谷，邊戰邊走，所有的箭射盡了，糧食幾乎斷絕。沒奈何，只得砸毀車輛，人人手持車軸，權當兵器。他們又進入一個山谷。匈奴兵從山上投擲石塊，堵住谷口，漢軍多被砸死。這天黃昏，李陵身穿便衣，獨步出營，不讓左右跟隨，說：「大丈夫當一取匈奴單于首級！」可是出營一看，到處都是敵人，哪能尋到匈奴單于？良久退回，長歎一聲，說：「此番眞要敗死了！」

旁邊一個軍吏進言說：「將軍用少擊眾，威震匈奴，怎奈天命不遂，何妨暫尋生路，且待日後，想來皇上是會寬恕的。」李陵擺手說：「別說這話！我若不死，非壯士也！」他命士兵撕毀各種旗幟，隨身所帶的貴重物品盡埋於土中，然後說：「我軍若各得數十支箭，或許尚可脫圍。而現在卻是徒有車軸，如何再戰？等到天明，難免盡成俘虜。罷了罷了！你們各自逃生去吧！若有逃得性命者，還請歸見皇上，詳報軍情。」士兵們含淚啜泣。李陵命眾人各帶二升乾糧，一片冰塊，準備突圍逃生。半夜時分，李陵親自擊鼓，鼓聲嘶啞低沉。李陵和韓延年各騎一馬，隨從僅有十餘人，其他士兵散去。李、韓拼死殺出谷口，匈奴數千騎兵追了上來。韓延年血戰身亡。李陵面向長安方向，流著淚說：「無面目見陛下了！」說罷，下馬投降。漢軍四百餘人僥倖活命，逃至塞內，報知邊吏。

邊吏派人飛馬將情況報告漢武帝，但還不知李陵投降的事實。漢武帝以爲李陵戰死，召來李陵的母親和妻子，但見李母李妻並無哀容。接著，邊吏報告，說李陵已經投降匈奴。漢武帝根本沒有想到會出現這樣的結果，大發雷霆，責問陳步樂說：「你不是說前方將士同心協力嗎？這是怎麼回事？」陳步樂哪裏知道這些天來戰事的變化？嚇得伏劍自殺。漢武帝回想整個戰爭的失敗，腦海裏一片空白。王公大臣眾口一詞，都罵李陵叛國降胡，理應千刀萬剮。漢武帝仔細思量，覺得自己在李陵事件上也有責任。一，不該輕信李陵，讓他負氣統兵；二，不該在對敵情一無所知的情況下，便讓李陵孤軍進至浚稽山；三，自己也沒想到派兵救應，致使李陵陷入了孤立無援的境地。漢武帝雖然覺得自己負有責任，但是絕對不會承認。因爲他是皇帝，皇帝萬歲，皇帝聖明，皇帝的錯也是對，哪有皇帝否定自己、低頭認錯的道理呢？不過，他一想到李陵投降匈奴這件事，心裏總是痛痛的，恨恨的，像是吃了一隻蒼蠅，要多噁心有多噁心。他認爲，打了敗仗不怕，怕的是沒有心志，沒有氣節。你李陵打了敗仗，一拍屁股，叛國降胡，那麼大漢的尊嚴何在？皇帝的臉面何在？這天，漢武帝召見太史令司馬遷，詢問對於李陵事件的看法。司馬遷時年四十七歲，正在寫作《史記》。司馬遷斟酌詞語，回答說，「臣與李陵，同朝為官，從來沒有交往，志趣和路數不同。我和他，不曾在一起喝過一杯酒，更談不上其他什麼親熱的表示。然而，臣看李陵，是個能守節操的不尋常的人，事親至孝，講究信用，輕財好義，謙讓有禮，經常奮不顧身以殉國難。這是他平時修養成的品格，很有國士之風。現在處理李陵事件，若有不當，那些只知保全自己性命及其妻子兒女利益的人，隨之就會誇大他的過失，很有點一哄而起、落井下石的味道。記得陳步樂初次彙報軍情時，公卿王侯喜形於色，舉杯相慶；而今李陵兵敗，他們卻是另一副嘴臉。這種風氣，讓人非常痛心。試想，李陵這次出征，所統步兵不滿五千人，深入戎馬之地，抗禦數萬之師，胡虜置死傷於不顧，悉舉全國精銳而圍之，戰場上的形勢自可想見。李陵轉戰千里，矢盡道窮，且無援軍，死人成堆。但是他一聲號召，士兵們無不奮身而起，涕淚橫流，血污滿面，接著就張著空弓，迎著敵人的刀劍，爭著向北，去和敵人死戰，能夠如此，縱然古之名將，恐怕也很難做到。李陵兵敗投降，顯然是失節行為。然而，他以少擊眾，在極其艱難的條件下，仍然殲敵萬餘人，這一點，足可以彰於天下。」

司馬遷按照自己的思路，設想李陵的處境，批評朝廷的風氣，其實把漢武帝也扯進去了，而且還有影射和詆毀貳師將軍李廣利之嫌。這惹下大禍，使他慘遭宮刑。司馬遷蒙受奇恥大辱，苟活偷生，並以屈原、左丘明、韓非等先賢的磨難為激勵，最終完成了《史記》的寫作。

天漢四年（西元前九十七年），漢武帝又命李廣利、公孫敖等，率領二十一萬大軍，北擊匈奴。這次戰役是糊里糊塗地出征，糊里糊塗地敗歸。公孫敖爲自己敗歸尋找理由，說：「臣在匈奴捕得胡虜，供稱有位李將軍深得寵信，教習匈奴備兵禦漢。這位李將軍想必就是李陵，所以臣不敢深入敵境。」漢武帝怒火沖天，立命族滅李陵全家，李陵的母親、妻子、兄弟等皆被誅殺。李陵在匈奴聽說家人俱死，痛不欲生。恰有漢使前往匈奴，李陵責問說：「我李某率五千步兵橫行匈奴，因爲無救而敗，何曾虧負大漢而滅我家？」漢使回答說：「公孫敖奏告皇上，說有位李將軍教習匈奴備兵禦漢，所以……」李陵跺腳捶胸，說：「那個李將軍是李緒，不是我李陵！」漢使愕然。原來，李緒也曾是漢將，早於李陵投降匈奴，積極爲匈奴單于出謀劃策，深得寵信。公孫敖張冠李戴，把李緒、李陵混爲一談，導致了李陵族滅的慘劇。李陵只能把氣出在李緒身上，提刀去把李緒殺了。李陵原先是想尋找機會歸漢的，這樣一來，他心灰意冷，只能死心踏地地滯留匈奴，充當叛徒。且鞮侯單于看中李陵，給他另娶了匈奴女子爲妻子，還封他爲右校王。其後，且鞮侯單于想起在北海牧羊的蘇武，特命李陵前去，勸說蘇武投降。這是一件尷尬的差事，李陵只能奉命。李陵見到蘇武，但見他衣衫破舊，蓬頭垢面，頭髮和鬍鬚很長，形如野人。但是，他的目光依然明亮，神態依然堅定，手持漢朝節仗，具有一種威武不屈的精神和氣概。李陵勸說無效，蘇武忠於祖國，寧死不降。李陵羞愧難當，喟然歎息說：「嗟乎，壯士！李陵之罪，上通於天！」

隨後爆發了「巫蠱之禍」，漢武帝家破人亡。征和三年（西元前九十年），漢武帝最後一次用兵，仍以李廣利爲統帥，率兵七萬，迎擊入侵的匈奴。李廣利離開長安之時，丞相劉屈氂（氂，讀作毛）爲之送行。李廣利拜託劉屈氂說：「希望劉相早日奏請皇上，立昌邑王爲太子。」昌邑王劉髆，乃已故李夫人所生，係李廣利的外甥。李廣利此時想的不是領兵打仗，而是希望能讓外甥成爲太子，以使自己長保富貴。李廣利離開長安不久，他和劉屈氂謀立太子之事被人告發，而且劉屈氂也捲進了「巫蠱」案。漢武帝下令，將劉屈氂全家處斬，李廣利的妻子兒女逮捕下獄。李廣利聽了這消息，猶如晴天霹靂，驚訝，擔心，害怕。他想回師請罪，但又不敢造次；想來想去，決定深入敵境，打敗匈奴，建立奇功，挽回罪過。這一次，他基本上是孤軍作戰，地理不熟，軍糧不濟，指揮失當，調度有誤，所以面對剽悍的匈奴軍，漢軍慘敗，潰不成軍。李廣利走投無路，只好投降匈奴，以保全性命。漢武帝聞訊，怒不可遏，誅滅李廣利全族。

李廣利投降匈奴，很快被匈奴單于殺死。李陵則活到漢昭帝元平元年（西元前七十四年），病死。李陵和李廣利，一是將門之後，自恃其勇；一是堂堂國舅，低智無能。他倆失節叛國，敗降匈奴，實是對漢武帝後期窮兵黷武政策的諷刺，表明漢朝對於匈奴，軍事上已經沒有優勢可言了。

馬援

馬革裹屍，死後蒙冤

西元九年，西漢滅亡。外戚王莽建立新朝。新朝存在十五年，便被綠林、赤眉起義軍推翻，勝利果實最後落到豪強地主劉秀手裏。西元二十五年，劉秀登基，建立東漢王朝，是爲光武帝，定都洛陽。劉秀在建立東漢和統一天下的過程中，依靠許多將帥，其中最著名的當數馬援。

馬援（西元前十四～西元四十九年），字文淵，扶風茂陵（今陝西興平）人。馬援的先祖是戰國時期趙國名將趙奢，趙奢封號爲馬服君，其後裔遂以「馬」爲姓。馬援的曾祖父馬通，在西漢武帝時，因功封重合侯。他的三個哥哥馬況、馬余、馬員，並有才能。馬援十二歲時喪父，「少有大志，諸兄奇之」。好心的哥哥希望他走飽讀詩書、白首窮經的道路。然而時値亂世，民不聊生，馬援不願坐在書齋裏尋章摘句，浪費光陰，經過考慮，決定「就邊郡田牧」。馬況理解這個弟弟，表示支持，說：「汝大才，當晚成。良工不示人以樸，且從所好。」馬援正欲動身，馬況突然病死。馬援堅持爲兄長守喪，日夜不離其墓。喪滿，他爲郡督郵，一次押送囚犯，看到囚犯可憐可悲，產生憐憫之心，把囚犯放了，自己逃亡北地

（今甘肅慶陽西北）。朝廷實行大赦，他遇赦不歸，留於邊郡畜牧，賓客爭相歸附，下屬達到數百家。他帶領這支游牧的群眾，過著遊蕩無定的生活，致有牛馬羊數千頭、穀數萬斛。但是，頗有大志的馬援並不以此爲滿足，常對賓客們說：「丈夫爲志，窮當益堅，老當益壯。」繼而歎道：「凡殖貨財產，貴其能施賑也，否則守錢虜耳。」爲了匡時濟世，施展抱負，他毅然散盡錢財，廣交英雄豪傑，自己身衣羊裘皮絝，粗茶淡飯足矣。

王莽篡漢，以馬援爲新城大尹，相當於太守。王莽敗亡，馬援與其兄馬員避難於隴西。隴西豪閥隗囂（隗，讀作委）稱霸一方，擅自稱帝，建立了割據政權。隗囂敬重馬援，任命他爲綏德將軍，參決籌策，倚爲心腹。蜀地豪閥公孫述也在地險眾附、物華天寶的蜀地稱帝。隗囂不明公孫述的底細和志向，特派馬援前去察看情況。馬援和公孫述既是同鄉，又是好友，關係密切。馬援赴蜀，沒料想公孫述趾高氣揚，擺出皇帝接見臣僚的架勢，會見馬援，顯示威風。他要封馬援爲列侯，官大將軍。馬援笑了笑，沒有答應，事後對隨行的賓客說：「天下雌雄未定，公孫述不吐哺走迎國士，與圖成敗，反修飾邊幅，如偶人形。此子促足久稽天下士乎？」馬援回歸隴西，告訴隗囂說：「公孫述不過是井底的青蛙，而妄自尊大，不如專意東方。」「專意東方」，就是要隗囂結交、歸附東方的東漢光武帝劉秀。

建武四年（西元二十八年），馬援奉隗囂之命來到洛陽。光武帝盛情接待，笑著說：「卿遨遊於隗囂、公孫述兩個土皇帝之間，今見卿，使人大慚。」馬援實話實說，也笑著說：「當今之世，非獨君擇臣，臣亦擇君矣。臣前至蜀，公孫述手下持刀荷戟，然後才予接見。臣今遠來，陛下何知非刺客奸人，而簡易輕率如此？」光武帝聽了，哈哈大笑，說：「卿非刺客，怕是說客吧？」馬援見光武帝詼諧幽默，平易近人，誠懇地說：「天下反覆，盜名字者不可勝數。今見陛下，恢廓大度，同符高祖（指劉邦），乃知帝王自有眞也。」光武帝聽了這番話，很覺受用。他領著馬援參觀瀏覽了洛陽的一些地方，然後派太中大夫來歙（歙，讀作舍），持節護送馬援回隴西。

馬援與隗囂非常親近，二人經常「共臥起」。隗囂詢問洛陽的情況。馬援如實彙報，說：「前到朝廷，皇上數十次接見，每接宴語，自夕至旦，才明勇略，非人敵也。且開心見誠，無所隱伏，闊達豪放，經學博覽，政事文辯，前世無比。」隗囂對於馬援極力推崇東漢皇帝，心中不悅，但還是非常信任馬援，決定歸附「東方」。爲此，他派馬援護送自己的長子隗恂到洛陽充當人質，以示歸附的誠意。

馬援再次前往洛陽，從此就算歸附東漢了。但是，光武帝並沒有重用馬援。馬援全不計較，自請到關中一帶屯田。他的請求得到許可，於是便遷居長安，專心負責屯田事宜。隗囂聽信小人讒言，認爲馬援的行爲是一種背叛，所以在歸附問題上產生了動搖，轉而想和公孫述聯手。馬援致書隗囂，說以利害關係。隗囂不聽，反而大怒，盲目地發兵進攻東漢。

東漢西方形勢吃緊。馬援上書朝廷，要求面見皇上，陳述消滅隗囂之策。光武帝召見馬援。馬援憑在隴西多年的經歷，對當地的山川形勢及隗囂軍情瞭若指掌。因此，他所獻方策，均被光武帝採納。光武帝還撥精銳騎兵五千人，由馬援調度。馬援利用自己與隗囂部屬的關係，往來遊說，極陳禍福利害，使隗囂手下將領高峻、任禹等各懷異心，羌族豪強亦持觀望態度。這就等於將隗囂孤立了起來。

爲配合馬援的遊說活動，光武帝決定調集大軍，親征隗囂。可是許多漢將貪生怕死，竭力阻止皇帝親征，致使光武帝中途裹足不前。馬援深夜面見皇帝，分析隗囂的處境，指出隗囂將帥離心傾向空前嚴重，頗有土崩瓦解之勢，抓住有利時機用兵，肯定能將敵人一舉殲滅。他還在光武帝面前聚米爲山谷，指畫地形，展示進軍路線，分析曲折，一目了然。

光武帝見馬援知己知彼，分析透徹，高興地說：「虜在吾目中矣。」從而堅定了親征的決心，下令進軍。結果正如馬援所料，隗囂的軍隊不堪一擊，一觸即潰。建武九年（西元三十三年），隗囂懷著懊悔與憤怒的心情死去，其子隗純繼位。光武帝不讓隗純有喘息的機會，命來歙爲統帥，馬援爲太中大夫，率領大軍進攻隗純。歷時不到兩年，隗純投降，隴西廣大地區盡歸東漢所有。

馬援在平定隴西隗囂的戰爭中建立了特殊的功勳，接著被任命爲隴西太守，平息西羌的叛亂。馬援受命，有勇有謀，每戰必勝，先後殲敵數千人，繳獲馬牛羊數萬頭。一次戰鬥中，流矢射中了他的小腿，他帶傷指揮，身先士卒，給將士們極大的鼓舞。事後，劉秀頒發璽書慰問，親賜牛羊數千頭。馬援慷慨義氣，把所有牛羊分賞給將士，自己一無所取。其時，朝臣對平息西羌產生了意見分歧，有人主張放棄路遠敵多的破羌縣（今青海民和西）。馬援表示異議，上書說：「破羌以西，城池堅固，易守難攻，而且土地肥沃，水利工程完善，灌溉便利，一旦落入羌人之手，必為害不止，絕不應放棄。」光武帝接受了馬援的意見，詔令堅守破羌縣，同時命武威太守發布文告，動員流民返回家園，發展生產。相繼回歸的有三千餘人。馬援組織他們修建城郭，興修水利，勸以耕牧，設置官吏，自己管理自己，使那裏很快繁榮起來，人民安居樂業。建武十三年（西元三十七年），又一支羌人勾結異族發動叛亂。馬援率四千兵馬予以反擊，將之圍困於山上，奪其水草，不與交戰。羌人水絕糧盡，迫不得已，其首領只好率領部族十萬戶逃亡出塞，不願出塞的萬餘人悉降馬援。至此，西羌戰事告一段落。

馬援待人處事，注重恩信、寬厚的原則，善恤部下，廣交朋友，任吏以職，層層負責，自己只管大事，不管小事。這使他在軍隊中建立了很高的威望，賓客故人，日滿其門。一次有人向他報告公事，他說：「這是長吏和掾屬的職責，何必來麻煩我？請你可憐可憐我這老頭子，讓我安心地遊山玩水吧。如果有土豪劣紳欺侮小民，或者狡猾的羌人打家劫舍，那才需要我太守過問哩！」又一次，狄道縣（今甘肅臨洮東）有人報復私仇，發生流血衝突。官民震驚，傳言羌人叛亂，惶恐不安。狄道縣令飛馬向馬援報告，建議關閉城門，發兵前往鎮壓。馬援正與賓客飲酒，聽了報告，大笑說：「羌人怎敢再來侵犯我？告訴狄道縣令，讓他回家睡覺，實在害怕的話，可鑽到床底下去！」狄道縣的事件很快平息，事實證明所謂羌人叛亂完全是一場虛驚。由此，郡人無不佩服馬援，在關鍵時刻能鎮定自若，料事如神。

馬援屢屢建立功勳。光武帝深感欣慰，將他召回京師，任命為虎賁中郎將。馬援不僅精於軍事，而且熟悉經濟學和儒學，經常向朝廷提出很好的建議。當時，幣制混亂，流通不便。馬援建議重鑄五銖錢，從十三個方面闡述了使用五銖錢的好處。光武帝採納其建議，天下咸稱方便。馬援還擅長進對，尤善講述前世史事，經常聚眾講史，聽者樂而忘倦。馬援又善兵策。劉秀常說：「伏波論兵，與我意合。每有所謀，未嘗不用。」

「伏波」是伏波將軍的省稱，即指馬援。建武十六年（西元四十年），交阯郡（今越南北部）一帶發生民變，首領是兩個女子——征側和征貳，很快佔領六十餘城，征側還自立為王。光武帝接到警報，任命馬援為伏波將軍，率兵前往鎮壓。因為路途遙遠，氣候潮濕，行軍打仗非常困難。馬援不畏艱險，緣海進兵，逢山開道，遇水架橋，日夜兼程，進抵交阯。經過交戰，斬首數千級，俘擄萬餘人，並殺了征側和征貳。馬援再次立功，封新息侯，食邑三千戶。馬援犒勞將士，率領他們乘勝前進，追殲征側、征貳的餘黨，大獲全勝。

建武二十年（西元四十四年），馬援班師回洛陽。光武帝為了表彰他的功績，專門賜予兵車一乘，讓他坐在車上和九卿見面。其時，馬援已是年近花甲的老人了，但仍老驥伏櫪，壯心不已。他對好友孟冀說：「而今，匈奴、烏桓還在北方不斷騷擾邊塞，我一心想請兵征伐。大丈夫應當戰死於邊野之地，用馬革裹屍還葬，怎能躺在病床上，在女人和孩子們的哭泣聲中死去呢？」

這段話留給後世一句「馬革裹屍」的成語，成為激勵中華兒女保家衛國、效死疆場的響亮號角。

馬援是這樣說的，也是這樣做的。當匈奴、烏桓南侵的時候，馬援自告奮勇，請求領兵迎擊。匈奴、烏桓早聞馬援的威名，見其出師，嚇得龜縮退去。

建武二十四年（西元四十八年），馬援已經六十二歲，仍請領兵支援武威將軍劉尚，攻擊武溪（今湖南沅陵西南）蠻夷的叛亂。光武帝嫌其年老，不許。馬援說：「臣尚能披甲上馬！」說罷，縱身跳上戰馬，據鞍四顧，英氣勃發。光武帝由衷地喝采說：「好一個神采飛揚的老頭！」當即批准他統領四萬兵馬出征。

馬援出征前夕，告別友人杜愔（愔，讀作音），說：「我受厚恩，年事已高，常怕一病而終，不能爲國戰死。今獲所願，甘心瞑目。只是大軍中有很多權貴子弟任職，或爲助手，或爲從事，恐怕難以調遣。這一點使我最擔心哪！」

馬援的擔心是有道理的。他從軍多年，功勳卓著，難免遭人忌恨。特別是一些權貴子弟，時刻都在找茬，攻擊他和誣陷他。馬援的軍隊起初還比較順利，打了一些勝仗，後來因爲地險、瘟疫、糧缺，仗越來越不好打。馬援自己也染上瘟疫，戰事非常艱難。這時，中郎將耿舒、耿弇（弇，讀作淹）兄弟趁機上書告馬援的黑狀，誣衊他消極怠戰。光武帝不問青紅皂白，派遣虎賁中郎將梁松前往追查馬援的罪責，並充任監軍。梁松尚未到達，馬援病死於軍中。

梁松是光武帝的女婿，原與馬援有隙。在死無對證的情況下，他故意栽贓陷害，羅織馬援的罪名，報告光武帝。光武帝大怒，下令追收了馬援的新息侯印綬。馬援原先南征交阯的時候，爲了防止瘟疫，常吃一種特效藥——薏苡（薏苡，讀作意以，一種植物）的種子。馬援班師，特將薏苡種子裝了滿滿一車，載回洛陽。一些奸佞之徒以小人之心度君子之腹，猜想車裝的一定是金銀珍珠，無不爲之眼紅。馬援死後，梁松等人報告光武帝，說有這麼回事。光武帝更加惱怒，甚至不准馬援的家屬按規定安葬馬援。馬援的妻子及侄兒馬嚴誠惶誠恐，自縛草繩，詣闕請罪。光武帝把梁松的奏書扔給他們看，他們方知前因後果。於是，孀侄二人上書訴冤，前後六次，反覆說明馬援用車載回的不是什麼金銀珍寶，而是防止瘟疫的薏苡種子。光武帝派人調查，確如所言，這才消解了怒氣，准予安葬馬援。

不久，馬援的好友朱勃上書，全面評價馬援的功績，特別指出：「馬援得事朝廷二十二年，北出塞漠，南渡江海，觸冒害氣，僵死軍事，名來爵絕，國土不傳。海內不知其過，眾庶未聞其毀，卒遇三夫（指耿舒、耿弇、梁松）之言，橫被誣罔之讒，家屬杜門，葬不歸墓，怨隙並興，宗親怖栗。死者不能自列，生者莫爲之訟，臣竊傷之。」這篇奏書仗義執言，字字句句，擲地有聲。光武帝閱後未置可否，只命朱勃歸還田里了事。

一代名將，死後蒙冤，世人無不扼腕歎息。馬援之侄馬嚴生性剛直，對朝廷、世人不能公正地對待馬援義憤塡膺。馬援共有四個兒子、三個女兒。馬嚴果斷地給皇帝上書，揭露權貴欺凌馬家孤兒寡女的情況，要求送馬援一個女兒進掖庭。馬嚴在書中說：「臣叔父馬援孤恩不報，而妻子特獲恩全，戴仰陛下，爲天下父。人情既得不死，便欲求福。竊聞太子、諸王妃匹未備，馬援有三女，大者十五，次者十四，小者十三，儀狀髮膚，上中以上。皆孝順小心，婉靜有禮。願下相工，簡其可否。如有萬一，馬援不朽於黃泉矣。」

光武帝大概覺得有愧於馬援，便命人挑選了馬援的小女兒入宮，侍候皇太子劉莊。後來劉莊繼位，寵幸馬氏，封她爲貴人，繼立爲皇后。馬皇后深受馬援的思想影響，謙肅恭謹，平和節儉，品質高尚，因而被公認爲中國古代后妃的典範之一。

班超——投筆從戎，建功西域

王莽篡漢，實行強硬的高壓民族政策，西漢以來中央政權與各少數民族之間所形成的臣屬關係，陷於瓦解。匈奴勢力日益強盛。西域各國與中原地區的聯繫中斷，呈現出混亂狀態。建武二十四年（西元四十六年），匈奴分裂成南北兩部，南匈奴歸附東漢，北匈奴佔據蒙古草原，並控制西域大部分國家，屢屢騷擾漢境。永平十六年（西元七十三年），漢明帝派遣奉車都尉竇固等四路大軍，進行反擊，深入北匈奴腹地，取得很大的軍事勝利。東漢著手恢復與西域各國的關係，特派傑出的軍事家和外交家班超出使西域。班超不辱使命，經營西域整整三十年，建立了不朽的功勳。

班超（西元三十二～一〇二年），字仲升，扶風平陵（今陝西咸陽西）人。他是《漢書》作者、史學家班固的弟弟，「爲人有大志，不修細節。然內孝謹，居家常執勤苦，不恥勞辱。有口辯，而涉獵書傳。」永平五年（西元六十二年），班固出任朝廷校書郎。班超和母親隨之到了洛陽。因爲家貧，班超在官府謀得個抄錄文書的差事，以資供養。一天，他正在抄錄文書，聽說匈奴寇邊，殺掠百姓，憤怒地投筆在地，說：「大丈夫無他志略，猶當效傅介子（西漢昭帝時出使西域，曾刺殺樓蘭王）、張騫立功異域，以取封侯，安能久事筆硯間乎？」左右笑他輕狂。他說：「小子安知壯士志哉！」漢明帝聞知班超其人，提拔他爲蘭臺令史，即皇家圖書館的館長。

竇固等率兵反擊北匈奴，班超毅然投筆從戎，任代理司馬，隨軍出征。班超在戰鬥中非常英勇，斬殺敵人，無所畏懼，因而深受竇固的賞識。朝廷有識之士總結二百年的歷史經驗，認爲在漢、匈關係的天平上，西域是個決定性的法碼。漢家聯合西域，匈奴則勢孤；漢家失去西域，匈奴則勢強。欲治匈奴，必先聯西域，斷其右臂。漢明帝懂得這個道理，於是派人出使西域。這一任務，榮幸地落到了班超身上。

班超帶領三十六名隨從，首先到達鄯善（原名樓蘭，今新疆若羌）。鄯善王招待漢使，開始周到熱情，可是很快又疏遠怠慢了。班超一打聽，原來北匈奴也派來使者，致使鄯善王何去何從，狐疑難定。班超立即與同行的夥伴密商，說：「我等俱在絕域，欲立大功，以求富貴。鄯善王若將我等縛送匈奴人，骸骨長爲豺狼食矣。」眾人願意服從班超調度。班超說：「不入虎穴，焉得虎子？當今之計，獨有因夜以火攻虜，使彼不知我多少，必大震怖，可殄盡也。滅此虜，則鄯善膽破，功成事立矣。」入夜，班超帶領隨從，出襲北匈奴使者。他命十人帶上十面大鼓，隱藏在北匈奴使者營帳背後，約定，但見火起，便擊鼓吶喊。同時布置其餘人等，手持弓箭兵器，埋伏於營帳兩側。班超借風縱火，火舌怒捲，鼓聲大作，加上吶喊鼓噪聲，猶如千軍萬馬。北匈奴使者受到驚嚇，倉皇逃命。班超親手格殺三人，夥伴們斬首三十餘級，其他一百多人全部燒死。第二天，班超把鄯善王請來。鄯善王看了現場情況，深爲漢家使者的英勇果敢所折服，遂打消狐疑，決意擺脫北匈奴，復與漢家通好。消息傳到洛陽。漢明帝稱讚班超的豪壯氣概，任命他爲軍司馬，繼續出使西域各國。竇固想給班超增加兵馬。班超說：「願將本所從三十餘人足矣。如有不虞，多益爲累。」

永平十七年（西元七十四年），班超一行到達于闐（今新疆和闐），爭取了于闐王，于闐王主動殺死北匈奴的「監護使者」，歸附東漢。次年，班超到達疏勒（今新疆喀什），得知疏勒王兜題不是疏勒人，而是龜茲王依仗北匈奴勢力，殺死前疏勒王后，派來統治疏勒的。疏勒人痛恨兜題，可又不敢惹惱龜茲王和北匈奴。班超伸張正義，帶領夥伴面見兜題，出其不意，突然把他抓了起來，宣布其罪狀。疏勒人舉國歡騰，推選出自己的人當國王。班超命將兜題放歸龜茲（今新疆庫車），讓他去警告龜茲王，不准依靠大國勢力，欺壓弱小國家。

永平十八年（西元七十五年），漢明帝駕崩，漢章帝繼位。朝廷命班超撤回。疏勒人知道後，舉國憂恐，拼命挽留。一名都尉唯恐漢使離去，居然以刀自殺。班超路過于闐，該國從國王到百姓，號哭不止，攔住班超的坐騎。班超見此情景，異常感動，上書朝廷，請求繼續留在西域。班超在西域，聯合弱小民族，團結抗暴，先後打敗莎車（今新疆莎車）、龜茲、焉耆（今新疆焉耆）等國，北匈奴的勢力基本上被驅逐出去，西域五十多國普遍與東漢王朝建立起友好關係。

漢和帝永元二年（西元九十年），月氏國派出副王謝，率兵七萬，攻擊班超。班超全然不懼，說：「月氏兵員雖多，然數千里逾葱嶺而來，非有運輸，何足憂邪？但當收穀堅守，彼饑窮自降，不過數十日絕矣！」謝王進攻多日，毫無進展。班超估計對方糧食將盡，必會向龜茲求救。於是，發兵數百人，埋伏於要道，將謝王賄賂龜茲的使者全部殺死。班超派人把使者的首級送給謝王。謝王大驚失色，趕忙派人向班超請罪，並請放他們安全返回月氏。班超答應。其後，月氏亦臣服於東漢，歲奉貢獻。

班超打退月氏的進攻，擔任西域都護，駐龜茲，全權處理西域各國的問題。期間，他堅定地執行民族團結的政策，有力地促進了各民族的友好相處和融合，保證了「絲綢之路」的暢通。

班超因在西域的巨大功績，被封爲定遠侯，食邑千戶。永和十二年（西元一〇〇年），班超年老多病，無限思念祖國，派了兒子班勇攜帶奏書回洛陽，表達了能夠「生還玉門關」的願望。他的妹妹班昭也上書漢和帝，說：「（班）超以一身轉戰絕域，曉比諸國，因其兵眾，每有攻戰，輒爲先登，身被金夷，不避死亡。賴蒙陛下神靈，且得延命沙漠，至今積三十年，骨肉生離，不復相識。」她請求漢和帝賜以「葬骨之恩」、「哀老之惠」，批准班超回國。漢和帝沒有理由反對，表示同意。永元十四年（西元一〇二年）八月，七十一歲高齡的班超，鬚髮皆白，扶杖回到洛陽。一個月後，這位傳奇式的英雄與世長辭。他的名字和張騫一樣，同舉世聞名的「絲綢之路」凝結在一起，世代受人敬仰。

呂布——「輕狡反覆，唯利是視」

東漢末年，外戚集團和宦官集團爭權奪利，社會黑暗，政治腐敗，爆發了黃巾農民大起義。各地軍閥在鎭壓黃巾起義中擁兵割據，互相兼併，弱肉強食。其中，董卓之亂給社會和國家造成了一場巨大的災難和浩劫。董卓義子呂布，威猛驍勇，武藝高強，後來成爲軍閥，也算一位出色的將軍。

呂布（西元？～一九八年），字奉先，五原郡九原（今內蒙古包頭西）人。青年時代從軍，投在并州刺史丁原帳下，任主簿，甚見親信。漢靈帝死後，外戚何進召丁原赴洛陽，謀誅宦官。呂布隨行。外戚、宦官爭鬥，兩敗俱傷，董卓趁機進入洛陽，立漢獻帝，掌握了朝廷大權。董卓看中呂布，以利相誘，鼓動他殺害丁原。呂布見利忘義，果眞將上司殺死，丁原的部眾遂歸董卓所有。董卓異常高興，任命呂布爲騎都尉，並認呂布爲義子。呂布不以爲恥，反以爲榮，忠實地充當董卓的幫兇。

呂布相貌英俊，「便弓馬，臂力過人，號爲飛將」。而且，他還有一匹日行千里的駿馬，稱「赤兔馬」。時人羨慕其人其馬，編出兩句順口溜說：「人中有呂布，馬中有赤兔。」

董卓把持朝政大權，兇惡暴戾，殺人無數。各地軍閥聯合起來，組成聯軍，推舉袁紹爲盟主，共同討伐董卓。《三國演義》中曾用一首詩，描寫呂布力戰劉備、關羽、張飛的情景：

溫侯呂布（呂布後封溫侯）世無雙，雄才四海誇英偉。護軀銀鎧砌龍鱗，束髮金冠簪雉尾。參差寶帶獸平吞，錯落錦袍飛鳳起。龍駒跳踏起天風，畫戟熒煌射秋水。出關搦戰誰敢當，諸侯膽裂心惶惶。踴出燕人張翼德（張飛），手持蛇矛丈八槍。虎鬚倒豎翻金線，環眼圓睜起電光。酣戰未能分勝負，陣前惹起關雲長（關羽）。青龍寶刀燦霜雪，鸚鵡戰袍飛蛺蝶。馬蹄到處鬼神嚎，目前一怒應流血。梟雄玄德（劉備）掣雙鋒，抖擻天威施勇烈。三人圍繞戰多時，遮攔架隔無休歇。喊聲震動天地翻，殺氣瀰漫斗牛寒。……

其實，劉備並未參加討伐董卓的戰爭，不存在「三英戰呂布」的情節。這首詩完全是虛擬的想像之詞，從中可見呂布的風采和武功。董卓挾持漢獻帝遷都長安後，提拔呂布爲中郎將，封都亭侯，每行止，常以他爲貼身侍衛。他們二人名爲父子，也有發生矛盾的時候。一次，董卓爲一小事大發脾氣，竟然操起一支長戟，擲向呂布。呂布身手敏捷，躲避得快，長戟落地。事後，董卓向呂布道歉，二人和解，但呂布心裏，已經埋下了仇恨的種子。

司徒王允和尚書僕射士孫瑞等正謀劃誅殺董卓，看到了董、呂之間的裂痕，主動結交呂布。一天，呂布赴王允府中飲宴，談起董卓擲戟之事。王允和士孫瑞火上澆油，訴說董卓罪行，拉攏呂布入夥，共同誅殺董卓。呂布頗爲猶豫，說：「奈如父子何？」王允說：「君自姓呂，和他董卓本非骨肉，今憂死不暇，何謂父子？」呂布一想也是，答應王允。初平三年

（西元一九二年）四月，王允等經過精心策劃，由呂布親手將董卓殺死，夷其三族。事後，王允以呂布爲奮武將軍，假節，儀比三司，進封溫侯，共秉朝政。

《三國演義》在記述這段情節的時候，塑造了個美女貂嬋的形象。大意是說，貂嬋是王允的歌伎，通曉大義，自願以身除奸。於是，王允實施連環計，先將貂嬋許給呂布爲妻，再將貂嬋獻給董卓爲妾，貂嬋從中周旋，激化呂、董的矛盾，刺激呂布最終殺死董卓。貂嬋其人其事，正史裏未見記載。《後漢書》和《三國志》說：「（董）卓常使（呂）布守中閤，（呂）布與（董）卓侍婢私通，恐事發覺，心不自安。」應當說，呂布好色，那是肯定的。

呂布殺死董卓，董卓黨羽李傕（傕，讀作決）、郭汜趁機以爲主子報仇爲名，圍攻長安。呂布不敵李、郭，率領數百名騎兵，投奔軍閥袁術。袁術認爲呂布是個反覆無常的小人，拒不接納。呂布改而投奔袁紹，部下士兵燒殺搶掠，不得人心。袁紹擔心養虎爲患，態度曖昧。呂布自請離去，投奔軍閥張楊。袁紹派人追殺，可是將領們畏懼呂布，不敢近前。這時，軍閥張邈和曹操舊屬陳宮，背叛曹操，擁戴呂布爲兗州牧，據濮陽（今河南濮陽），周圍郡縣紛起回應。曹操看到了呂布的威脅，率兵征討，先敗後勝。呂布無處立足，投奔徐州牧劉備。劉備正攻擊袁術，呂布趁隙襲取下邳（今江蘇睢寧西北），自稱徐州刺史。劉備反主爲客，權且落腳於小沛（今江蘇沛縣）。

不久，袁術命大將紀靈率兵三萬，攻擊劉備。劉備力量單薄，無力抵抗，向呂布求救。呂布部下說：「將軍常想除去劉備，現在正可假袁術之手。」呂布還算有點眼光，說：「不然。袁術若破劉備，聯合太行山諸將，我就會處在他的包圍之中。因此，不可不救劉備。」他救劉備的方式恰也特別，親率步兵千人，騎兵二百人，到了小沛城外，約了劉備和紀靈前來赴宴。宴間，呂布對紀靈說：「劉備是我兄弟，兄弟被你所圍，所以我來救之。我呂某不喜歡爭鬥，只喜歡解鬥。」他命士兵高舉著一支長戟，立於百步開外，然後對劉備和紀靈說：「你們看我射箭，我若一箭射中戟上小支，你們可以和解；若射不中，任憑爭鬥，我不參與。」所有人都很緊張，百步之遙，還要射中小支，怎麼可能呢？再看呂布，彎弓搭箭，瞄準士兵舉著的長戟，一箭射去，不偏不倚，正中戟上的小支。眾人驚呼，都說：「將軍眞天威也！」紀靈不敢糾纏，罷兵而去。

建安二年（西元一九七年），袁術自稱天子。袁術意欲籠絡呂布，派韓胤說合，願與呂布結爲兒女親家。呂布同意，答應把女兒嫁給袁術兒子。他的女兒出嫁，已經上路。沛相陳珪，受曹操指使，有意破壞袁、呂結盟，進言說：「將軍今與袁術聯姻，受天下不義之名，必有累卵之危。」呂布想起當初投奔袁術遭到拒絕之事，馬上後悔，立刻派人追回女兒，殺了韓胤。呂布想當徐州牧，派了陳珪之子陳登去見曹操。曹操爲穩住呂布，任命他爲左將軍。陳珪拜爲廣陵太守。陳登則完全投靠了曹操，曹操命他在呂布軍中充當間細，說：「東方之事，便以相付。」

陳登回見呂布。呂布大怒，揮戟敲打几案，說：「你們父子勸我協同曹操，斷絕與袁術姻親，我所求一無所獲，而你們父子卻顯貴起來，這是不是出賣我？你給我說清楚，曹操是怎麼說的？」陳登是不慌不忙地說：「我去見曹操，跟他說：『對待將軍好比養虎，當飽其肉，不飽則將噬人。』曹操說：『你說的不對。對待呂將軍好比養鷹，饑則爲用，飽則揚去。』曹操就是這樣說的。」呂布聽曹操對自己並無惡意，也就罷了。

建安三年（西元一九八年），呂布進攻劉備，劉備敗歸曹操。曹操不能容許呂布形成尾大不掉之勢，親率大軍征討。呂布雖然驍勇，但無謀略而多猜忌，遠不是曹操的對手。尤其是他的部下，離心離德，關鍵時刻，各懷私心，誰也不願出力。曹、呂相持三個月，呂布的部將劫持陳宮，投降曹操。呂布成了孤家寡人，自恃其勇，被圍困於白門樓，上天無路，入地無門，致被部將捆縛，押見曹操。呂布大聲說：「你們把我縛得太緊了，鬆一點！」曹操說：「縛虎不得不緊也！」呂布到這個時候，還自吹自擂，說：「明公所患，不過呂布，今已服矣，天下不足憂。明公統領步兵，令我統領騎兵，則天下不難定也！」曹操猶豫，詢問在場的劉備。劉備說：「明公不見呂布是怎樣追隨丁原和董卓的嗎？」曹操點頭。呂布面向劉備，大罵說：「是兒最不可信！」曹操吸取丁原和董卓的教訓，下令將呂布縊殺。

呂布之死，不值得同情。《三國志》評價說：「呂布有虓（虓，讀作消）虎之勇，而無英奇之略，輕狡反覆，唯利是視。自古及今，未有若此不夷滅也。」

關羽、張飛、趙雲——

「萬人敵」的虎將

羅貫中在《三國演義》中，用相當篇幅描寫關羽、張飛、趙雲三員虎將。他們忠於劉備，武藝高強，衝鋒陷陣，無往不勝，號稱「萬人敵」，「百萬軍中，斬上將首級，如探囊取物」，給人留下了難忘的印象。那麼，歷史上眞實的關羽、張飛、趙雲是什麼樣子呢？

關羽（西元？～二一九年），字雲長，河東解縣（今山西臨猗西南）人。張飛（西元？～二二一），字翼德，涿郡涿縣（今河北涿縣）人。東漢末年，劉備組織鄉勇，參加鎭壓黃巾起義。關羽、張飛加入到鄉勇隊伍，並和劉備結拜爲兄弟，留下了「桃園三結義」的佳話。趙雲（西元？～二二九年），字子龍，常山眞定（今河北正定南）人。原是軍閥公孫瓚的部將，不久也歸附劉備，任主騎。在以後的歲月裏，不管劉備遇到怎樣的挫折，關羽、張飛、趙雲始終追隨劉備，出生入死，不避艱險，表現了一種以「義」字爲先的忘我精神。

劉備領徐州牧，受到呂布的欺凌。劉備暫時投奔曹操，共滅呂布，旋又自立。建安五年（西元二〇〇年），曹操征討劉備。劉備丟棄妻子，獨自投奔袁紹。關羽有條件地投降曹操，被任命爲偏將軍。張飛已是中郎將，自領一軍打起了「游擊」。趙雲私下尋到劉備處，秘密募得壯士數百人，作爲劉備的貼身侍衛。

曹操敬重關羽的爲人，禮之甚厚，並想讓他爲自己所用。曹操命大將張遼去探關羽的口風。關羽說：「吾極知曹公待我厚，然吾受劉將軍（劉備）厚恩，誓以共死，不可背之。吾終不留，吾要當立效以報曹公乃去。」張遼如實彙報關羽的話。曹操聽後，讚歎說：「事君不忘其本，天下義士也！」很快，關羽兌現「立效以報曹公」的諾言，在官渡之戰開始的時候，策馬殺袁紹大將顏良於「萬眾之中，斬其首還」，袁紹諸將莫能當者。曹操欣賞關羽的神勇，立即通過漢獻帝，封他爲漢壽亭侯，賞賜無數。但是，關羽不爲所動，得知劉備的下落後，「盡封其所賜，拜書告辭」。曹操部將主張追殺。曹操說：「彼各爲其主，勿追也。」

關羽和張飛會合，到了劉備身邊。劉備看到袁紹眼高手低，難成大事，藉口徵集援軍，離開袁紹，投奔荊州牧劉表。劉表疑忌劉備，命他駐守新野（今河南新野），以防曹操南侵。這期間，關羽、張飛陪同劉備，「三顧茅廬」，聘請到諸葛亮爲軍師。諸葛亮陳述「隆中對策」，爲劉備制訂了「東聯孫權，北抗曹操」的戰略方針。

建安十三年（西元二〇八年），曹操在基本統一了北方以後，南征劉表。劉表死，其子劉琮投降。劉備戰敗，倉皇逃往江陵（今湖北江陵）。在當陽長阪（今湖北當陽東北），曹操追上劉備。劉備驚走，命張飛率二十名騎兵斷後。張飛據水斷橋，乘一匹大馬，持一支長矛，威風凜凜，殺氣騰騰。他面對潮水似的曹軍，毫不畏懼，瞋目橫矛，厲聲說：「身是張翼德也！可來共決死！」曹軍素聞張飛威名，「皆無敢近者」，劉備得以逃脫。在當陽長阪，趙雲同樣威風無比。他負責保護劉備妻子甘夫人和襁褓中的兒子劉禪，途中走散。趙雲返回尋找，出入曹軍陣中，九死一生。有人報告劉備說：「趙雲北去，可能投降曹操了。」劉備絕對信任趙雲，說：「子龍不會棄我！」許久，趙雲懷抱劉禪，保護著甘夫人，趕上部隊。只見他多處受傷，血染戰衣，他經歷了怎樣一場血腥的戰鬥，可想而知！

劉備改變計畫，東渡漢水。恰遇關羽率領的船隊，前往夏口（今湖北武漢漢口），會合劉表長子劉琦的水軍，移住樊口（今湖北鄂城西北），取得了短暫的喘息機會。

曹操佔有江陵。諸葛亮出使柴桑（今江西九江西南）。孫權、劉備組成聯軍，共同抵抗曹操。十月，在著名的赤壁之戰中，周瑜指揮的孫、劉聯軍，大破曹軍，關羽、張飛、趙雲按照劉備和諸葛亮的部署，出色地完成了各自的戰鬥任務。曹操退回北方。劉備趁機攻取江南四郡，並向孫權「借」得荊州，然後大封功臣：關羽爲蕩寇將軍，仟襄陽太守；張飛爲征虜將軍，任宜都太守，封新亭侯；趙雲爲牙門將軍。孫權爲示友好，特把妹妹嫁給劉備爲夫人。

劉備在荊州站穩腳跟，然後進軍益州（今四川）。他的孫夫人依仗是孫權之妹，驕豪放縱，貼身僕人均從娘家帶來，恣意橫行，無法無天。劉備怕她無事生非，特將嚴正、剛直的趙雲任命爲留營司馬，掌領內事。不久，孫、劉關係出現裂痕，孫權召回妹妹。孫夫人居心叵測，臨行時將劉備唯一的兒子劉禪帶走，用以牽制劉備。趙雲發現，立刻和張飛一起，勒兵截將，強行將劉禪奪回，保住了劉備的子嗣。

劉備進軍益州，兵力不足，中途命諸葛亮、張飛、趙雲等率兵沿長江西上，只留關羽鎮守荊州。張飛在西進途中，生擒益州牧劉璋部將、巴郡太守嚴顏。張飛呵斥嚴顏說：「大軍至，何以不降而敢拒戰？」嚴顏鎮靜地回答說：「你等無狀，侵奪我州，我州但有斷頭將軍，無有降將軍也！」張飛大怒，命左右將嚴顏推出斬首。嚴顏神色不變，冷笑說：「砍頭便砍頭，何爲怒也？」張飛從嚴顏身上看到了一股浩然正氣，「壯而釋之，引爲賓客」。嚴顏投降，引領張飛西進，所過皆克。趙雲一軍平定郡縣，勢如破竹。諸葛亮、張飛、趙雲順利與劉備會師，圍攻成都。劉璋投降。劉備佔有了益州，以關羽督領荊州事，張飛爲巴西太守，趙雲爲翊軍將軍。涼州軍閥馬超投奔劉備，被任命爲平西將軍，引起了關羽的不快。他寫信給諸葛亮，詢問馬超的爲人。諸葛亮知道關羽心高氣傲，故意遷就，回信說：「馬超兼資文武，雄烈過人，一世之傑。但他是黥布、彭越之徒，當與張飛並驅爭先，猶未及髯之絕倫逸群也。」關羽鬚髯很長很美，所以諸葛亮以「髯」稱之。關羽見諸葛亮如此推崇自己，虛榮心得到滿足，把信遍示賓客，說：「知我者，軍師也！」

劉備佔有益州後，遂與曹操爭奪益州的北方門戶漢中（今陝西漢中）。張飛非常英勇，曾經大破曹將張郃（郃，讀作合）。趙雲更是了得，一次與老將黃忠截取曹軍糧車，黃忠被困，他率領數十名騎兵，硬是從敵人重重包圍中，將黃忠救出。曹操驅兵大進。趙雲退歸本營。張飛正在那裏，意欲閉門拒守。趙雲卻命大開營門，偃旗息鼓。曹操懷疑趙雲設有伏兵，下令退軍。趙雲帶領有限的兵馬，吶喊殺出，曹軍嚇得自相踐踏，死傷甚多。次日，劉備視察趙雲的營寨，稱讚說：「子龍一身都是膽也！」因此，人們贈給趙雲一個美號：虎威將軍。

關羽鎮守荊州，昔日被流矢所傷的左臂，創傷復發，每逢陰雨天氣，疼痛難忍。醫生診斷後說：「矢鏃有毒，毒入於骨，當破臂作創，刮骨去毒，然後此患乃除耳。」關羽同意，擺下酒宴，一邊和賓客飲酒，一邊伸出左臂讓醫生刮毒療傷。醫生刮毒時，「臂血流離，盈滿盤器」，而他「割炙引酒，言笑自若」。眾人見此情景，無不驚駭，敬佩關羽的豪壯氣概。

建安二十四年（西元二一九年），劉備自立爲漢中王。關羽任上將軍，假節鉞；張飛任右將軍，假節鉞。這兩人，前者「善待卒伍而驕於士大夫」，後者「愛敬君子而不恤小人」。劉備曾對他倆提出告誡，特別對張飛說：「卿刑殺既過差，又日鞭撾健兒，而令在左右，此取禍之道也。」然而，關、張二人我行我素，沒有任何收斂的意思，由此埋下禍根。

關羽鋒頭強勁，蔑視曹操，盲目進攻樊城（今湖北襄樊東）。樊城守將曹仁，正是曹操的堂兄，曹操急命大將于禁前往支援。時值秋季，霖雨不斷，漢水氾濫。關羽採用水戰，淹死敵人無數，就連于禁也被擒獲，關羽因此「威震華夏」。曹操一面派大將徐晃再赴樊城；一面甚至想遷都，「以避其銳」。部將司馬懿等建議，拉攏孫權，破壞孫、劉聯盟，以解樊城之圍。先前，孫權曾想結交關羽，託人說媒，願與結爲兒女親家。關羽說到底目光短淺，不理解劉備、諸葛亮「聯孫抗曹」的戰略方針，傲慢地辱罵媒人，兼及孫權，不許婚姻。孫權因此大怒，接受曹操的拉攏，派出大將呂蒙，偷襲關羽。呂蒙率領精兵，埋伏於大船中，以白衣人搖櫓，僞裝成商人模樣，逕入荊州治所襄陽，突然出擊，佔領了城池。關羽時攻樊城，正與徐晃對壘，聽說襄陽失守，大驚失色，急調南郡太守麋芳、公安守將王士仁的援兵。麋、王二人平時不被關羽器重，賭氣投降了呂蒙。關羽雖然武藝絕倫，但受到呂蒙和徐晃夾擊，也是無力回天，敗走麥城（今湖北當陽東南）。夜間，他和義子關平等，企圖突圍，被孫權部將捉住，斬首斃命。

次年，曹操死，其子曹丕代漢建魏，是爲魏文帝。再次年，劉備稱帝，是爲蜀漢昭烈帝。劉備急於爲關羽報仇，決定攻伐孫權。趙雲提醒說：「國賊乃曹操，非孫權也。且先滅魏，則吳自服。今曹操雖死，其子曹丕篡盜，當因眾心，早圖關中，居（黃）河、渭（河）上流以討凶逆，關東義士必裹糧策馬以迎王師。不應置魏，先與吳戰，兵勢一交，不得卒解也。」趙雲的這個意見無疑是正確的，可是劉備一時衝動，根本不聽勸阻，約會張飛等，幾乎舉全國之兵，沿長江而下，深入吳境。其時，張飛已升任車騎將軍，領司隸校尉，封西鄉侯，率兵將行。偏將張達、范強起了歹心，暗下殺手，殺死張飛，持其首級，投降了孫權。這更激起了劉備報仇的欲望，進軍直至彝陵（今湖北宜昌東）。結果有彝陵之戰，孫權大將陸遜火燒劉備連營數百里，大獲全勝。劉備敗退白帝城（今四川奉節東），第二年便死在那裏。劉備死後，太子劉禪繼位，是爲蜀漢後主。趙雲升任中護軍、征南將軍、鎭東將軍，封永昌亭侯。建興六年（西元二二八年），趙雲隨諸葛亮北伐中原，越年病死。

關羽、張飛、趙雲死後，分別被追諡爲壯繆侯、桓侯、順平侯。三人中，關羽對後世的影響特別巨大。他身上所表現的「忠義」思想，包含著君臣之間片面的道德關係，正好爲封建統治階級所利用。因此，歷朝歷代都注重褒封關羽，甚至加以神化，尊他爲「帝」，建立無數廟宇，祭祀膜拜。這是中國文化中一種特有的現象，耐人尋味。

周瑜、陸遜——雄姿英發的少帥

東漢末年和三國初期，爆發了三次著名的戰爭——官渡之戰、赤壁之戰和彝陵之戰。赤壁之戰和彝陵之戰，成就了兩位傑出的少帥——周瑜和陸遜。他倆的名字，在中國古代軍事史上，光彩熠熠，備受矚目。

周瑜（西元一七五～二一〇年），字公瑾，廬江舒縣（今安徽舒城）人。出身於望族，從祖父周景和祖父周忠，官至太尉；父親周異，官至洛陽令。青年時代的周瑜，身材魁偉，英俊瀟灑，文武兼備，而且精通音樂。長沙太守孫堅死後，其子孫策繼承父親的事業，縱橫江東。周瑜和孫策關係親密，募兵支持孫策。孫策說：「吾得卿，萬事順暢也。」軍閥袁術看中周瑜青年有爲，欲以爲將。周瑜發現袁術難成氣候，婉言拒絕，鐵心追隨孫策。孫策任命周瑜爲建威中郎將，撥給他兩千多兵馬；再任命他爲中護軍，領江夏太守。是年，周瑜二十四歲，美稱「周郎」。當時，一位叫做喬公的人，生有兩個女兒大喬和小喬，雪膚花顏，天姿國色。孫策娶大喬，周瑜娶小喬，英雄美人，相得益彰。一天，孫策笑著跟周瑜說：「喬公二女風流，得吾二人作婿，亦足爲歡。」

建安五年（西元二〇〇年），孫策在一次戰鬥中中箭身亡。弟弟孫權擔負起振興江東的重任。周瑜以中護軍的身分，和長史張昭等，輔佐孫權，共掌政事。建安七年（西元二〇二年），「挾天子以令諸侯」的曹操，命孫權將一個兒子，送去許昌當人質。張昭等人畏懼曹操，主張照辦。唯獨周瑜反對，說：「今將軍承父兄餘資，兼六郡之眾，兵精糧多，將士用命，鑄山為銅，煮海為鹽，境內富饒，人不思亂，泛舟舉帆，朝發夕到，士風勁勇，所向無敵，有何逼迫，而欲送質？質一人，不得不與曹氏相首尾，與相首尾，則命召不得不往，便見制於人也，極不過一侯印，僕從十餘人，車數乘，馬數匹，豈與南面稱孤同哉？不如勿遣，徐觀其變。若曹氏能順義以正天下，將軍事之未晚；若圖為暴亂，兵猶火也，不戢（戢，讀作集，收斂）將自焚。將軍韜勇抗威，以待天命，何送質之有？」孫權母親聽了周瑜的話，深感欣慰，對孫權說：「公瑾議是也。公瑾與伯符（孫策的字）同歲，小一月耳，我視之如子也。汝其兄事之。」從此，孫權和周瑜親如兄弟，關係非比一般。周瑜忠於孫權，為之東征西討，平定江東「不聽命」者，建立了一系列的軍功。

其後數年間，中原形勢發生了巨大的變化。曹操打敗袁紹，征服烏桓，基本上統一了北方。劉備顛沛流離，投奔荊州牧劉表，聘請諸葛亮為軍師。建安十三年（西元二〇八年），曹操南征劉表。劉表死，其子劉琮投降。劉備被一路追殺，最終逃至樊口（今湖北鄂城西北）。曹操佔領江陵，控制了大半個荊州。孫權駐軍柴桑（今江西九江西南），如何動作，舉棋不定，持觀望態度。此前，魯肅見過劉備，首先提出孫、劉聯手，共抗曹操的建議。於是，劉備派諸葛亮出使柴桑，採用激將法，說服孫權，抗擊曹操。孫權心有所動。誰知，曹操派人送給孫權一封信，說：「我奉詔討伐叛逆，大軍南下，劉琮束手就降。現在，我率水步軍八十萬人，準備與將軍一起會獵江東，如何？」這既是誘降，更是威脅和恐嚇。長史張昭等人嚇得驚慌失措，竭力渲染曹軍的強大，主張投降自保，說：「曹公豺虎也，然託名漢相，挾天子以征四方，動以朝廷爲辭，今日拒之，事更不順。且將軍大勢，可以拒曹操者，長江也。今曹操得荊州，奄有其地，戰船千數，浮以沿江，兼有步兵，水陸俱下，此爲長江之險，已與我共之矣。而勢力眾寡，又不可論。考慮大計，不如降之。」孫權相當猶豫，步出殿外思索。魯肅緊跟其後，說：「向察眾人之議，專欲誤將軍，不足與圖大事。像我魯肅這樣的人，可降曹操，如將軍，不可也。何以言之？因爲我等降曹操，大小總可以撈個官做；而將軍降曹操，欲安所歸？願早定大計，莫用眾人之議也。」孫權點頭，深以爲是。

魯肅建議，召回正在鄱陽湖練習水軍的周瑜，商量軍機大事。周瑜回到柴桑，堅決主戰，說：「曹操雖然託名漢相，其實漢賊也。將軍以神武雄才，兼仗父兄之烈，割據江東，地方數千里，兵精足用，英雄樂業，尚當橫行天下，爲漢家除殘去穢。況且，曹操自來送死，何可降之邪？」他進而分析曹操的劣勢，說：「一、北方並未安定，曹操輕易南下，曠日持久，來爭戰場，很難在船楫間有所作爲；二、馬超、韓遂割據關西，是爲曹操後患；三、曹操捨鞍馬，仗舟楫，與吳越爭衡，本非所長；四、時值盛寒，馬無藁草，驅北方之眾，遠涉江湖之間，不習水土，必生疾病。此四者，用兵之患也，而曹操全佔了。將軍生擒曹操，宜在今日。我請率精兵五萬人，進駐夏口，保證為將軍破之！」

孫權聽了周瑜一番話，很受鼓舞，說：「曹操老賊欲廢漢自立久矣，所忌者袁紹、袁術、呂布、劉表與我耳。今群雄已滅，唯我尚存，我與老賊，勢不兩立。君言當擊，甚合我意，此天以君授我也。」孫權召見部屬，抽出佩劍，「唰」的一聲，砍下几案的一角，傳令說：「從今往後，誰敢再提『投降』二字，就和這几案一樣！」

曹操大軍號稱八十萬。這成了孫權的一塊心病。周瑜揣摩孫權的心思，夜間求見，說：「諸人徒見曹操書信，言其水步軍八十萬，而各恐懾，不復料其虛實。今以實校之，彼所率北方兵馬，不過十五六萬，北征烏桓，接著南下，疲憊不堪。所得劉表部眾，最多七八萬。這部分人心懷狐疑，不會替曹操賣命。他以疲病之卒，御狐疑之眾，人數雖多，甚未足畏。將軍只要給我五萬兵馬，自足制之，無須擔心。」孫權見周瑜知己知彼，徹底打消疑慮，說：「公瑾之言，甚合我心。你要的五萬兵馬，一時難以湊齊，但已選好精兵三萬，船糧戰具齊備。你等先行出發，我當續發人眾，多載資糧，為你後援。這一仗，你若打得順利，最好；若不順利，可以返回，我當與曹操決一死戰！」

孫權決計後，任命周瑜為大都督，程普為副都督，魯肅為贊軍校尉，率兵三萬，屯於長江南岸的赤壁（今湖北赤壁）。同時聯合劉備的軍隊兩萬多人，共抗曹軍。曹軍屯於江北的烏林（今湖北洪湖東烏林磯），與赤壁隔江相望。就兵力而言，曹操處於絕對的優勢。但是，正如周瑜所分析的那樣，曹操的劣勢也很明顯。曹軍初到南方，水土不服，疾病迅速流行；北方士兵不習水戰，一經風浪顛簸，暈船嘔吐，失去戰鬥力。曹操針對情況，命用鐵索將戰船連在一起，船上平鋪木板，組成「連環船」，平穩猶如陸地。

事物總是有兩重性，有利也有弊的。周瑜部將黃蓋發現了「連環船」的弱點，建議說：「今寇眾我寡，難與持久。然觀（曹）操軍船艦首尾相連，可燒而走也。」周瑜採納這一建議，爲此，他和黃蓋之間，演出了一幕逼眞的「苦肉計」，一個願打，一個願挨。事後，黃蓋寫信給曹操，請求投降。信中說：「我黃蓋受孫氏厚恩，常爲將帥，見遇不薄。然顧天下事有大勢，用江東六郡山越之人，以擋貴軍百萬之眾，眾寡不敵，海內所共見也。東方將吏，無有智愚，皆知其不可，唯周瑜、魯肅見識短淺，意未解耳。今日歸命，是以實計。周瑜軍隊，自易摧破。交鋒之日，我黃蓋爲前部，當因事變化，效命在近。」密探報告曹操，黃蓋確實受了周瑜的刑罰。因此，曹操對黃蓋投降，信以爲眞，約定日期和暗號，單等好事。

十月的一天，按照約定，正是黃蓋「投降」的日子。周瑜命黃蓋用數十艘名爲「蒙沖」、「斗艦」的戰船，滿載柴草、硫磺、膏油等，裹以帷幕，上建牙旗，乘風馳向江北。曹操率領諸將，延頸觀望，得意地說：「黃蓋一來，我就大功告成了。」戰船離曹操水營二三里處，黃蓋一聲令下，同時點火，隨即跳上小船撤離。當時，東南風颳得正緊，風助火勢，火借風威，數十艘火船猶如離弦之箭，衝向曹軍水營。倉促間，曹操的「連環船」無法分開，聽由大火燃燒，火勢延及岸上軍營，頃刻之間，江上陸上連成一片火海，烈焰騰空，煙炎張天。曹軍驚慌逃命。周瑜指揮孫、劉聯軍，乘勢衝殺過來，曹軍燒死者溺死者不計其數。曹操狼狽至極，帶領殘兵敗將，經華容（今湖北潛江西南）逃往江陵。途中又遭到孫、劉聯軍的襲擊，死傷慘重。及至江陵時，兵馬損失過半。曹操異常沮喪，留下曹仁鎮守江陵，自率餘部回北方去了。

這就是著名的赤壁之戰。周瑜時年三十三歲，作爲孫、劉聯軍的統帥，指揮有方，調度得宜，以五萬多兵力，打敗曹操二十餘萬大軍，創造了中國古代戰爭史上以少勝多、以弱克強的光輝戰例。實踐證明，他是一位傑出的軍事家，熟知敵我雙方形勢，善於以長制短，實施正確的戰略戰術，給予敵人致命的一擊，從而取得了勝利。

赤壁之戰後，周瑜攻取江陵，大戰曹仁。戰鬥中，他親臨陣前督戰，身中流箭，受傷回營。曹仁得知這一情況，驟然加強攻勢。周瑜爲了鼓舞將士們的士氣，忍著疼痛，巡視軍營，穩定軍心。曹仁發現周瑜傷勢不重，趕忙撤軍，最終放棄了江陵。周瑜收復了荊州所屬的江北地區，出任偏將軍，領南郡太守。

隨後，劉備向孫權「借」得荊州，領荊州牧，治所設在公安（今湖北公安）。孫權爲了表示友好，答應將自己的妹妹嫁給劉備爲夫人。劉備赴東吳招親，拜見孫權。周瑜專門給孫權上書，說：「劉備以梟雄之姿，而有關羽、張飛熊虎之將，必非久屈爲用人者。愚謂大計，最好將劉備扣留，給他盛築宮室，多與美女玩好，以娛其耳目，分此二人（指關羽、張飛），各置一方。再由我得挾與攻戰，大事可定也。今猥割土地以資業之，聚此三人，俱在疆場，恐蛟龍得雲雨，終非池中物也。」孫權考慮，當時的主要敵人是曹操而非劉備，所以沒有採納周瑜的意見。

劉備在荊州站穩腳跟，將取益州。周瑜專門謁見孫權，說：「曹操新敗，憂在腹心，無力南下進攻我們。現在我請求和奮威將軍孫瑜一道，西取益州，兼併漢中（今陝西漢中）。然後，讓孫瑜留守漢中，結援馬超，我和將軍率兵，據守襄陽，進擊曹操。這樣，北方可圖也。」孫權贊同這一計畫。於是，周瑜雄心勃勃，整頓行裝，準備西進。可是，當他到達巴丘（今湖南岳陽）的時候，忽然病倒了。病中，他上書給孫權，說：「當今天下，方有事役。我乃夙夜所憂，願至尊先慮未然，然後康樂。今既與曹操爲敵，劉備近在公安，邊境密邇，百姓未附，宜得良將以鎮撫之。魯肅智略足任，乞以代瑜。瑜隕踣之日，所懷盡矣。」旋即病死，年僅三十六歲。孫權得到報告，流著淚說：「公瑾有王佐之資，今忽短命，孤何賴哉！」

從實而論，周瑜死前企圖制約劉備，單方抗曹，動機是好的，效果是壞的，缺少戰略眼光，不合時宜。赤壁之戰基本上奠定了曹操、孫權、劉備三足鼎立的政治格局，孫、劉聯合抗曹，這是維持格局的前提條件。當曹操聽說孫權將荊州「借」給劉備的消息時，驚得毛筆落到几案上都不知道，足見孫、劉聯合，對曹操是多麼不利！而周瑜不明白團結盟友以打擊主要敵人的道理，比起諸葛亮和魯肅來，思想遜色一籌。

周瑜英年早逝，人們感到惋惜。九百多年後，宋朝文豪蘇軾遊覽今湖北黃岡城外的赤鼻山，誤認為那裏就是古戰場赤壁，寫下了著名散文《赤壁賦》和詞作《念奴嬌．赤壁懷古》。詞作寫道：「大江東去，浪淘盡，千古風流人物。故壘西邊，人道是，三國周郎赤壁。亂石穿空，驚濤拍岸，捲起千堆雪。江山如畫，一時多少豪傑！遙想公瑾當年，小喬初嫁了，雄姿英發。羽扇綸巾，談笑間，檣櫓灰飛煙滅。故國神遊，多情應笑我，早生華髮。人間如夢，一尊還酹江月。」詞中描繪的赤壁景色，刻畫的周瑜形象，抒發的人生感慨，令人歎為觀止。

周瑜三十三歲時指揮了赤壁之戰，陸遜則是三十九歲時指揮了彝陵之戰。陸遜（西元一八三～二四五年），字伯言，吳縣華亭（今上海）人。出身於江東士族家庭，青年時溫文爾雅，像個書生，然而卻有軍事天賦，追隨孫權，提出很多好的建議。孫權器重其人，將侄女（孫策之女）嫁他為妻。建安二十四年（西元二一九年），陸遜任偏將軍，鎮守陸口（今湖北嘉魚西南），正是他，精心設計，使呂蒙襲殺了關羽，收回了荊州。其後，他出任右護軍、鎮西將軍，封婁侯，負責防禦劉備東侵。章武元年（西元二二一年），劉備稱帝，建立蜀漢。他不聽諸葛亮、趙雲等人的勸阻，為給關羽報仇，執意約會張飛，幾乎舉全國之兵，進攻孫權，並想奪回荊州。張飛被部將殺害，其首級被送給孫權。這更激起了劉備報仇的欲望。孫權提出和議，遭到拒絕。次年正月，劉備大軍號稱七十萬，沿長江水陸並進，聲勢浩大。孫權求和不成，改向魏文帝曹丕稱臣，受封吳王，緩解了來自北方的威脅。陸遜被任命為大都督，統領大將朱然、潘璋、宋謙、韓當、徐盛、鮮于丹、孫桓等，率兵五萬，迎戰劉備。劉備欺陸遜年輕，而且沒有什麼名氣，根本不把他放在眼裏，長驅直入，不計後果。陸遜為避開鋒芒，採取誘敵深入的策略，不與交戰，一路撤退。這樣，劉備並沒有遇到怎樣的阻力，前鋒部隊攻破巫縣（今湖北巫山）、秭歸（今湖北秭歸），直至彝陵（今湖北宜昌東）和猇亭（今湖北宜都北；猇，讀作消）。陸遜不再撤退，雙方形成了相持的局面。

陸遜資歷很淺，所統部將均為沙場老將或王公貴戚，他們瞧不起統帥，「各自矜持，不相聽從」。陸遜為統一全軍步調，請出孫權賜予的尚方寶劍，說：「劉備天下知名，曹操所憚，今在疆界，此強敵也。諸君並荷國恩，應當團結和睦，共翦此虜。我雖書生，受命主上，是因為我還有一點可用之處，那就是能夠忍辱負重。諸位各在其事，必須服從紀律，軍令有常，不可犯矣！」陸遜迎戰劉備，不與交鋒，只管撤退。這又引起諸將的不滿，譏笑他怯戰。陸遜不受干擾，堅持按既定的策略指揮軍隊。

劉備得勢，從巫縣到彝陵和猇亭，在長江兩岸紮下四五十個大營，江中戰船來去，戰線長達六七百里。陸遜部將紛紛請戰。陸遜搖頭，說：「不！劉備舉兵東進，其勢正銳，又憑高據險，很難攻破，即使攻破，也難全殲。當今之計，在於防禦，養精蓄銳，等待時機。劉備大軍駐紮在崇山峻嶺間，兵力難以展開，容易疲憊渙散，那時，我軍出擊，必獲全勝。」劉備急於交戰，故意命先鋒吳班，率兵進至吳軍營前，辱罵叫陣。吳軍諸將義憤填膺，請求出擊。陸遜看了看陣勢，說：「此必有詭，且觀之。」果然，吳班後面，劉備親率八千人設伏，單等吳軍出擊。陸遜沒有上當，避免了一場損失。

劉備大軍受阻於彝陵和猇亭，欲戰不得，欲退不能。轉眼到了六月間，天氣炎熱，酷暑難耐。爲了避暑，劉備放棄了水陸並進的做法，命水軍棄船上岸，就密林深處紮營。陸遜一見大喜，立刻致書孫權，說：「彝陵要害，國之關限，雖爲易得，亦復易失。失之非徒損一郡之地，荊州可憂。今日爭之，定當成功。劉備違背天常，不守窟穴，而敢自送。臣雖不才，憑奉威靈，以順討逆，破敵在近。想他劉備前後用兵，多敗少成，推比論之，不足爲害。臣初嫌之，水陸並進，今反捨船就步，處處結營，察其布置，必無他變。伏願至尊高枕，不以爲念也。」陸遜已經看到了勝券。然而諸將不以爲然，說：「攻擊劉備應當在初始階段，現在他入境六七百里，佔據了各個險要地段，擊之肯定不利。」陸遜說：「劉備猾虜也，經驗豐富，大軍始集，思慮精專，不可擊之。現在，他受阻於此，兵疲意沮，捨船登岸，計無所出。因此，我們打敗他，正是機會！」

大戰即將開始。陸遜派出一支兵馬，試探著進攻劉備的一個軍營，敗歸。個別將領說開了風涼話：「白送死耳！」陸遜卻滿懷信心地說：「我已曉破敵之術！」這天，陸遜升帳，調兵遣將，先命水軍溯江而上，切斷南北兩岸蜀軍的聯繫；再命一些士兵，每人背一捆茅草，乘夜潛至蜀軍營前，但聽號令，同時點火。半夜時分，號令響起，士兵們點燃茅草，擲向蜀軍大營。蜀軍大營多由竹、木搭成，見火就著。大火延及樹林，恰有東南風勁吹，長江兩岸，頓時成了火龍火海，迅速向西蔓延。劉備大軍毫無防備，倉皇逃命。陸遜則率領眾將和中軍，乘勢掩殺。劉備部將張南、馮習等死於亂軍之中，杜路、劉寧等率部投降。劉備由殘兵敗將護衛，退至彝陵西北的馬鞍山，依山據守。陸遜不會給他喘息的機會，集中兵力，包圍殲滅，劉備軍隊又死傷萬餘人。劉備見勢不妙，連夜突圍，燒毀身後的山道，逃至白帝城（今四川奉節東）。「其舟船器械，水步軍資，一時略盡，屍骸漂流，塞江而下」。劉備驚魂未定，且羞且愧，說：「吾乃為（陸）遜所折辱，豈非天邪！」

這就是著名的彝陵之戰。此戰與赤壁之戰可謂異曲同工，所不同的是勝方統帥由周瑜變成陸遜，敗者由曹操變成劉備。劉備的失敗，在於驕傲輕敵，戰線拉得過長，指揮失誤；而陸遜的成功，則在於採用了正確的戰略戰術，先退後進，針對強敵弱點，實施火攻，一舉燒毀了劉備數百里連營。實踐證明，陸遜和周瑜一樣，也是一位雄姿英發的軍事家，能夠審時度勢，以己之長，克敵之短，從而最後取得戰爭的勝利。

彝陵之戰的次年，劉備病死。陸遜成為東吳的功臣，升任輔國將軍，領荊州牧，封江陵侯。黃龍元年（西元二二九年），孫權稱帝，正式建立吳國。至此，魏、蜀漢、吳形成三國鼎立的局面。陸遜升任大將軍、右都護，忠心輔佐孫權，恢復吳、蜀友好，北抗曹魏，為吳國的強盛作出了重大貢獻。赤烏七年（西元二四四年），陸遜升任丞相，反對孫權廢立太子，遭到孫權的責難。越年，陸遜憤恚致死，死年六十三歲。

司馬懿——謀略權變，高深莫測

東漢末年至三國時期，還有一位傑出的將帥，就是司馬懿。他是曹操、諸葛亮時代的人物，實際上是西晉王朝的奠基者。

司馬懿（西元一七九～二五一年），字仲達，河內溫縣（今河南溫縣西南）人。出生於世家豪族。先祖司馬卬（卬，讀作昂）在秦朝滅亡後，被項羽封爲殷王，都朝歌（今河南淇縣東北）。祖父司馬儁、父親司馬防，東漢時分別任潁川太守和京兆尹。史載，司馬懿「少有奇節，聰明多大略，博學洽聞，伏膺儒教。漢末大亂，常慨然有憂天之心」。家庭和社會環境，使他養成多謀略、善權變的性格，具有高深莫測的特點，被人稱爲「非常之器」。漢獻帝時，司馬懿步入官場。曹操任丞相後，起用司馬懿爲文學掾，升任丞相府主簿。他隨曹操征討漢中軍閥張魯，建議趁勢攻取劉備佔有的益州。曹操沒有同意，說：「人苦無足，既得隴右，復欲得蜀！」後來，他又建議曹操自立爲帝。曹操還是沒有同意，說：「此兒欲把我放在爐火上烤啊！」當時，曹操、劉備、孫權三足鼎立的局面基本形成，孫、劉聯合抗曹。司馬懿建議，拉攏孫權，拆散孫、劉聯盟。這一建議被曹操採納了，於是便有了關羽之死，孫權奪回荊州。司馬懿「內忌而外寬，猜忌多權變」，曹操稱他有「雄豪志」和「狼顧相」，不敢重用。延康元年（西元二二〇年），曹操臨死時，特別告誡太子曹丕說：「司馬懿非人臣也，必預汝家事。」

曹丕代漢建魏，是為魏文帝。司馬懿升任尚書，轉督軍、御史中丞，封安國鄉侯。正是在魏文帝時期，司馬懿不斷升官晉爵，權勢迅速膨脹。魏文帝每外出，必留司馬懿鎮守京城，內鎮百姓，外供軍資。魏文帝說：「吾深以後事為念，故以委卿。」他把司馬懿比作蕭何，說：「吾東，卿當總西事；吾西，卿當總東事。」魏文帝在位僅七年就病死，死前，任命司馬懿、曹眞、陳群為顧命大臣，輔佐太子曹叡登基，並叮嚀曹叡說：「有（離）間此三公者，愼勿疑之。」

曹叡即位，是為魏明帝。司馬懿封舞陽侯，督軍進擊孫權，打敗吳將諸葛瑾，斬張霸，表現出了出色的軍事才幹，因此升任車騎將軍，屯兵宛城（今河南南陽），加督荊、豫二州諸軍事。期間，曾長途跋涉，襲殺詐降的蜀漢將軍孟達和申儀，俘獲萬餘人，受降七千餘人，聲威大振。太和四年（西元二三〇年），司馬懿升任大將軍，加大都督，假黃鉞，和曹眞一起，兵伐蜀漢。次年，諸葛亮北伐，兵出祁山（今甘肅禮縣東）。魏明帝對司馬懿說：「西方有事，非君莫可付者。」於是，司馬懿屯兵長安，都督雍、梁二州諸軍事，統領名將張郃等，迎戰諸葛亮。青龍二年（西元二三四年），諸葛亮和司馬懿在渭河流域展開了一場攻防大戰，互相鬥智鬥勇，勢均力敵。諸葛亮遠師而來，利在速戰。司馬懿穩紮穩打，以逸待勞。諸葛亮一再挑戰，司馬懿堅守不出。諸葛亮遂用激將法，派人送給司馬懿一套婦人衣飾，意在嘲笑對方儒弱，像個女人。司馬懿果眞被激怒，上書魏明帝，請求決戰。魏明帝不予批准，派遣衛尉辛毗（毗，讀作皮）持仗節督軍，予以制止。其實，司馬懿並不眞想決戰，上書只是故做姿態而已。諸葛亮對此心知肚明，說：「彼本無戰心，所以固請者，以示武於其眾耳。將在軍，君命有所不受，苟能制吾，豈千里而請戰邪！」

雙方對壘，常有信使往來。司馬懿一次問諸葛亮信使說：「諸葛公起居如何，食可幾米？」信使回答說：「三四升。」司馬懿又問政事。信使回答說：「二十罰以上，諸葛丞相皆自省覽。」事後，司馬懿對部下說：「諸葛孔明食少勞多，其能久乎？」他還給弟弟司馬孚寫信說：「諸葛亮智大而不見機，多謀而少決，好兵而無權，雖提卒十萬，已墮吾（籌）畫中，破之必矣。」

事實果如司馬懿所料，兩軍對峙百餘日後，諸葛亮猝然死於五丈原（今陝西岐山南）軍中。蜀漢軍隊按照諸葛亮生前的安排，有序撤退。司馬懿得知諸葛亮死訊，率兵追擊。忽然，蜀漢軍隊掉過頭來，擂鼓反擊。司馬懿以為諸葛亮詐死，實施誘敵之計，慌忙後退。等他明白事情眞相後，再予追擊，蜀漢軍隊已安全地撤退到漢中。這就是「死諸葛嚇退活仲達」的故事。司馬懿由衷地稱讚諸葛亮說：「天下奇才也！」並自我解嘲說：「吾便料生，不便料死故也。」

青龍三年（西元二三五年），司馬懿升任太尉。景初二年（西元二三八年），他成功地鎮壓了遼東太守公孫文懿的叛亂。次年班師時，魏明帝已經病危。魏明帝抓著司馬懿的手，流著淚託付後事，命他和大將軍曹爽，受詔輔佐八歲的養子曹芳登基。魏明帝死，曹芳即位，是為魏齊王。司馬懿出任侍中、持節、都督中外諸軍事、錄尚書事，與曹爽各統兵三千人，共執朝政。其後數年間，司馬懿統兵，多次南征孫權，取得一系列的勝利。他的食邑增至萬戶，子弟十一人皆封列侯。不過，他仍很謙恭，經常告誡兒孫們說：「盛滿者道家之所忌，四時猶有推移，吾何德以堪之。損之又損之，庶可以免乎！」

曹爽是曹眞的兒子，年輕氣盛，開始對三朝元老司馬懿相當敬畏，後來受人慫恿，一心想擴張自己的勢力，設法謀奪司馬懿的兵權，給他個位尊而無實權的太傅頭銜，讓他去做小皇帝的老師。老謀深算的司馬懿見曹爽集團的勢力炙手可熱，索性把所有官職都辭了，藉口有病，居家靜養，暗中卻布置兒子司馬師當上了中護軍，抓到統領京師禁衛軍的重要兵權。

曹爽對司馬懿稱病很不放心，特派心腹李勝前去打探虛實。司馬懿聽說李勝來訪，立知其意，叮囑兒子司馬師和司馬昭說：「李勝必是曹爽的密探，對付此人須如此如此。」說完便披頭散髮臥在床上，哼哼唧唧，裝出一副重病的樣子。李勝來到床前，致意問候。司馬懿擁被而坐，故作神志不清，問東答西，錯亂其辭。一會兒，他以手指口，搖搖晃晃。司馬師示意婢女，端出一碗粥來。他邊喝粥，湯湯水水邊從嘴角流出，沾滿前胸，一片狼藉。喝完粥，沒有說上幾句話，早已聲嘶氣喘，顫顫巍巍，只好又臥到床上，顯然沒有幾天活命了。

李勝見狀，信以為眞，喜孜孜地回報曹爽說：「司馬公病入膏肓，形神離散，已是危在旦夕了。」曹爽高興地說：「此人若死，本大將軍就高枕無憂了！」從此再不以司馬懿爲慮。

嘉平元年（西元二五一年）正月，曹爽陪皇帝曹芳去京城南面的高平皇陵祭祖。司馬懿父子趁機以迅雷不及掩耳之勢，發動軍事政變。司馬懿命司馬師，調集禁衛軍三千人控制了京城。他親自屯兵洛水浮橋，佔領要道，並矯太后詔，聲討曹爽的罪行，稱其「背棄顧命，敗亂國典，內則僭擬，外專威權」；威脅曹芳說：曹爽「有無君之心，兄弟不宜典兵宿衛」，應當「以本官侯就第，若稽留車駕，以軍法從事」。曹爽終究是無能之輩，嚇得不知所措，無奈地說：「司馬公正當欲奪吾權耳。吾得以侯爵還府邸，仍不失爲富家翁。」曹爽被迫交出所有的權力。然而司馬懿不容政敵喘息，將曹爽兄弟及其家族、黨羽，全部誅殺。

曹芳任命司馬懿爲丞相，食邑增至二萬戶。司馬懿故作姿態，固讓丞相之職。兩年後，曹芳再任命司馬懿爲相國，封安平郡公，食邑增至五萬戶，兒孫封侯者達十九人。司馬懿還是固辭相國、郡公不受。嘉平三年（西元二五一年）八月，司馬懿病死，終年七十三歲，被追贈爲相國、郡公。

司馬懿是一位才智過人的政治家和軍事家，「情深阻而莫測，性寬綽而能容」，一生愛用奇兵，往往會出奇不意地置敵人於死地。他使司馬家族完全控制了曹魏的國政，其子司馬師、司馬昭更進一步，把曹魏皇帝變爲傀儡。因此，他的孫子司馬炎能夠禪魏建晉（西晉），進而實現了中國短暫的統一。司馬炎建晉後，追尊司馬懿爲宣皇帝，廟號高祖。

羊祜、杜預——

儒將的氣質和風度

晉武帝司馬炎建立西晉，十五年後攻滅吳國，結束了三國分裂局面，使中國重新歸於統一。西晉的將帥中，以羊祜和杜預最有名氣，具有儒雅的氣質和風度，人稱「儒將」。

羊祜（祜，讀做戶，西元二二一～二七八年），字叔子，泰山南城（今山東費縣西南）人。出身於官宦世家，祖父羊續和父親羊道官至太守，外祖父蔡邕則是東漢末年的著名學者。羊祜十二歲喪父，由叔父羊耽將其撫養成人，「博學能屬文，身長七尺三寸，美鬚眉，善談論」，人們預言他「必建大功於天下」。他的母親和哥哥羊發幾乎同時病死，他為之守喪十餘年，「以道素自居，恂恂若儒者」。

司馬昭專斷曹魏國政時，羊祜出仕，先後任中書侍郎、給事中、黃門郎、秘書監、相國從事中郎。繼任中領軍，悉統宿衛，入值殿中，執兵之要，事兼內外。晉武帝建晉後，羊祜以佐命之勳，任中軍將軍、散騎常侍，封鉅平郡公。不久，晉武帝專門頒詔，稱讚羊祜「執德清劭，忠亮純茂，經緯文武，謇謇正直」，任命他為尚書右僕射、衛將軍。當時，裴秀、賈充等權勢薰灼，羊祜謹慎與他們相處，相當低調。

晉武帝忙於鞏固自己的統治地位，直到泰始六年（西元二七〇年），才想到偏安江南的吳國，於是任命羊祜為都督荊州諸軍事、假節，散騎常侍、衛將軍如故。羊祜出鎮荊州，立即開始做滅吳的準備工作。一是派兵駐守戰略要衝和膏腴地區，使吳軍在軍事上和物資上處於被動地位；二是實行屯田，很快使軍糧足以保證十年所需。閒暇之餘，他經常輕裘寬頻，身不被甲，帶領十餘名侍衛，外出遊覽射獵，有時夜間也要出去。軍司馬徐胤執戟擋於軍營大門，說：「將軍都督萬里，安可輕離軍營？將軍之安危，亦國家之安危也。我今日死，此門乃開耳！」徐胤忠於職守的行為，使羊祜深受感動。他改容謝之，夜間再不外出了。

晉武帝再提拔羊祜為車騎將軍，開府如三司之儀。一次，荊州刺史楊肇抗擊吳將陸抗打了敗仗，羊祜坐貶為平南將軍。貶職並不影響羊祜的情緒，相反變得更加勤謹和盡心。他在邊境實行懷柔政策，大打攻心戰，以寬大和誠信，感化吳國的軍民。兩軍交戰，他必先通知對方，約定時間，不搞偷襲之類的詭計。敵方將士被俘，他以禮相待，予以釋放；陣亡者，則按軍禮，厚加殯殮埋葬。一次，晉軍在戰鬥中俘擄了吳國兩個孩子。羊祜立命把孩子送回吳國，與家人團聚。又一次，晉軍行經吳國境內，收割了當地的莊稼用作軍糧。羊祜折價送給莊稼主人幾匹絹，以作賠償。因此，吳國軍民不僅不恨羊祜，反而感激他和欽佩他，美稱他為「羊公」，自願降晉者不計其數。更有意思的是，羊祜和陸抗，作為敵對雙方的主將，彼此尊重，保持著親密的私人關係。陸抗欣賞羊祜的德量，說：「雖樂毅、諸葛亮不能過也。」陸抗一次生病，羊祜贈之以藥。陸抗服用不疑。部下勸止。陸抗說：「羊祜豈鴆人者！」陸抗還告誡部下說：「彼專為德，我專為暴，是不戰而自服也。各保分界而已，無求細利。」吳末帝孫皓聽說其事，派人責備陸抗。陸抗回答說：「一邑一鄉，不可以無信義，況大國乎！臣不如此，正是彰其德，於羊祜無傷也。」

羊祜又被任命為征南大將軍，開府儀同三司。他意識到晉國總有一天要攻滅吳國，所以繕甲訓卒，廣為戎備。晉國攻滅吳國，必須要用強大的水軍。為此，他建議任用精於水戰的益州刺史王濬（濬，讀作俊）為龍驤將軍，密令修造戰船，以備日後之用。咸寧年間，他認為滅吳的時機已經成熟，專門上書晉武帝，說：「孫皓之暴，侈於劉禪；吳人之困，甚於巴蜀。而大晉兵眾，多於前世；資儲器械，盛於往時。今不於此平吳，而更阻兵相守，征夫苦役，日尋干戈，經歷盛衰，不可長久，宜當時定，以一（統一）四海。」他呼籲說：「平定之期，復在今日！」「軍不逾時，克可必矣！」

羊祜的觀點，表達了天下一統的願望。可是，朝廷權臣畏敵怯戰，使得晉武帝下不了滅吳的決心。羊祜歎息說：「天與不取，豈非更事者恨於後世哉！」他被封為南城侯，心情鬱悶，只能寄情山水，消磨時光。他經常登臨峴山，說：「自有宇宙，便有此山。由來賢達勝士，登此遠望，如我者多矣！皆湮滅無聞，使人悲傷。如百歲後有知，魂魄猶應登此也！」咸寧四年（西元二七八年），羊祜回洛陽，面陳滅吳之計，隨後病死，死年五十八歲，被追贈為侍中、太傅。死前，他鄭重地推薦杜預為征南大將軍。

杜預（西元二二二～二八四年），字元凱，京兆杜陵（今陝西西安東南）人。祖父杜識，官至尚書僕射。父親杜恕，官至幽州刺史。杜預年輕時「博學多通，明於興廢之道」，常說：「德不可以企及，立功立言則是可以做到的。」他的妻子是司馬昭的妹妹高陸公主，這使他仕途比較順利，歷任尚書郎、相府軍事、鎮西長史等職，封豐樂亭侯。他參與了賈充主持的修訂律令的工作，升任河南尹。後來，他遭到權臣石鑒的忌恨，被免職，繼又任安西軍司、秦州刺史，領東羌校尉、輕車將軍、假節，改任度支尚書，主管國家財政。期間，他提出屯田、安邊、建興平倉、穩定穀價等利國利民措施五十餘條，皆被晉武帝採納。杜預在朝中任職七年，損益萬機，不可勝數，朝野稱羨，因而獲得「杜武庫」的美譽。意思是說，他胸有智略，精通各個方面的問題。

羊祜死後，杜預拜征南大將軍、都督荊州諸軍事。他有羊祜一樣的理想和願望，渴望早日滅吳，實現統一。因此到任後，抓緊修造戰船，訓練士兵，並打敗吳國名將張政。杜預備戰就緒，請示攻吳時間。晉武帝終於下定決心，答覆說於次年出兵。杜預非常激動，旬月之間，兩次上書，陳述具體的用兵方略。晉武帝接到第二次上書時，正與大臣張華下棋。張華也是主戰盡早滅吳的，讀了杜預的奏書，推枰斂手說：「陛下聖明神武，朝野清晏，國富兵強，號令如一。吳主荒淫驕虐，誅殺賢能，可不勞而定。」

咸寧五年（西元二七九年）十一月，晉武帝命賈充爲大都督，節制各路兵馬二十餘萬人，大舉伐吳。其中，杜預和王濬出江陵，浮江而下，擒殺吳將孫歆等一百多人，聲威大振。關鍵時刻，賈充信心不足，打起了退堂鼓。杜預非常氣憤，說：「兵威已振，比如破竹，數戰之後，皆迎刃而解，怎能半途而廢呢？」由於他和張華等人的堅持，晉武帝命令賈充必須一鼓作氣，攻滅吳國。

吳軍也有防備，在長江險要地段布下鐵鏈和鐵錐，企圖阻止晉軍東下。王濬經驗豐富，命人建造很多大木筏，木筏上捆紮草人，行在戰船前面，遇到鐵錐，便能將其吊起；遇到鐵鏈，焚燒木筏，便能將其熔斷。這樣，戰船順流而下，「所過城邑，莫不束手」，很快進軍至建業（今江蘇南京）城外。晉軍水陸會師，打敗有限的吳軍，合圍攻城。吳末帝孫皓眾叛親離，乖乖投降，吳國滅亡。

杜預在滅吳的戰爭中功勳卓著，受封當陽縣侯，食邑增至九千六百戶，得到賜絹八千匹。勝利之日，晉武帝想到首倡滅吳的羊祜，流著淚說：「此羊太傅之功也！」

杜預續任荊州，認爲「天下雖安，忘戰必危」，因此派兵分據要地，以固維持之勢。他在當地興修水利，發展經濟，百姓受惠，尊稱爲「杜父」和「杜翁」。史載，杜預「身不跨馬，射不穿箚，而每任大事，輒居將率之列。結交接物，恭而有禮，問無所隱，誨人不倦，敏於事而慎於言」。他還是一位學者，平時專心研究經籍，尤愛《左傳》，著有《春秋左氏經傳集解》《春秋釋例》《春秋長曆》等。晉武帝曾問杜預：「卿有何癖？」他毫不猶豫地說：「臣有《左傳》癖。」太康五年（西元二八四年），杜預病死，年六十三歲，諡曰「成」。

羊祜和杜預的事蹟，給予將帥以下的啓示：光武不文，那是匹夫之勇；只有文武兼備，才能成功地駕馭戰爭，使自己立於不敗之地。

祖逖——聞雞起舞，中流擊楫

西晉滅吳，實現了短暫的統一。很快爆發「八王之亂」，階級矛盾激化，民族矛盾尖銳，北方少數民族上層分子，利用這種形勢，紛紛興國建號，割據稱帝，統一的河山又變得支離破碎。黃河流域成了匈奴族人、羯族人和鮮卑族人的天下。漢族世家豪門紛紛南遷，逃至江南避難，其中包括司馬宗室成員琅邪王（邪，讀作牙）司馬睿等。這些人到了江南以後，一門心思偏安享樂，很少再關心風雨飄搖中的朝廷、丟失的土地和苦難的百姓。這時出了一位將軍叫祖逖（逖，讀作替），心繫國家，情懷人民，自己組織軍隊北伐，抗擊外敵，在歷史上留下了美名。

祖逖（西元二六六~三二一年），字士稚，范陽遒縣（今河北淶水北）人。出身世家，父親祖武官至上谷太守。祖逖兄弟六人，自小父母雙亡。他性格豁蕩，不修儀檢，十四五歲時仍不識字，然輕財好俠，慷慨有節尚，經常以自家錢財，救濟貧民，因而被鄉親宗族所看重。成人後，他發憤讀書，博覽典籍，通曉古今之事，多次到過洛陽，見者皆稱他具有「贊世才具」。二十四歲時，他結識了好友劉琨，同為司州主簿，「情好綢繆，共被同寢」。他倆有著相同的志趣和理想，互相勉勵，樹立雄心壯志，隨時準備為國家效力。每天黎明時分，金雞報曉，祖逖和劉琨便起床，到院中舞劍習武。這就是成語「聞雞起舞」的出典，用以形容有志者，應當及早奮發，磨練意志，掌握本領。祖逖和劉琨，並有英氣，每語世事，常常半夜起坐，說：「若四海鼎沸，豪傑並起，我等當相避於中原耳！」「八王之亂」期間，司馬冏、司馬乂、司馬越等，都曾召祖逖為官。祖逖考慮再三，堅辭不就。戰禍頻仍，京師大亂。祖逖遂與劉琨分開，帶領鄉親數百家，遷徙避難。途中，他把車馬讓給老人、婦女和小孩乘坐，自己步行。因此，鄉親們一致推選他為「行主」。琅邪王司馬睿奉司馬越之命，移鎮建鄴（今江蘇南京），發現祖逖足智多謀，任命他為名義上的徐州刺史。祖逖隨後也到了江南，任軍諮祭酒，駐於京口（今江蘇鎮江）。

劉琨自與祖逖分手後，招募千餘饑民，編成軍隊，抵抗匈奴人，一直打到晉陽（今山西太原）。晉湣帝司馬鄴在長安即位，拜劉琨為大將軍，讓他統領并州兵馬，抗擊匈奴人。這樣，劉琨的名聲傳揚開來，被視為朝廷的功臣。遠在江南的祖逖，受到好友功業的鼓舞，也想到北方去收復失地，建功立業。可是，他一沒有人，二沒有錢，如何組建軍隊？於是便到建鄴，找到琅邪王司馬睿，說：「晉室之亂，非上無道而下怨叛也。由藩王爭權，自相誅滅，遂使戎狄乘隙，毒流中原。今遺黎既被殘酷，人有奮擊之志。大王誠能發威命將，使我祖逖為之統主，則邦國豪傑必因風向赴，沉溺之士欣於來蘇，庶幾國恥可雪，願大王圖之。」司馬睿當時正考慮如何在江南站穩腳跟，哪裏顧得上北伐雪恥之事？祖逖積極求戰，說：「大王若想收復中原，我願爲先鋒！」司馬睿說：「北方軍隊不少，尚且打不過人家，我有多大本事，收復中原？」他想了想，姿態還是要做的，所以就任命祖逖爲奮威將軍、豫州刺史，僅撥給一千人的口糧和三千尺布，說：「你就自己招募士兵和打造兵器，去和戎狄作戰吧！」

祖逖非常失望，可一想，糧、布雖少，總還有點用場，可以先打再說。他回到京口，把自己的家族和朋友組織起來，共有百餘名壯士。然後，他們開始練兵，乘船開赴江北，走上前線。船行至江心，水流浩蕩。祖逖回望江南，看到了京口的北固山，還有金山和焦山，天然形勝；再遙望江北，蒼蒼茫茫，霧氣靄靄。他想到即將投入的戰鬥，心裏充滿豪情，從船工手裏接過船楫，使勁敲擊著船頭，發誓說：「我祖逖不能清中原而復濟者，有如大江！」辭色壯烈，眾皆慨歎。這又產生了「中流擊楫」的成語，用以比喻收復失地的決心。

祖逖到了江北，一面打造兵器，一面招兵買馬。很快，組建起二千多人的軍隊，經過嚴格訓練，人人英勇善戰。祖逖率領這支隊伍，向北挺進，連打勝仗，一舉攻佔了譙城（今安徽亳縣），進駐陳留（今河南陳留）。

祖逖所攻擊的敵人，主要是匈奴漢國大將石勒的軍隊。陳留一帶，存在著好幾支晉軍，卻因內訌，無法形成合力。陳留太守陳川，甚至無恥地投降了石勒。祖逖精於兵法，設奇兵大破石勒五萬兵馬，聲威大振。這時，陳留出現了一個有趣的現象：石勒的軍隊佔據西城，祖逖的軍隊佔據東城，雙方對壘，相持一月有餘。祖逖爲了趕走敵人，想了一個絕妙的辦法。他命士兵把黃土裝到布袋裏，源源不斷地運進東城；再命士兵挑幾擔大米，走走歇歇，裝出很疲憊的樣子。石勒部將桃豹，派出士兵，襲擊疲憊的晉軍，搶去米擔子，一看，全是雪白的大米。他們聯想到晉軍運送的黃土，議論說：「瞧人家那邊，米多得運都運不過來；而我們這邊，連飯也吃不上，成天餓肚子。我們跟人家打仗，不是白送死嗎？」這樣一議論，軍心渙散了。數日後，石勒派人押著千頭毛驢，給西城送來糧食。祖逖偵察到此事，派兵截住毛驢，把軍糧全都搶了過來。桃豹軍中斷糧，連夜逃去。祖逖兵不血刃，佔領陳留，再追擊敵人，又攻佔幾座城池。

石勒惱羞成怒，親率萬餘騎兵，進攻祖逖，復爲祖逖所破。這樣，石勒的部下紛紛投降晉軍。祖逖對於降者，以禮相待，一視同仁。石勒節節敗退。沒多久，黃河以南的廣大地區，幾乎全被收復了。

祖逖爲將，「躬自儉約，勸督農桑，克己務施，不蓄資產，子弟耕耘，負擔樵薪，又收葬枯骨，爲之祭奠，百姓感悅」。祖逖曾經設宴，招待父老。父老座中流涕，激動地說：「吾等老矣，更得父母，死將何恨！」他們還自編歌詞，唱道：「幸哉遺黎免俘虜，三辰既期遇慈父。玄酒忘勞甘瓠脯（瓠，讀作戶），何以詠恩歌且舞。」

祖逖收復失地、深受百姓擁戴的消息遠近傳播，人們感到歡欣鼓舞。劉琨聽到消息，更是興奮，說：「吾枕戈待旦，志梟逆虜，常恐祖逖先吾著鞭。儘管如此，他還是領先了。」

祖逖浴血奮戰，西晉還是無可挽回地滅亡了。太興元年（西元三一八年），司馬睿即皇帝位，是爲東晉元帝。他從來也沒有支持過祖逖北伐，這時卻任命祖逖爲鎭西將軍，而且還派了戴若思爲都督，節制祖逖的軍事行動。祖逖駐軍北方，開展與少數民族的互市，收利十倍，「公私豐贍，士馬日滋」，準備越過黃河作戰。戴若思的到來，打亂了他的部署，使他心甚怏怏。東晉朝廷又生糾紛，司馬睿起用劉隗（隗，讀作葵），企圖削弱王導、王敦家族的勢力。王敦蠢蠢欲動，禍亂將起。祖逖「慮有內難，大功不遂」，憂憤而發病。他在病中，仍命在洛陽一帶修建工事，以防禦黃河以北的胡人南侵。太興四年（西元三二一年），祖逖病死，死前說：「方平河北，而天欲殺我，此乃不祐國也！」終年五十六歲，被追贈爲車騎將軍。

祖逖的可貴之處在於，在得不到朝廷任何支援的情況下，出於一腔忠心，自己組建軍隊，慷慨北伐，收復了大量淪喪的國土。他稱得上一位英雄，「聞雞起舞」和「中流擊楫」兩句成語廣泛流傳，激勵了無數仁人志士，前赴後繼，義無反顧地獻身於國家統一和民族振興的偉大事業。

桓溫——三次北伐，無果而終

司馬睿建立的東晉，是個偏安江南的王朝。經過苦心經營，江南地區得到開發，逐漸安定和富裕起來。以歷任皇帝為代表，北方南遷的世家豪族，滿足現狀，追求享樂，早把北方故土忘諸腦後。北方，匈奴、鮮卑、羯、氐、羌等族（史稱「五胡」），先後崛起，爭鼎中原，在黃河流域和長江上游，建立了十六個割據政權，史稱「五胡十六國」。這十六個割據政權，彼此間互相攻伐，整個北方陷入混戰之中，人民深受其害。從晉穆帝司馬聃（聃，讀作丹）在位時起，名將桓溫三次北伐，雖然取得一些勝利，但最終還是失敗了。

桓溫（西元三一二～三七三年），字元子，譙國龍亢（今安徽懷遠西）人。出身世家，父親桓彝官至宣城太守。桓溫十五歲時，桓彝被仇家韓晃、江播殺害。桓溫枕戈泣血，誓志替父報仇。十八歲時，江播病死，其子江彪兄弟三人，為之治喪。桓溫假裝前去弔唁，親手將江彪兄弟殺死。此舉引起很大震動，時人稱讚桓溫是個孝子和英雄。成人後的桓溫，「豪爽有風概，姿貌甚偉」，臉上有七顆痲子，分外醒目。他的好友劉惔（惔，讀作談）預言說：「桓溫眼如紫色稜，鬚作蝟毛磔，孫權、司馬懿之流亞也。」他娶了晉明帝女兒南康長公主，拜駙馬都尉，先任琅邪太守，再任徐州刺史。一些大臣認爲桓溫具有雄略，桓溫因此官運亨通，升任都督荊、梁等四州諸軍事、安西將軍、荊州刺史、領護南蠻校尉、假節。當時，巴蜀（今湖北西部和四川中部）一帶有個地方政權叫成（漢），皇帝李勢當政，國勢衰微。桓溫請求率兵西伐，以建立功勳。永和三年（西元三四七年），朝廷批准了桓溫的請求。可是許多人認爲，蜀道險阻，桓溫兵少，長途遠征，勝算不大。桓溫採用孤軍深入、出其不意的策略，命偏將押守輜重，自己率數千名先鋒部隊，直撲成都，三戰三捷。李勢率兵與桓溫大戰於成都城外的笮橋。桓溫部將龔護陣亡，士兵畏懼欲退，不想鼓吏聽錯命令，把撤退的號鼓擂成進軍的號鼓。桓溫靈機一動，乘勢率領全軍衝殺過去。李勢招架不住，陣腳大亂，當夜潰退九十里。桓溫一舉攻佔成都。李勢走投無路，乖乖投降。桓溫大喜，命將李勢押解朝廷，成（漢）滅亡。桓溫班師回江陵，進位征西大將軍、開府儀同三司，封臨賀郡公。

桓溫接著上書，請求北伐，並移兵武昌，隨時準備出發。誰知朝廷求安怕亂，同時擔心桓溫功高震主，遲遲不予答覆。桓溫非常惱火，再次上書，表明自己「職在靖亂，寇仇不滅，國恥未雪，猶懷憤慨」的心跡，特別指出：「讒說殄行，奸邪亂德，乃歷代之常患，存亡之所由也。」朝廷任命桓溫爲太尉。桓溫心中有氣，堅辭不受。

此後數年間，北方更亂了。眾多小國互相拼殺，戰爭沒完沒了，百姓流離失所。東晉君臣看到這種情況，頭腦一熱，想到北伐。北伐以誰爲統帥？桓溫威望最高，只能由他擔任。於是，桓溫進督司州（今河南洛陽東北），「自此內外大權一歸（桓）溫矣」。永和十年（西元三五四年），桓溫統率四萬大軍，從江陵出發，水陸並進，進攻建都於長安的前秦。前秦皇帝苻健，慌忙調兵遣將，予以迎戰。桓溫兵進關中，打了幾次勝仗。尤其是在藍田關（今陝西西安藍田）和白鹿原（今陝西西安東南）一帶，桓溫和弟弟桓沖，打敗了前秦太子苻生和丞相苻雄，駐軍灞上，聲威大振。苻健趕緊收縮防線，修城牆，挖壕溝，堅守長安。桓溫在勝利中犯了個錯誤，忽然停止進攻，指望關中豪傑出來幫忙，來個裏應外合，攻破長安，這樣可以減少損失。灞上附近的父老，攜帶牛酒慰勞晉軍，流著淚說：「不圖今日復見官軍！」這更增加了桓溫的不切實際的想法。這期間，他會見過漢族文士王猛，詢問關中豪傑不出來幫忙的原因。王猛給他分析天下形勢，頭頭是道。他有意任用王猛爲官，卻被拒絕了。時值夏季，麥子成熟。苻健派出士兵出城，搶先收割了麥子，運回城裏。這樣，桓溫軍糧不濟，難以久留和作戰，不得不退兵。這次北伐，雷聲大雨點小，沒有達到預期效果。

桓溫一直以相貌雄偉而自詡，認爲超過司馬懿、劉琨和王敦。北伐中，他偶爾遇見一位年老婦女，得知是和劉琨相好過的妓女。妓女見了桓溫，低聲而泣。桓溫問其緣故。妓女回答說：「桓公長相很像劉琨。」桓溫大悅，特意穿戴整齊，接見妓女。妓女看他多時，說：「桓公和劉琨相比，面目相似，恨薄；眼睛相似，恨小；鬍鬚相似，恨赤；身材相似，恨短；聲音相似，恨雌（帶女人聲）。」桓溫聽後，險此氣死，昏然而睡，數日不快。

桓溫回到南方後，建議派兵收復洛陽，然後遷都洛陽。他認爲，洛陽是中原的中心，佔住洛陽，就能穩定中原的人心。可是朝廷沒有這個意思，桓溫只能自告奮勇，出任征討大都督，督司、冀二州諸軍事，再次率兵北伐，擔負專征之任。這次北伐跟上次一樣，開始相當順利，消滅了中原一帶的小股流竄部隊，攻佔了洛陽。他重新提出修建洛陽和遷都洛陽的建議。然而，晉穆帝和大臣們貪戀江南的奢華生活，誰也不願修建洛陽和遷都洛陽。桓溫在洛陽閒住，後面沒有援軍支持，很難站住腳。他很傷感，一次登高望遠，歎息說：「遂使神州陸沉，百年丘墟，宰相諸人難道沒有責任嗎？」他又不得不退兵，北方的司、豫、青、兗諸州，復被前秦、前燕等國所佔有。

桓溫改封南郡公，加侍中、大司馬、都督中外諸軍事、假黃節，總督內外，權勢大得驚人，地位在諸侯王之上。他上書陳述七事，一杜浮兢，二省官職，三文書當日辦結，四獎勵忠公之吏，五據實褒貶賞罰，六敦明學業，七編寫晉書。晉穆帝批示：「可行。」桓溫再加揚州牧、錄尚書事，實際上就是掌握軍政大權的宰相了。

桓溫權勢薰灼，如日中天。朝臣們擔心這樣下去，皇帝就該把皇位讓給桓溫了。他們鼓動皇帝召桓溫入朝參政，目的是削弱他的兵權。桓溫非常精明，堅決不受，冠冕堂皇地上書說：「攘除群凶，掃平禍亂，當竭天下智力，與眾共濟，而朝議咸疑，聖詔彌固，事異本圖，豈敢執遂！至於入朝參政，非所敢聞。」桓溫熟知兵權的重要，說什麼也不放手。他的私心逐漸膨脹，常自比作司馬師和司馬昭，說：「既不能流芳後世，不足復遺臭萬載邪！」

東晉頻繁地更換皇帝。晉穆帝死，晉哀帝司馬丕立。司馬丕在位三年死，晉廢帝司馬奕立。太和四年（西元三六九年），桓溫加領平北將軍、徐州和兗州刺史，第三次率兵五萬北伐。他渴望北伐成功，樹立更高的威望，然後代晉稱帝。這次北伐，進攻的矛頭指向建都於鄴城（今河北臨彰西南）的前燕。前燕皇帝慕容暐派出大將慕容垂、傅末波，率兵八萬迎戰，被桓溫打得大敗。這次，桓溫犯了第一次北伐同樣的錯誤，沒有抓緊進攻鄴城，而只是在周邊迂迴，專門追剿小股敗兵。他的眞實想法是，不願損兵折將，保存實力，以便回到南方稱帝。慕容垂看透了桓溫的心思，設下計謀，派出二百名騎兵向晉軍挑戰。桓溫命令出擊。前燕騎兵倉皇逃跑，引誘晉軍進入埋伏的伏擊圈裏。慕容垂指揮前燕軍隊，從四面八方衝殺過來，銳不可擋。晉軍猝不及防，匆忙應戰，死傷慘重。桓溫急令退兵，又被慕容垂截住，殺了個痛快。戰後清點人數，晉軍共死了三萬人。

這是桓溫一生中關鍵的一仗，卻以最慘的失敗而告終。他退居廣陵（今江蘇揚州），且氣且愧，無臉再提代晉稱帝之事。東晉再更換皇帝，司馬奕死，簡文帝司馬昱立。司馬昱在位二年死，孝武帝司馬曜立。桓溫希望朝廷能夠給自己加九錫之禮，這是權臣所能獲得的最高榮譽。宰相謝安從中作梗，嘴上答應，卻遲遲不發詔書。寧康元年（西元三七三年），桓溫病死，終年六十二歲，被追贈爲丞相。

桓溫是一位性格複雜的將帥。一方面，他主持北伐，收復北方大片土地；一方面，北伐的動機不純，總是得而復失。他有建功立業的願望，但卻是建立在稱帝欲望的基礎上，表現出嚴重的私心和野心。第三次北伐失敗，使他的欲望破滅，最終只能懷恨，命歸黃泉。

李靖、李勣——「托塔天王」，備虜「長城」

東晉和十六國之後，中國經歷了南北朝大分裂時期。西元五八一年，隋文帝楊堅建立隋朝，八年後滅南朝陳，結束分裂的局面，使中國重歸統一。隋朝是個短命王朝，僅存在三十八年，便被唐朝取代。唐初人才濟濟，名將名帥輩出，李靖和李勣是其中傑出的代表。

李靖（西元五七一～六四九年），字藥師，京兆三原（今陝西三原）人。青年時代姿貌俊秀，通曉書史，尤愛兵法，志向高遠，經常說：「大丈夫在世，當以功名取富貴，何必做尋章摘句的儒生！」他的舅舅韓擒虎為隋朝名將，每與外甥談論軍事問題，驚歎說：「可以與我語孫、吳兵法者，除了李靖還能有誰？」隋文帝時，李靖進入仕途，任殿內直長。吏部尚書牛弘稱他有「王佐之才」。宰相楊素則拍著自己的座位說：「卿終當坐此！」

隋朝末年，李靖任馬邑丞。農民大起義形成燎原之勢，隋煬帝困於江都（今江蘇揚州），太原留守李淵父子起兵反隋。李靖作為地方官，準備赴江都報告情況。李淵迅速攻克京師大興城（今陝西西安），捉住李靖，決定將其處斬。臨刑時，李靖高喊說：「公起兵為天下除暴亂，欲就大事，為何以私怨而殺壯士？」李淵次子李世民發現李靖狀貌雄偉，出語不凡，爲之求情。李靖死裏逃生，從此追隨李世民，走上了建功立業之路。

李淵建唐。李世民被封爲秦王，出將入相，征討各地的割據勢力。李靖隨秦王出征，在消滅王世充的戰爭中作戰英勇，官授開府，成爲一名智勇兼備的將軍。

唐初，長江中游有一割據政權，南朝蕭梁宗室蕭銑，自稱梁帝，據江陵，佔有江南、嶺南的廣大地區。武德四年（西元六二一年），李靖向李淵進呈十條滅梁之策。李淵即命趙郡王李孝恭爲荊襄總管，李靖爲行軍總管，統領大軍，征討蕭銑。李孝恭爲皇家藩王，統兵只是名義上的。因此，李靖兼攝荊襄總管行軍長史，軍政一委，是眞正意義上的統帥。八月，李靖集兵於夔州（今四川奉節東），備戰就緒。其時，秋雨連綿，江水暴漲。蕭銑估計唐軍不會出擊，設防鬆懈。唐軍中一些將領也有疑懼心理，主張暫緩出兵。李靖說：「兵機事，以速爲神。我軍已經結集，蕭銑尚不知底細。若乘水而下，雷霆不及掩耳，待敵人倉促召兵，無以禦我，必被擒也。」

李靖利用長江水勢，順利進兵至夷陵。蕭銑匆忙中派出大將文士弘，領兵數萬，予以迎戰。李孝恭主張發起攻擊。李靖知己知彼，說：「不可。文士弘是一員驍將，部下強悍，悉銳拒我，勢頭正盛。我軍宜駐守江岸，待其氣衰，戰而取之。」李孝恭過於輕敵，留下李靖駐守，自己率兵出擊，大敗而歸。文士弘乘勢逼近唐軍營寨，搶掠器物。李靖發現對方陣腳混亂，果斷下令，發動攻擊，大破文士弘，奪得敵船四百餘艘，敵軍溺死者萬餘人。李靖乘勝率領五千輕騎，直趨江陵，打敗楊君茂、鄭文秀兩支守軍，俘擄甲士四千人。李孝恭的後援部隊趕到，重重包圍了江陵。蕭銑走投無路，出城投降。李靖進入江陵，「號令靜嚴，軍無私焉」。有人主張取江陵富戶家產，犒賞士兵。李靖認爲不可，那樣會激起當地人民的反抗，王者之兵，應當「宣示寬大，以慰其心」。這一舉措收到很好的效果，江陵以下的許多城池，統統歸降唐朝。

李靖因功任檢校荊州刺史，率兵招撫嶺南地區。武德五年（西元六二二年），嶺南少數民族首領馮盎歸唐，整個南方基本平定，共得九十六個州，六十餘萬戶。李靖升任嶺南撫慰大使，檢校桂州總管。李靖考慮嶺南地處偏遠，從實際情況出發，「非震威武，示禮儀，無以變風」，「所過問疾苦，延見長老，宣布天子恩意，遠近歡服」。

隋末農民起義軍領袖之一輔公祏，佔據丹楊（今安徽宣城），自稱宋帝。李淵又命李孝恭爲元帥，李靖副之，前往鎮壓。這次，李孝恭對李靖言聽計從，凡事均由他指揮調度。因此，戰爭進行得很順利，很快攻克丹楊，擒殺輔公祏。李靖再追剿輔公祏的殘餘力量，江南地區全部平定。捷報傳至長安，李淵高興地說：「李靖之功，古代的韓信、白起、衛青、霍去病猶不及啊！」他賜予李靖厚賞，任爲檢校揚州大都督府長史，改任檢校安州大都督。

「玄武門之變」後，李世民即皇帝位，是爲唐太宗。李靖任刑部尚書，兼檢校中書令。北方突厥頡利可汗反反覆覆，時而臣服，時而叛亂。唐太宗決定徹底解決邊患問題，任命李靖以兵部尚書身分，出爲定襄道行軍總管，率兵十萬，進攻突厥。貞觀四年（西元六三〇年），李靖由馬邑出塞，偵察到頡利駐軍於定襄（今山西右玉南）。他當機立斷，自統三千精銳騎兵，星夜兼程，奔襲定襄。頡利毫無防備，大驚失色說：「李靖竟敢孤軍至此！」李靖一面派人潛入定襄，離間突厥內部上下關係，一面集中兵力，連夜發起攻擊。突厥大將康蘇密降唐，軍心浮動。頡利見勢不妙，慌忙撤退，逃往大漠。唐太宗接到戰報，欣喜地說：「西漢時，李陵以步兵五千，深入絕漠作戰，最終投降匈奴，其功還載於史籍；李靖以騎兵三千，蹀血虜庭，遂取定襄，自古以來，無可比也。這足以洗吾渭水之恥矣！」所謂「渭水之恥」，是指唐太宗剛即位時，突厥鐵騎入侵，直抵渭河北岸；他無力抗擊，遂與頡利在渭河上的便橋簽定盟約，使之退兵。唐太宗視此為恥辱，李靖打敗頡利，算是幫他出了口惡氣。

李靖受封代國公，繼續對突厥用兵。頡利可汗為了取得喘息的機會，故伎重演，派遣使臣到長安，向唐太宗謝罪，請求歸降內附。唐太宗批准，以李靖為定襄總管，接受歸降，並派唐儉等前往突厥，代表朝廷，以作撫慰。李靖根據以往的經驗，認識到頡利歸降內附是假，保存實力是真，猛然生出一個大膽想法：消滅突厥，永絕邊患。他對副將張公瑾說：「詔使到，虜必自安。我們如果挑選萬名精騎，攜帶二十天乾糧，長途突襲頡利，一定能夠大獲全勝。」張公瑾頗為猶豫。李靖說：「機不可失。韓信當年破齊，用的就是這個方法！」於是，他命大將李勣領兵接應，自率萬名騎兵，帶上乾糧，馳進大漠。駐軍鐵山（今內蒙古陰山北）的頡利，正忙於接待唐儉等人，疏於防備。李靖騎兵以閃電之勢，到達鐵山，立刻發起攻擊。突厥士兵大潰，爭相逃命。頡利可汗倉皇逃跑，被大同道行軍總管張寶相活捉，押送長安。這一戰，李靖殺死頡利閼氏，擒獲頡利兒子，斬首萬餘級，俘擄男女十餘萬人。突厥基本上被殲滅，使陰山以北及整個大漠地區，劃入唐朝版圖。其他各少數民族政權受到震懾，紛紛內附，上書稱頌唐太宗為「天可汗」。

這是一場巨大的勝利。唐太宗異常驚喜，因此大赦天下，詔令全國歡慶五天。御史大夫蕭瑀忌恨李靖的功績，奏劾李靖「持軍無律，縱士大掠，散失奇寶」的過錯。唐太宗受了蒙蔽，責備李靖。李靖不作任何辯白，只是叩頭而已。唐太宗說：「隋朝的史萬歲，大破達頭可汗，不賞而誅；朕不然，赦公之罪，錄公之功。」李靖升任光祿大夫。事後查明，蕭瑀的奏劾屬於誣告。唐太宗歉意地對李靖說：「別人詆毀公，朕今悟矣！」因而提拔李靖為尚書右僕射，為宰相之一。

李靖參議朝政，以沉厚見稱，輕易不發表意見。他覺得自己不善理政，以足疾為藉口，請求辭官，回歸田里。唐太宗派中書侍郎岑文本轉告李靖說：「自古富貴而知止者蓋少，雖然身體疲病，還要拼力干進。公明大體，朕甚嘉之。欲成公美意，為一代法，不可不聽。」唐太宗同意李靖不任宰相，但授為檢校特進，平時居家，視身體情況，每三日一朝，力所能及地管些事情。為示恩寵，唐太宗賜予李靖一支靈壽拐杖。

貞觀八年（西元五三四年），西方吐谷渾（吐谷渾，讀作突欲雲）入侵唐境。唐太宗決定征伐入侵之敵，卻無合適的統帥。他想到了年邁的李靖，說：「李靖復能起而為帥乎？」李靖老當益壯，通過房玄齡傳話說：「吾雖老，尚堪一行。」唐太宗大喜，任命李靖為西海道行軍大總管，節制李宗道、侯君集、李大亮、李道彥、高甑生五位總管，統兵西進。這次戰爭，主要在今青海、新疆境內進行，自然條件惡劣，行軍打仗，非常艱苦。李靖採納五位總管的正確意見，兵分兩路，穩步推進，很快攻佔吐谷渾首領伏允王的大本營伏俟城（今青海青海湖西）。伏允王西逃，唐軍窮追不捨，穿越荒漠二千餘里，直至積石山（今青海阿尼瑪卿山）一帶。伏允王日暮途窮，自殺身亡。李靖妥善安撫吐谷渾百姓，同時立慕容順爲大寧王，使之內附稱臣。然後班師，凱旋長安。班師途中，高甑生違命誤期，受到李靖的責怪。高甑生由此懷恨，回到長安後，即誣陷李靖企圖謀反。李靖依然跟上次一樣，閉門自守，不加任何辯白。唐太宗命人調查，根本沒那回事，遂以誣罔罪，罷免了高甑生的官職。

李靖又立新功，改封衛國公，進位開府儀同三司。他兩次遭人誣陷，深深感到人心叵測，官場險惡，從此更多地閒居家中，回想經歷的戰事，總結戰爭經驗，撰寫兵書，以爲後人留下一筆遺產。他的用兵之道，不肯輕易傳授於人。兵部尚書侯君集，奉唐太宗之命，向李靖學習兵法。李靖僅傳授皮毛部分，精奧之處，拒絕傳授。侯君集大爲惱火，向唐太宗告狀，說李靖有謀反意圖。唐太宗詢問證據。侯君集說：「李靖精通兵法，世人皆知。但是，他傳授給臣的，只是一般的知識，隱微之處，秘而不示。這說明他留了一手，擔心別人用他的兵法來制伏他。」唐太宗未置可否，一天和李靖談及此事。李靖說：「這恰恰說明侯君集蓄有野心，圖謀不軌。如今中原無事，臣之所教，足以制四夷，而他卻要臣把所有術略都教給他，這不是意在謀反嗎？」實踐證明，李靖的做法和看法是對的。這個侯君集，後來果然謀反，獲罪致死。李靖花費多年心血，撰成《李衛公兵法》一書，獻給唐太宗，受到高度稱讚。可惜，該兵法已經失傳，只能在一些典籍中，看到它的少許內容。

貞觀後期，唐太宗好大喜功，決定征伐高麗，對李靖說：「公南平吳地，北破突厥，西定吐谷渾，唯高麗未服，亦有意乎？」這又激起了李靖的雄心，他說：「往憑天威，得效尺寸功。今疾雖衰，陛下誠不棄，病且瘉矣！」但是，唐太宗念李靖年齡太大，沒有用他為統帥。貞觀二十三年（西元六四九年），李靖病重。唐太宗親幸其府第，流著淚說：「公乃朕生平故人，於國有勞。今疾若此，為公憂之。」數日後，李靖病死，終年七十九歲，追贈司徒、并州都督，陪葬昭陵，諡曰「景武」。世人尊敬和緬懷這位天才的軍事家，加以神化，把他寫進神話小說和戲劇中。如在《西遊記》裏，李靖成為仙人，被玉皇大帝封為「托塔天王」。兒子哪吒手持乾坤圈，腳踏風火輪，武藝高強，十分了得。他們父子曾率領天兵天將，下界捉拿桀驁不遜的美猴王孫悟空。

李勣（西元五八三～六六九年），原姓徐，名懋功，曹州離狐（今山東東明東南）人。隋末參加瓦崗寨起義軍，推舉李密取代翟讓，抗擊王世充和宇文化及，表現出了超人的軍事才幹。後來降唐，賜姓李，改名世勣。唐太宗即位後，為了避諱，去掉「世」字，方叫李勣。

李勣出身於富豪家庭，為人仗義，慷慨正直。降唐後任黎州總管，封萊國公。武德初，他追隨秦王李世民，征伐竇建德、王世充、劉黑闥、徐圓朗等割據勢力，屢立戰功。李世民打敗王世充後，瓦崗軍首領之一單雄信被俘當斬。李勣不避嫌疑，為之說情，甚至願以自己的官職，換取單雄信的性命。李世民不准。李勣痛不欲生，號啕大哭，行刑之日，從大腿上割下一塊肉，烹給單雄信吃，說：「生死永訣，此肉同歸於土！」李世民欣賞李勣的豪俠氣概，提拔他為左監門大將軍。李勣又隨李孝恭、李靖平定輔公祏，軍事才幹得到充分發揮。唐太宗即位後，李勣任并州都督，隨李靖北征突厥，俘獲突厥各部酋長部屬五萬多人。繼拜光祿大夫，坐鎮并州十六年，以其威肅，遠近聞名，改封英國公。唐太宗欽佩李勣的功績，說：「隋煬帝不會擇人守邊，勞中國築長城以備虜。今我用李勣守并州，突厥不敢南下，勝過長城遠矣！」因而任命他為兵部尚書。突厥殘餘薛延陀部死灰復燃，兼併其他各部，企圖振興突厥。唐太宗命李勣為朔方道行軍總管，率兵六萬，前往征討。李勣仿效李靖的做法，親率六千騎兵，深入大漠，長途奇襲，大獲全勝，斬一名王，俘擄突厥部族五萬餘人。

史載，李勣「用兵多籌算，料敵應變，皆契事機。聞人善，抵掌嗟歎。及戰勝，必推功於下。得金帛，盡散之士卒，無私貯。然持法嚴，故人為之用。」陣前選將，愛用長相俊美者。部下詢問原因。他說：「薄命之人，不足與成功名。」

李勣憑其忠勇和幹練，成為一代名將。貞觀十七年（西元六四三年），唐太宗立李治為太子，特以李勣任太子詹事，兼左衛率，同中書門下三品。唐太宗誠懇地對李勣說：「吾兒方位東宮，今以宮事相委，勿以資屈為嫌也。」貞觀十九年（西元六四五年），唐太宗遠征高麗，以李勣為遼東道行軍大總管，隨同出征。期間，突厥薛延陀部蠢蠢欲動，趁隙南侵。李勣奉命率兵阻擊，雙方大戰於烏德鞬山（今蒙古境），唐軍大勝，殲敵五千餘人，俘擄三萬餘人。唐朝隨即在漠北地區設立機構，任用當地酋長為都督或刺史，加強統治。李勣功勳卓著，升任太常卿，仍同中書門下三品，主要管理東宮事務。

唐太宗經過長期觀察，認為李勣可託大事，因而格外鍾愛。一次，李勣生病，御醫說需用鬍鬚灰和藥，方可治療。唐太宗當即剪下自己的鬍鬚，交給御醫。李勣病癒，知道此事，拜謝皇帝，叩頭流血。唐太宗說：「吾為社稷計，何謝為？」唐太宗留下李勣飲宴。李勣暢飲，酩酊大醉，伏桌而睡。唐太宗脫下龍袍，輕輕蓋到李勣身上，以防著涼。唐太宗駕崩前夕，故意將李勣外放，任疊州刺史，叮囑太子李治說：「你與李勣無恩，現在將他外放，我死後，你可立刻把他召回，任用為僕射。這樣，他必為你效死力矣！」

貞觀二十三年（西元六四九年），唐太宗駕崩，李治即位，是為唐高宗。唐高宗遵從父親囑咐，立刻調回李勣，授檢校洛州刺史、洛陽宮留守，進開府儀同三司、同中書門下平章事，再為尚書左僕射，成為宰相之一。不久，進位司空，允許其乘馬進入皇宮，享受特殊的禮遇。

唐高宗朝，發生的重大事件，莫過於將庶母武則天迎進宮中，封為昭儀，進而準備廢黜王皇后，立武則天為皇后。他的做法，遭到輔政大臣長孫無忌和褚遂良的強烈反對，而庶族官僚許敬宗、李義府等則表示支持。兩派對立，鬥爭異常激烈。李勣站在兩派之間，態度曖昧。一天，唐高宗秘密到李勣府中，說：「朕擬立昭儀為皇后，而顧命之臣皆以為不可，奈何？」李勣說到底屬於庶族官僚，圓滑地說：「此陛下家事，無須問外人。」李勣的表態起了關鍵性的作用。唐高宗打定主意，毅然廢黜王皇后，改立武則天爲皇后。武則天從此扶搖直上，逐漸掌握了權力，施展手段，排斥和迫害長孫無忌、褚遂良，致死，唯獨對李勣，恩禮有加，使之保住了尊崇的地位和富貴。

乾封元年（西元六六六年），高麗發生內亂。這時，李勣已八十三歲，仍爲遼東道行軍大總管，率兵二萬，前往征討。戰事經歷兩年多，平定內亂，分高麗爲五部，置安東都護府，轄九都督府、四十二個州、一百個縣，由朝廷任命官員，予以管理。李勣班師，在昭陵舉行了隆重的獻俘典禮，告慰唐太宗亡靈，他所關注但未能解決的高麗問題，終於解決了。

李勣出任太子太師。總章二年（西元六六九年），李勣患了重病。諸子請醫進藥。李勣予以阻止，說：「我，山東一田夫耳，位三公，年過八十，非命乎！生死繫天，寧就醫求活邪？」他把弟弟李弼和全家人叫在一起，命奏樂飲宴。然後，他叮嚀李弼說：「我子孫今以付汝，汝可慎察，有不厲言行，交非類者，急榜殺以聞，毋令後人笑吾。」他吩咐喪事從簡，不許鋪張；妻妾無子者，准其改嫁；葬後供牌位於堂屋，約略祭祀。最後說：「苟違我言，同戮屍矣！」說完斷氣，死年八十六歲。唐高宗聞訊流淚，說：「李勣奉上忠，事親孝，歷三朝未嘗有過，性廉慎，不治產業，今亡，當厚恤之。」爲了悼念功臣，他七天不舉行朝會，追贈李勣爲太尉、揚州大都督，謚曰「貞武」，陪葬昭陵。李勣的事蹟，也被後人寫進傳奇小說中。如《說唐》裏那位徐懋功，仗義疏財，足智多謀，充當瓦崗寨起義軍的軍師，謀劃如神，活像《三國演義》裏的諸葛亮。

程咬金、薛仁貴——寒門大將被演繹成傳奇人物

唐朝是在波瀾壯闊的隋末農民大起義基礎上建立的，建國後又經歷了多年鞏固統一的戰爭，所以很多將帥被演繹成傳奇人物，除李靖和李勣外，還有程咬金和薛仁貴等。在小說《說唐》中，程咬金是個豪爽魯莽、疾惡如仇的英雄，手持板斧，經常做些出人意料的事情，所謂「半路上殺出個程咬金」，最能概括他的爲人。在戲曲《五典坡》中，薛仁貴和妻子王寶釧離別十多年，後來薛仁貴顯貴，與王寶釧在「寒窯」相會，由此引發出一系列饒有興味的故事。小說和戲曲屬於文學作品，內容不可全信。那麼，歷史上眞實的程咬金和薛仁貴是怎樣的呢？

程咬金（西元？～六六五年），濟州東阿（今山東東阿）人。出身寒門，性格粗獷，酷愛武藝，善使長矛（槊）。隋末爆發農民大起義，程咬金聚集鄉民數百人，開展保衛鄉里的鬥爭。不久追隨李密，參加了瓦崗寨起義軍。瓦崗寨最初有起義軍八千人。李密將他們分爲左、右、內、外四個驃騎營，號稱「內軍」，說：「此可當百萬雄師！」程咬金和另一位名將單雄信，分領內、外驃騎營。西元六一七年，李密稱魏公，建立政權，發布檄文，討伐隋

煬帝，起義軍迅速發展到數十萬人。隋將王世充率兵進攻李密。李密命程咬金駐軍北邙（今河南洛陽北），單雄信駐軍偃師（今河南偃師），嚴陣以待。隋軍先攻單雄信。程咬金奉命增援。副將裴行儼中流矢落馬。程咬金驅馬相救，連殺數名隋軍，懷抱裴行儼返回。隋軍追擊，以槊猛刺程咬金。程咬金一聲怒吼，折其槊，斬殺追者，得以突圍。李密被王世充打敗，程咬金亦被俘擄。西元六一八年，李淵建立唐朝。程咬金設法脫身，投奔秦王李世民，改名程知節，任秦王府左三統軍。李世民統兵征伐割據勢力，先後破宋金剛、竇建德、王世充等。程咬金參加了這些戰役，任左一馬軍總管，奪旗斬將，異常驍勇，因功封宿國公。

唐高祖武德七年（西元六二四年），太子李建成與秦王李世民之間的矛盾激化，程咬金受到李建成的排擠，出爲康州刺史。程咬金不想離開李世民，說：「大王去左右手矣，身欲久全，得乎？知節有死，不敢去。」李世民正在用人之際，自然不會放走程咬金。武德九年（西元六二六年），程咬金堅決支持李世民發動「玄武門之變」。李世民奪得帝位，程咬金升任太子右衛率，繼升任右武衛大將軍。貞觀中期，程咬金任瀘州都督、左領軍大將軍，改封盧國公。貞觀十七年（西元六四三年），唐太宗爲了表彰功臣，將二十四位文臣武將，繪像於太極宮凌煙閣，其中就包括程咬金。由此可見程咬金在唐太宗心目中的地位。

唐高宗顯慶二年（西元六五七年），西突厥一部酋長賀魯叛亂反唐。程咬金出任蔥山道行軍大總管，作爲統帥，率兵討伐。唐軍攻克賀魯巢穴怛篤城，西突厥數千人出降，賀魯逃遁。程咬金大怒，下令屠城，殺了許多沒有投降的西突厥人。程咬金班師，因爲屠城而被免職，很快又被起用爲岐州刺史。其時，程咬金年事已高，請求致仕，隨即病死。死後被追贈爲驃騎大將軍、益州大都督，陪葬昭陵。

薛仁貴（西元六一四～六八三年），一名禮，絳州龍門（今山西河津）人。出身寒門，世代均爲農民。青年時愛好武藝，練得一身過硬本領。娶妻柳氏，而不是什麼王寶釧。貞觀八年（西元六四四年），唐太宗決意親征高麗，在全國範圍內招募軍隊。薛仁貴正準備改葬祖墳，其妻柳氏說：「夫有高士之才，要須遇時乃發。今天子自征遼東，求猛將，正是難得之時。君應建功立業，光宗耀祖，那時再改葬祖墳不遲。」薛仁貴聽了柳氏的話，棄農從軍，在行軍總管張士貴帳下充當一名軍士。

唐太宗指揮水、陸兩路大軍，進軍遼東。張士貴部隸屬於陸路軍。大軍行至安地（今遼寧海城），郎將劉君卬遭到地方武裝的包圍。薛仁貴奉命，率數十名騎兵向前救援。只見他一馬當先，衝進敵陣，揮刀斬一敵將，將其首級懸掛於馬鞍，往來如飛，豪氣沖天。敵人潰退，薛仁貴由此出名。大軍行至安市（今遼寧海城東），高麗大將高延壽等率兵二十萬拒戰，倚山結屯，紮營數十里。唐太宗命諸將分擊敵人。薛仁貴奉張士貴之命，出任先鋒，「恃驕悍，欲立奇功，乃著白衣自標顯，持戟，腰鞬兩弓，呼而馳，所向披靡，軍乘之，賊遂奔潰」。唐太宗目睹了戰鬥場景，遣使馳問：「先鋒白衣者誰？」張士貴回答說：「薛仁貴。」戰後，唐太宗親自召見薛仁貴，稱讚其英勇，賜予金帛和駿馬，授任游擊將軍、雲泉府果毅。次年，唐軍收復遼東部分地區，但未能征服高麗，回師。唐太宗再次召見薛仁貴，說：「朕舊將皆老，欲擢驍勇之將以付外事，莫如卿者。朕不喜得遼東，喜得虓將（虓，讀作囂）也！」薛仁貴由此升任右領軍中郎將，負責守衛皇宮，保衛皇帝，任務非比一般。

唐高宗即位後，薛仁貴以其忠心和勇猛，一直受到重用。一次，唐高宗駕幸萬年宮，並在那裏歇宿。夜間，突降暴雨，山洪氾濫，沖毀宮牆，肆意逞虐，宿衛驚散，自顧逃命。薛仁貴首先想到的是皇帝的安全，說：「當天子緩急，安可懼死！」他奮不顧身，大聲呼喊，喚醒熟睡中的皇帝和其他人員。唐高宗慌忙起床，被護送至高處安全地方。再看，洪水已沖塌寢殿，一片汪洋。事後，唐高宗感激地對薛仁貴說：「賴卿以免一難，始知有忠臣也！」當即賞賜給薛仁貴一匹御馬。這是莫大的榮耀，引起很多人的羨慕。

顯慶年間，西突厥賀魯再次叛唐，鯨吞泥熟部，抓走了酋長眞珠葉護的親人。眞珠葉護歸附唐朝，請求保護。唐高宗命大將蘇定方爲統帥，薛仁貴副之，率兵征伐賀魯。薛仁貴上書說：「臣聞兵出無名，事故不成，明其爲賊，敵乃可服。賀魯侵犯泥熟部，虜繫妻子。今王師往攻賀魯，若得眞珠葉護親人，宜悉取以還，厚加優待，要讓百姓知道賀魯暴虐而陛下仁德也。」唐高宗採納了這個意見，打敗賀魯後，使眞珠葉護家人得以團聚。從此，整個泥熟部人感激唐朝，許多人願意隨軍效死。西方戰事剛平，東北又起事端，高麗興兵，企圖奪回遼東的失地。唐高宗又命程名振爲統帥，薛仁貴副之，率兵征伐。在貴端、横山、石城等地，薛仁貴身先士卒，奮力衝殺，有時單騎突入敵陣，或用戟刺，或用箭射，專殺敵人將校，勇不可擋。征伐高麗的戰爭取得勝利，薛仁貴又北擊契丹，生擒其主阿卜固，獻俘於洛陽。唐高宗大喜，提拔薛仁貴爲左武衛將軍，封爵河東縣男。

當時，西突厥鐵勒部九姓活動於天山一帶，時附時叛，成爲唐朝邊境的一大麻煩。唐高宗經過權衡，決定以鄭仁泰爲鐵勒道行軍總管，薛仁貴副之，率兵征伐，以保持邊疆地區的穩定。大軍臨行，唐高宗在內殿設宴，招待二帥。酒酣，唐高宗親切地對薛仁貴說：「古時善射者，一箭可以射穿七層厚甲。卿試射五層甲，可乎？」薛仁貴遵旨，當場活動胳膊，彎弓搭箭，略一使力，一箭便將五層甲射穿。在場的人無不咋舌，鼓掌喝采。唐高宗且驚且喜，命取盔甲賜予薛仁貴。薛仁貴和鄭仁泰進軍至天山，遭遇鐵勒九姓十餘萬騎兵。鐵勒數十人出面挑戰。薛仁貴連發三箭，射殺三人。鐵勒主將大驚失色，不戰而降。薛仁貴爲了根除後患，坑殺了其中的頑固分子，然後轉戰荒漠之地，活捉僞葉護兄弟三人。從此，鐵勒九姓衰敗，唐朝西方邊境趨於安寧。唐軍編了歌謠，稱頌副帥薛仁貴，唱道：「將軍三箭定天山，壯士長歌入漢關。」

但是，鄭仁泰在這一戰役中過於輕率，貿然率兵一萬四千人，穿越大漠，追剿鐵勒九姓餘部，試圖將其徹底消滅。唐軍在大漠裏長途跋涉，未見敵人蹤影，糧食耗盡，「人饑相食」，生還者二十人中僅有一人。薛仁貴沒有勸止鄭仁泰的行動，而且還納了鐵勒女子爲妾，收受賄賂。班師後，鄭仁泰被貶職，薛仁貴功過相抵，不賞不罰。

乾封元年（西元六六六年），高麗王室發生內亂，泉男建自任國王，驅逐其弟泉男生。泉男生派人至長安，表示願意歸附唐朝，請求以兵支援。唐高宗任命契苾何力爲遼東安撫大使，龐同善、高侃為行軍總管，薛仁貴、李謹行為副總管，率兵東征，接應泉男生。泉男建以兵阻擊，龐同善受困於新城（今遼寧撫順附近）。薛仁貴馳援龐同善，斬殺高麗軍數百人。龐同善進軍至金山（今遼寧海城），遭遇泉男建的主力。薛仁貴率本部兵馬，勇猛出擊，將高麗軍截為兩段，斬首五千級。泉男建潰敗。唐軍乘勝攻克三座城池，順利迎接泉男生歸附唐朝。唐高宗得到捷報，手詔慰勉。薛仁貴憑其威勢，決定自率二千輕騎，攻取扶餘城。諸將以為兵力太少，紛紛勸阻。薛仁貴說：「兵在善用，不在多。」他堅持自己的意見，出敵不意，遇敵皆破，斬殺萬餘人，一舉攻取了扶餘城。扶餘城附近四十餘城陸續降附，整個遼東地區歸於唐朝所有。薛仁貴因此威震遼海，繼與大將劉仁軌進攻高麗都城平壤（今朝鮮平壤），大獲全勝。其後，薛仁貴率兵二萬，與劉仁軌一起鎮守平壤，拜本衛大將軍，封平陽郡公、檢校安東都護，移治新城。他在那裏，「撫孤存老，檢制盜賊，隨才任職，褒崇節義」，使高麗人民欣然安居，過著平靜的生活。

咸亨元年（西元六七〇年），吐蕃大舉進攻唐朝邊境，佔領了安西都護府，並企圖吞併依附於唐朝的吐谷渾。唐高宗緊急調回薛仁貴，任命為邏娑道行軍大總管，以阿史那道眞、郭待封副之，率兵十餘萬，西征吐蕃，兼而救援吐谷渾。這是薛仁貴第一次擔任統帥職務，也是第一次打了敗仗。原因在於郭待封居傲拿大，根本不服從指揮和調度。薛仁貴自率精銳，深入險地，決戰吐蕃主力，而命郭待封率兵萬人，押解糧草等輜重，緊隨接應。薛仁貴採用奇襲戰術，孤軍突入，「多所殺掠，獲牛羊萬計」，很快進軍至烏海城（今青海青海湖西），以待後援。郭侍封卻慢慢吞吞，行動非常遲緩。吐蕃軍偵察到這一情況，派出二十萬兵馬，偷襲郭侍封。結果，唐軍糧草等輜重全部喪失，郭侍封勉強逃得性命。薛仁貴得不到後援和接應，頓時陷入被動，趕忙撤退至大非川（今青海布哈河流域）。吐蕃軍四十萬人包圍上來，薛仁貴大敗。關鍵時刻，他主動與吐蕃大將論欽陵約和，這才保存了剩餘的兵力，安全返回。吐蕃則吞併了吐谷渾。戰後，薛仁貴歎息說：「今歲是庚午年，不應事有西方。三國時的鄧艾就是在庚午年死的，吾固知必敗。」

薛仁貴打了敗仗，論罪當死。唐高宗網開一面，只將他貶為庶人。不久，高麗又起叛亂。唐高宗重新起用薛仁貴為雞林道總管，率兵平定了叛亂。薛仁貴班師，因受他事牽連，被人告發，貶官象州（今廣西象州）。唐高宗顧念薛仁貴一生征戰，屢建功勳，赦免召還。薛仁貴年事已高，兩受挫折，有點心灰意冷。恰逢突厥一部酋長元珍叛唐，兵犯河東。唐高宗召見薛仁貴，說：「當年在萬年宮，若不是卿，朕早葬身魚腹。卿掃滅鐵勒九姓，屢破高麗，功勞居多。人說卿在烏海城下，縱虜不擊，以至失利，此朕所恨而疑也。現在，遼西不寧，瓜州（今甘肅敦煌）絕路，卿安得高枕不為朕指麾邪？」薛仁貴二話沒說，同意再次掛帥出征。於是任瓜州長史、右領軍衛將軍、檢校代州都督，統兵擊元珍於雲州（今山西大同）。元珍詢問說：「唐將為誰？」部下回答說：「薛仁貴。」元珍大驚，說：「我聽說薛將軍流放象州死矣，安得復生？」次日，兩軍對陣，薛仁貴摘去兜鍪，依然威風凜凜，虎氣生生。元珍一看，果真是薛仁貴，趕忙下馬而拜，然後領兵退去。薛仁貴命令追擊，大破元珍，斬首萬級，俘擄三萬，繳獲牛馬無數。

這是薛仁貴最後一次統兵征戰，以勝利爲自己的戎馬生涯劃了個完美的句號。永淳二年（西元六八三年），薛仁貴病死，終年七十歲。死後被追贈爲驍衛大將軍、幽州都督，歸葬於龍門故里。

安祿山、史思明——
巨su豪逆，暴興亟滅

唐朝是個輝煌的王朝，繼唐太宗、武則天之後，又出現一位著名皇帝唐玄宗李隆基。唐玄宗前期，英明睿智，重用賢相，勵精圖治，社會經濟和文化藝術事業高度發展，創建了「開元盛世」的宏麗氣象；後期寵信奸相李林甫和楊國忠，迷戀楊貴妃，政治腐敗，社會矛盾尖銳，終於釀成「安史之亂」。「安史之亂」的頭領是安祿山和史思明。就對中國封建社會的破壞程度而言，這兩人可以說是天字第一號，最爲凶烈，超過以前的所有將帥。

安祿山（西元七〇四～七五七年），營州柳城（今遼寧朝陽）人，雜種胡人。他的母親阿史德氏是突厥的巫婆，父親是來自西域的康姓胡人。阿史德氏婚後多年不育，祈禱於突厥族的戰神軋犖山，感應而孕，生了兒子，遂以「軋犖山」作爲兒子的名字。後來，阿史德氏改嫁突厥人安延偃，軋犖山改稱安祿山。安祿山長大，忮忍多智，善測人情，通曉六種胡人語言，在東北邊境任「互市郎」（翻譯兼經紀人）。開元中期，安祿山投靠范陽節度使張守珪，任「捉生將」（偵察兵頭領），並被張守珪收爲養子。安祿山曾兩次到過洛陽。一次是作爲信使，當時的宰相張九齡見後，預言說：「亂幽州者，此胡雛也！」一次是作爲敗將，張九齡批示處斬，而唐玄宗見其長相奇特，予以赦免，從而爲日後埋下了禍根。

史思明（西元七〇四～七六一年），突厥人，本名史窣于。長相猥瑣，鳶肩傴背，㰦（㰦，讀作欣，發怒的樣子）目側鼻，鬚髮稀疏，脾氣暴躁，性格譎詐。天寶初年，他也到過長安。唐玄宗御賜名字「思明」，說：「爾貴在晚，勉之！」其後，史思明升任大將軍，兼北平太守，成爲安祿山的鐵杆副將和幫兇。

安祿山生性豪猛，初任平盧兵馬使。朝廷派遣御史中丞周利貞慰問邊將。安祿山曲意逢迎，送給周利貞大量金銀珠寶，並委託周利貞，捎給宰相李林甫一份厚禮。周利貞回朝，極口稱讚安祿山，李林甫跟著幫腔。因此，安祿山升任營州都督、平盧軍副使、順化州刺史。安祿山嘗到了賄賂朝廷官員的甜頭，放手大幹，聲譽日顯。天寶元年（西元七四二年）升任平盧節度使，兼任柳城、兩蕃、渤海、黑水四府經略使，軍、民、財、政大權在握，成爲東北一帶的土皇帝。

天寶年間，安祿山多次到長安朝拜唐玄宗。京城的富庶，皇權的威嚴，以及皇帝荒淫、奸臣弄權、貴妃專寵，使他逐漸產生了野心，渴望擁有更大的權力。爲此，他竭力僞裝忠誠和癡傻，騙取唐玄宗的歡心和信任，又兼任了范陽節度使，其勢力向中原推進了一大步。天寶六年（西元七四七年），安祿山第二次到長安，說：「臣生蕃戎，寵榮過甚，無異才可用，願以身爲陛下死。」而且，竟無恥地認楊貴妃爲「義母」。是年，安祿山四十四歲，而楊玉環還不到二十八歲。其後，安祿山見唐玄宗和楊貴妃，必先給楊貴妃磕頭。唐玄宗詢問原因，安祿山嘻笑著說：「臣本胡人，按照胡禮胡俗，總是先拜母後拜父。」唐玄宗並不生氣，還讓安祿山和楊貴妃堂兄以兄弟相稱。安祿山見到皇太子李亨，故意不拜，說：「臣不識朝廷禮儀，皇太子何官也？」唐玄宗說：「皇太子是儲君，朕百年以後，他就是皇帝。」安祿山裝出恍然大悟和惶恐的樣子，趕忙跪拜，說：「臣愚蠢，光知陛下不知太子，罪萬死！」

安祿山身體肥胖，卻善跳《胡旋舞》，快疾如風。唐玄宗大為讚賞，指著安祿山的大肚子說：「胡腹中何有而大？」安祿山傻笑著說：「唯赤心耳！」唐玄宗據此認定安祿山是個大忠臣，又任命他為御史大夫，封其妻段氏為國夫人。

安祿山的大本營在范陽和漁陽（今天津薊縣）。那裏駐紮著他的精銳部隊，營壘綿延數十里，號稱「雄武城」。雄武城一帶，屯兵積糧，僅安祿山收養的胡人養子就有八千人。另外還有軍馬三萬多匹，牛羊五萬多頭（隻）。每年，安祿山都要在其地檢閱部隊，陪同的除史思明外，還有謀士高尙、嚴莊、張通儒和武將崔乾佑、安太清、田承嗣、孫孝哲等要員。在范陽和漁陽，安祿山就是皇帝，不論走到那裏，全體將士和大官小吏，都要行跪拜大禮。他檢閱了部隊後，必在帥帳舉行歌舞宴會，高坐於胡床之上，上百名妻妾環列左右，火炬燎香，美酒怪珍，盡情享用。歌舞是胡人特有的歌舞，時而是裝扮怪異的女巫，揚臂踢腿，邊唱邊跳；時而是一群武士，赤膊短褲，持刀執盾，一面舞蹈，一面發出「嗨嗨」的喊聲。樂器中最突出的是鼙鼓，數百面鼙鼓同時擊響，聲音雄壯激越，猶如翻滾的波濤，衝鋒的馬陣，聽來讓人心潮澎湃，熱血沸騰。

安祿山時刻關注著朝廷的動靜。他安排部將劉駱谷長住長安，專門刺探和收集情報，對於朝廷情況瞭若指掌。他不停地向唐玄宗進獻奇珍異玩，而且進攻北方的契丹，斬殺平民八千人，謊稱戰事「大捷」，派人獻馘闕下。唐玄宗受其蒙蔽，賜給安祿山不死鐵券，封柳城郡公，再封東平郡王。節度使封王，這是破天荒之舉，表明唐玄宗不惜拿最高的官爵做賭注，以換取安祿山的「忠誠」。安祿山的三個兒子俱封高官。就連安祿山早死的繼父安延偃，也被追贈爲范陽大都督。

唐玄宗在長安給安祿山修建王府，富麗堂皇，宛若宮殿，理由是「胡人眼高，王府務要建得奢華，勿令笑我！」天寶十年（西元七五一年）正月，安祿山在長安過生日，唐玄宗給予他無數的賞賜。楊貴妃和三個姐姐爲了取樂，按照蜀郡的習俗，用錦繡做成大襁褓，把安祿山包裹起來，放到彩車上，拉著在宮中遊行，美其名曰「洗乾兒」。安祿山每天進宮參加朝會，因爲身胖體重，途中必須換馬。唐玄宗再命在他換馬處建一高臺，號稱「大夫換馬臺」。唐玄宗在興慶宮勤政務本樓宴請群臣，自己和貴妃坐於正殿上，而在正殿的左側專置一桌，供安祿山坐，中間用透明的繡著金雞紋樣的絲帳隔開，稱做「金雞帳」。太子李亨看不過眼，說：「自古以來，這正殿不是人臣所能上的，而父皇如此禮重安祿山，只能助長他的驕狂氣焰。」唐玄宗卻自欺欺人地說：「這胡人有異相，朕這樣做，實是一種魘禳。」

安祿山在長安一天也沒閒著，特別注意觀察長安可以駐軍和屯糧的場所，還到武庫參觀，發現武庫裏的兵器，久未更新，刀槍戈戟生銹，如同廢銅爛鐵。安祿山雖然已是兩鎮節度使，又以路遠進京不便爲由，希望再能兼任河東節度使。唐玄宗滿口答應，而且還讓他另兼雲中太守。當時，全國十鎮節度使共有鎮兵四十七、八萬人，軍馬約八萬匹。而安祿山一人就同時任三鎮節度使，手下有鎮兵二十多萬人，軍馬三萬多匹。這是一支何等強大的武裝力量！更重要的是黃河中下游以北地區，都處於安祿山的控制之下，攻可進，退可守，這又是何等優越的地理形勢！

天寶十一年（西元七五二年），口蜜腹劍的李林甫病死，楊國忠繼任宰相。楊國忠先勾結安祿山，使李林甫死後，落了個毀墓破棺的下場。隨後，楊國忠爲了鞏固自己的權力，千方百計排斥和打擊安祿山。唐玄宗曾想召安祿山入朝爲相。楊國忠說：「安祿山雖有軍功，但目不識丁，豈可爲相？他若爲相，恐怕四夷都要輕視我朝廷。」他聲稱安祿山兵權過重，隨時都有可能造反。天寶十三年（西元七五四年），楊國忠建議召安祿山進京，以檢驗其態度。安祿山識破了楊國忠的詭計，大膽進京。這出乎楊國忠的意料，他竟派兵於途中設伏，企圖刺殺安祿山。刺殺未果。安祿山見到唐玄宗，假惺惺地流出幾滴眼淚，說：「臣本蕃人，不識文字，幸賴皇上器重，擢將封王，怎奈宰相楊國忠必欲殺臣，方才甘心。」唐玄宗好言撫慰，又給他加了個職銜：尚書左僕射。意在表明，朝廷對他絕對信任。安祿山急於回范陽。唐玄宗專門設宴，爲之餞行，特意脫下御袍，賜予安祿山。安祿山誠惶誠恐，拜伏在地，說：「聖恩浩蕩，祿山情願肝腦塗地，報效朝廷！」宴會結束。安祿山帶領侍衛，風馳電掣而去，改走水路，乘船而下，動用萬名士兵拉縴，日行三百里。安祿山此去，像是猛虎回歸山林，蛟龍騰入大海，很快就要興風作浪了。

天寶十四年（西元七五五年），楊國忠改變策略，一改原先反對安祿山入朝爲相的態度，假意鼓動唐玄宗，召安祿山入朝爲相，改由他人分任平盧、范陽、河東節度使，以削奪安祿山的兵權。接著，楊國忠尋釁生事，派兵搜查東平王府，捕殺了安祿山住在京城的密探。安祿山大怒，立刻上書，揭發楊國忠二十餘條罪狀。六月，唐玄宗將侄女榮義郡主許給安祿山之子安慶宗爲妻，親筆御書，召安祿山赴京參加婚禮。安祿山聲稱生病，拒不應召，而且表示，願意獻馬三千匹，騎士六千人，分乘三百輛軍車，直入長安。唐玄宗慌忙阻止，並派宦官馮神威，出使范陽，宣達聖命。這時的安祿山已不是先前的安祿山。他到了漁陽，拖延多日，才盛陳兵仗，召見朝廷使者。馮神威入見。安祿山高坐於胡床之上，一邊喝酒，一邊吃肉，旁若無人，說：「天子安穩否？」馮神威剛想宣讀聖旨。安祿山哈哈大笑，說：「聖旨？聖旨在本王這兒，管屁用！來人！把這個閹奴給老子關起來，餓他三天，看還敢狐假虎威不？」馮神威在關押期間，僥倖逃跑，狼狽地回到長安，哭訴出使的遭遇，說：「奴才九死一生，險些見不到皇上了！」

安祿山的反相已露。而唐玄宗卻未作任何防範，十月依然帶著楊家兄妹，駕幸華清宮，陶醉在歌舞昇平的幻象之中。十一月九日，安祿山和史思明在漁陽城南檢閱軍隊，千百面鼙鼓一齊擂響，聲震山谷，驚天動地。安祿山宣布了造反的命令，特別強調說：「膽敢持有異議亂我軍心者，夷滅三族！」接著，安祿山以史思明守范陽，自己乘坐鐵甲兵車，率領精銳步兵和騎兵十五萬，號稱二十萬，以誅殺楊國忠為名，向中原進軍。車馬奔馳，煙塵滾滾，旌旗翻捲，戈戟鮮明，聲勢浩大的「安史之亂」爆發了。

「漁陽鼙鼓動地來，驚破霓裳羽衣曲。」安祿山起兵後的第七天，唐玄宗才接到警報。開始，他根本不相信這是事實，說：「警報是假的，不可信。」隨後警報像雪片一樣飛來，他才不得不信，既是震驚，又是惱怒，說：「安祿山怎能這樣？朕待他不薄啊，他怎能造反呢？」關鍵時刻，唐玄宗錯估形勢，任用胡將封常清、高仙芝，臨時招募士兵，守衛洛陽和陝郡（今河南陝縣），卻又聽從楊國忠的意見，委派宦官邊令誠任監軍。年底，安史叛軍渡過黃河，打敗封常清，攻佔洛陽。封常清退至陝郡，會合高仙芝，退守潼關。邊令誠陰險奸詐，誣陷高仙芝、封常清畏敵怯戰。唐玄宗不問青紅皀白，命將高、封斬於軍中。他打算御駕親征。可是，楊貴妃、楊國忠等極力勸阻，親征不了了之。無可奈何，只得起用正在養病的胡將哥舒翰，任為太子先鋒兵馬元帥，率兵十五、六萬人，號稱二十萬，堅守潼關。

天寶十五年（西元七五六年）正月初一，安祿山在洛陽堂而皇之地做起了皇帝，定國號為「大燕」，自稱「雄武皇帝」，大封功臣宿將。攻佔洛陽的那一天，漫天飛雪，所以一些利祿之徒，把雪看作是大燕開國的符瑞，吟詩稱頌安祿山說：「馬上取天下，雪中得乾坤。」安祿山陶醉在勝利的喜悅中，放慢了進兵關中的步伐。這給了唐軍喘息的機會。從正月到五月，唐軍重整旗鼓，聚集力量，在河東、河北、齊魯一帶，各自為戰，抗擊叛軍。安祿山被困在洛陽，一度非常被動，大罵謀士高尚和嚴莊說：「朕初起兵時，爾等說得天花亂墜，聲稱一定能夠成功。現在四方官軍雲集，函谷關以西，不跬步進。爾等的計謀何在？還有什麼臉面見朕？」部將田乾眞說：「自古興王，戰皆有勝負，乃成大業，無一舉而得者。今四方兵雖多，非我敵也。假如事不成，我們猶擁數萬眾，足可橫行天下，為十年計。嚴莊、高尙，佐命元勳也，陛下何遽絕之，使自為患邪？」安祿山猛然有所領悟，忙又召來高尙和嚴莊，賜予飲宴，還放喉高歌，撫慰心腹重臣。

安祿山兵鋒指向潼關。唐玄宗受到楊國忠的蠱惑，強令哥舒翰出關作戰，收復洛陽。結果，哥舒翰全軍覆沒，他自己也被部將劫持，投降了安祿山。潼關失守，長安危急。六月，唐玄宗倉皇出逃，途中發生馬嵬兵變，禁軍殺死楊國忠等，楊貴妃也在兵變中喪命。唐玄宗逃往蜀郡。太子李亨分兵前往靈武（今寧夏靈武），自行即帝位，是為唐肅宗。安史叛軍進入長安，燒殺搶掠，大唐京城蒙受了一場空前的劫難。「士人皆逃入山谷，東西絡繹二百里，宮嬪散匿行哭，將相第家委寶貨不貲，群小逞爭取之，累日不能禁。又剽左藏大盈庫，百司帑藏竭，乃火其餘。」不久，安祿山也到長安，「怒，乃大索三日，民間財貲盡掠之，府縣囚株根牽連，勾剝苛急，百姓愈騷。」他為了替已死的兒子安慶宗報仇，一次殺了李唐宗室成員百餘人，設壇祭奠。「群臣從天子者，誅滅其宗。……城邑墟矣。」

安祿山返回洛陽，以為天下大局已定，更加注重享樂，很少過問政事。他因為長期縱情酒色，患了嚴重的眼病，最後竟至雙目失明，成了瞎子皇帝。而且曲隱處患有疽瘡，脾氣變得非常暴躁，左右侍從，稍不如意，即遭鞭笞。他的貼身宦官，叫做李豬兒，最受寵信，所以受到的鞭笞最多，幾乎不保性命。還有嚴莊，雖然官任御史大夫，但在安祿山跟前，非斥即罵，屢屢被罵得狗血噴頭，一無是處。一個李豬兒，一個嚴莊，滿心氣憤，逐漸怨恨起他們的皇帝。

安祿山變愛段氏，自然也就偏愛段氏所生的小兒子安慶恩。段氏見安祿山身體狀況日見惡化，裝出愁眉淚眼，請求丈夫趁早立安慶恩爲太子。安祿山爲其所惑，流露出廢長立幼的意思。這下惹惱了長子安慶緒，隨即去找嚴莊密議，商討救死良策。嚴莊又拉李豬兒入夥。至德二年（西元七五七年）元旦夜間，安祿山因爲疽瘡發作，獨自睡在寢殿。李豬兒懷藏匕首，悄然進殿，刺殺了安祿山。安慶緒隨之稱帝，軍政大權委於嚴莊處理。

安祿山當皇帝時，史思明被任命爲范陽節度使，「兵所向，縱其下椎剽，淫奪人妻女」，「殺人以爲戲」。安慶緒即位後，賜史思明姓安，名榮國，封嬀川郡王。史思明根本瞧不起安慶緒，彼此間產生了深刻的矛盾。至德二年（西元七五七年）十月，唐軍收復長安和洛陽。安慶緒敗退至鄴郡（今河北臨彰）。史思明懾於唐軍的凌厲攻勢，權且率八萬兵馬投降，被唐肅宗封爲歸義郡王、范陽長史、河北節度使。史思明投降只是權宜之計，不久又發兵支援處於困境中的安慶緒。乾元二年（西元七五九年）正月，他擅自稱「大聖周王」。三月，以替安祿山報仇爲名，殺死安慶緒。四月，沿用「大燕」國號，自稱「應天皇帝」，改稱范陽爲燕京，洛陽爲周京，長安爲秦京。九月，再此攻佔洛陽。上元二年（西元七六一年）

三月，史思明發兵西向，命其長子史朝義在一天內攻克陝郡，否則斬首。史朝義仿效安慶緒，指使部將，殺死史思明，自己做起了皇帝。兩年後，史朝義兵敗勢窮，上吊自殺，爲禍九年的「安史之亂」告一段落。

唐玄宗開元、天寶年間，歷來被認爲是中國封建社會發展的頂峰。以「安史之亂」爲轉折，中國封建社會迅速從頂峰跌落下來，元氣大傷，將近千年，再也難現輝煌。從這個意義上說，安祿山和史思明是巨蠹豪逆，臭名昭著的歷史罪人。他們所發動的叛亂，破壞了國家統一，違背了歷史潮流和人民意願，「暴興而亟滅」，不足爲怪。巧合的是二人均被自己的兒子殺死，誠如《新唐書》所評價的那樣：「彼能以臣反君，而其子亦能賊殺其父，事之好還，天道固然。」

高仙芝、封常清、哥舒翰——

無力平叛，兩死一降

「安史之亂」中，唐玄宗曾用三員大將，抗擊安祿山。他們是高仙芝、封常清、哥舒翰。三人中，兩人冤死，一人投降，從一個側面反映了唐玄宗的昏庸，表明他逃亡蜀郡，丟掉皇位，勢在必然。

高仙芝（西元？～七五五年），高麗人，青年時隨其父高舍雞歸附唐朝，任游擊將軍。「美姿質，善騎射」，作戰英勇。開元末年，受到四鎮節度使靈詧（詧，讀作察）的信用，任安西都護、四鎮都知兵馬使。天寶六年（西元七四七年），他率領步騎兵一萬人，征伐依附於吐蕃的小勃律王，宦官邊令誠任監軍。這次戰鬥需要跨越崇山峻嶺和浩翰大漠，條件異常艱苦。邊令誠中途畏懼，不敢前進。高仙芝率領部隊，長途跋涉，克服了無數困難，連戰連勝，歷時一年，生擒小勃律王。「於是拂菻、大食諸胡七十二國皆震懾降附」。高仙芝班師，避開靈詧，自行向朝廷報捷。靈詧大怒，罵道：「高麗奴，何以如此！」高仙芝忙向靈詧請罪，聲稱此戰全是靈詧的功勞，靈詧方才平息了怒氣，說：「奴當斬，但顧念有功，且免。」高仙芝誠惶誠恐，無所措手足。好在朝廷知道了眞實情況，提拔他爲鴻臚卿、代理御史中丞，並取代靈詧，任四鎮節度使，加銜左金吾衛大將軍。天寶九年（西元七五〇年），高仙芝征伐西域的石國，俘獲其王車鼻施。因此，出任武威太守，改任安西節度使，更拜右羽林大將軍，封密雲郡公。高仙芝爲人，一是貪婪，二是豪爽。史籍記載說，他破了石國，「獲瑟瑟十餘斛、黃金五六橐駝，良馬寶玉甚眾，家貲累巨萬。然亦不甚愛惜，人有求輒與，不問幾何。」

封常清（西元？～七五五年），蒲州猗氏（今山西臨猗南）人。出身孤貧，然好讀書，青年時生病留下殘疾，一腿長一腿短，是個跛子。三十多歲從軍，投奔高仙芝。高仙芝嫌其殘廢，不想接納。封常清說：「我慕公義，故來相投，公以貌取人，恐失賢士。」高仙芝勉強把封常清留於軍中，發現他很有謀略，辦事果決，遂用爲判官。一次，高仙芝外出，委家事於郎將鄭德詮。鄭德詮以勢欺人，橫行不法。封常清爲整肅軍紀，親手將鄭德詮等三將杖殺，「軍中莫不股慄」。高仙芝由此認識到封常清智勇雙全，竭力薦舉，使之升任安西副大都護、安西四鎮節度副大使，知節度使事。封常清治軍，「性勤儉，耐勞苦，出軍乘騾，賞罰分明」。

天寶十四年（西元七五五年）十一月，「安史之亂」爆發，安祿山大軍直指洛陽。恰好，封常清回長安述職。唐玄宗詢問討賊方略。封常清顯露出一腔豪氣，主動請纓，說：「天下太平日久，人不知戰。然事有逆順，勢有奇變，臣請馳至洛陽，盡出府庫錢財，招募驍勇壯士，北渡黃河，計日取逆胡首級，以獻闕下！」唐玄宗急需將帥，次日即任命封常清為范陽、平盧節度使，命其乘坐驛站專車，前往洛陽。封常清到洛陽後，十天內便招募士兵六萬人，拆毀洛陽北面的河陽橋，全面部署防禦事項。封常清是一位有勇有謀的將軍，然而他久在西北邊陲，毫不熟悉中原的情況，更不了解叛軍的實力，自信輕敵，新招募的士兵又大多是市井之徒，沒有經過訓練和實戰，基本上沒有什麼戰鬥力。這決定了他悲劇的命運。

封常清去了洛陽。唐玄宗覺得有必要在潼關外沿布置第二道防線，以遏制叛軍進攻長安。於是決定任命皇子、榮王李琬為東討元帥，高仙芝為副元帥，緊急募兵五萬人，號稱「天武軍」，駐守陝郡（今河南陝縣），以為關中屏障。楊國忠擔心高仙芝建功立業，會損害自己的宰相地位，所以鼓動唐玄宗，非要在天武軍中安插一位宦官為監軍。唐玄宗採納了這個意見，任命邊令誠為監軍，授予監視高仙芝和直接向皇帝報告軍情的權力。

十一月三日，安祿山利用黃河封凍的機會，順利渡過黃河。兩天後，攻陷滎陽，直逼洛陽城下。封常清手下，基本上是一幫烏合之眾，根本不是叛軍的對手，一戰即潰。加之，河南尹達奚珣叛降，封常清更加被動。他無力抵抗叛軍，被迫退至陝郡，與高仙芝軍會合，並提出撤退潼關、據險堅守的建議。他說：「潼關為長安門戶，地勢險峻，易守難攻。潼關在，長安在；潼關失守，長安不保。若在陝郡與叛軍對抗，官軍必敗無疑！」高仙芝權衡形勢，徵得元帥李琬的同意，果斷命令全軍退守潼關。邊令誠認為這是畏敵怯戰，急忙跑回長安告狀。

高仙芝連夜草擬奏書，報告退兵的理由。封常清也第三次上書，請求回長安報告敵情和堅守潼關的重要性。可是，邊令誠已見皇帝，添油加醋，誣陷高、封二將膽小怕死，未戰即退，而且還說高仙芝克扣軍餉，導致士兵情緒低落，怨聲載道。唐玄宗僅聽一面之詞，即刻命令邊令誠，前去潼關，將封常清和高仙芝斬首以徇。

封常清臨刑前悲憤地說：「我所以不死者，恐汙國家名節，受辱賊手。今死乃甘心。」他把新寫的奏書交給邊令誠，讓轉呈皇上，請求莫要輕視安賊。封常清的屍體被放在蘆席上。高仙芝巡營歸來，見此情景，且憤且悲。邊令誠又取出聖旨，宣布高仙芝的罪狀有二：一是貪生怕死，擅自退兵；二是克扣軍餉，中飽私囊。高仙芝朗聲說：「我擅自退兵，罪也，死不敢辭。然而說我克扣軍餉，中飽私囊，純屬誣衊。」接著回顧麾下將士說：「我招募你等從軍，本欲破賊以獲重賞，而賊勢方銳，故遷延至此，實是爲了固關堅守。現在，邊監軍說我克扣了你等的軍餉，若果眞這樣，你等可以證實；若不是這樣，你等可以喊個冤枉！」將士們敬重他們的副帥，手舉兵器，一起高呼：「冤枉！冤枉！」高仙芝熱淚盈眶，撲到封常清的屍身上，說：「兄弟！你是我引拔的將帥，又曾代我出任節度使，今與兄弟同死，豈命歟！」說完，拔了佩劍，一抹脖子，倒在血泊中。

高仙芝和封常清死了。奇怪的是數日後，東討元帥李琬也慘死在帥帳中。這是一件大案，但無人過問，居然不了了之。

潼關唐軍一時無帥。唐玄宗決定起用另一位胡將哥舒翰。哥舒翰（西元？～七五七年），突厥族哥舒部人。青年時「家富於財，任俠重然諾」，愛喝酒愛賭博。四十多歲後從軍，在名將王忠嗣麾下任衙將。「能讀《左氏春秋》《漢書》，通大義，疏財，多施予，故士歸心」。他隨王忠嗣征伐吐蕃，作戰非常勇敢，升任左衛郎將、右武衛將軍、河源軍使。李林甫爲宰相時，打擊迫害王忠嗣，王忠嗣被判斬刑。哥舒翰出於義氣，回到長安，爲王忠嗣喊冤，緊跟著唐玄宗，一邊哭泣一邊叩頭，情願用自己的官職爲王忠嗣減刑。唐玄宗受到感染，貶黜王忠嗣，任命哥舒翰爲鴻臚卿。天寶十一年（西元七五二年），哥舒翰征伐吐蕃建立新功，加位特進、開府儀同三司，進而封梁國公，兼河西節度使，再封西平郡王，進位太子少保。

哥舒翰與安祿山同爲胡將，但彼此的關係很不和諧。一次，唐玄宗命親信宦官高力士，代爲設宴招待哥舒翰和安祿山。宴間，安祿山有意討好哥舒翰，笑著說：「我的父親是胡人，母親是突厥人，而哥舒公的父親是突厥人，母親是胡人。你我族類本同，安得不相親愛？」哥舒翰不冷不熱地說：「諺云：『狗向窟嗥，不祥』，以忘本也。兄既見愛，敢不盡心。」安祿山聽哥舒翰把自己比作狗，勃然大怒，罵道：「你個突厥賤種，怎敢這樣無禮！」哥舒翰說：「我無禮了，你又敢怎樣？」說著，二人各持佩刀，就要格殺拼鬥。高力士竭力勸解，方才制止了一場火氣十足的衝突。

哥舒翰因爲好酒好色，所以患了偏癱病，一直在長安休養。唐玄宗斬了高仙芝和封常清，想起其人，遂拜哥舒翰爲太子先鋒兵馬元帥。哥舒翰以病推辭，未獲批准，只得硬著頭皮出任元帥，由人用肩輿抬著，率兵前往潼關。潼關，原有的和新招募的士兵約有二十萬人。哥舒翰行動不便，以田良丘管軍政，王思禮管騎兵，李承光管步兵。「三人爭長，政令無所統一，眾攜弛，無鬥意」。因此，這支軍隊實際上也沒有什麼戰鬥力。

天寶十五年（西元七五八年）正月，安祿山在洛陽做起了皇帝。唐玄宗在哥舒翰身上寄予很高的期望，又提拔他為尚書左僕射、同中書門下平章事，作為掛名宰相。楊國忠用心險惡，擔心哥舒翰建功立業，勢必會威脅自己的地位。因此，他以護衛京師為由，再招募一支一萬三千多人的軍隊，駐守灞上，目的是為了防禦哥舒翰引兵西向，發動兵諫，逼取他的性命。楊國忠的這點手腕，瞞不過哥舒翰的眼睛。哥舒翰大罵說：『好個楊國忠！本帥在前方打仗，而你卻在本帥的背後設防，可惡可恨！』哥舒翰老謀深算，上書唐玄宗，說安史叛軍鐵騎強悍，潼關守備力量不足，請求將灞上駐軍劃進潼關部隊編制，以利統一調度。這樣，灞上駐軍便被調至潼關。楊國忠大驚失色，說：「吾無死所矣！」

從正月到五月，唐將郭子儀、李光弼等在河北、河東打擊安史叛軍，使安祿山困居洛陽，無法動彈。哥舒翰則在潼關周邊挖掘三條壕溝，深一丈，寬二丈，以利長期堅守。楊國忠眼珠子一轉，想出一條冠冕堂皇的妙計：哥舒翰應該出關作戰。這是一箭雙鵰之計。哥舒翰如果勝了，那麼首倡出關作戰者，是他楊國忠，功不可沒；哥舒翰如果敗了，那麼說明哥舒翰無能，元帥自然當不成了，或傷或死，最好。為此，他竭力鼓動唐玄宗，命令哥舒翰出關作戰，收復陝郡和洛陽。哥舒翰考慮出關作戰不利，上書說：「安祿山竊據河朔，不得人心，請持重以弊彼，待其離隙，可不血刃而擒。」還說：「安賊善用兵，今始為逆，不能無備，關外游兵，乃以陰計誘我。賊遠來，利在速戰。王師堅守，毋輕出關，計之上也。且四方兵未集，宜觀事勢，不必速。」郭子儀和李光弼也上書說：「哥舒翰病且耆，賊素知之，諸軍烏合，不足以戰。守住潼關，便可拖住叛軍主力。吾直搗之，覆其巢窟，質叛族以招逆徒，安賊之首可致。若師出潼關，變生京師，天下怠矣！」

就當時的實際情況而言，哥舒翰、郭子儀、李光弼的意見無疑是正確的。可是，楊國忠一再鼓動，唐玄宗再次錯誤地估計形勢，硬給哥舒翰下達了出關作戰的命令。聖命難違，軍令如山，哥舒翰只能遵旨而行。六月四日，哥舒翰麾軍出關。七日，唐軍東進七十里，遭遇了叛軍崔乾佑部數千名士兵。其地是個狹長的隘道，南依大山，北臨黃河。哥舒翰與田良丘乘船，往來於黃河中流，觀陣指揮。崔乾佑的士兵擺出散漫的隊形，勉強與唐軍交戰，隨即佯裝敗退。唐軍以爲叛軍不過如此，一時立功心切，鼓噪大進。哥舒翰與田良丘捨船登岸，以軍三萬，擂鼓助威。八日，唐軍和叛軍眞正開始了正面交鋒。叛軍像變戲法似的，猛地增加了兩三萬人，而且佔據了山上和隘口的有利地形。哥舒翰命用毛氈裹住馬車，毛氈上繪出龍虎形象，以金銀飾其爪目，企圖驚嚇叛軍。叛軍全然不懼，堆積柴草，阻住唐軍的去路。山上的叛軍推下滾木礌石。唐軍陣列大亂。中午時分，突然颳起猛烈的東風，叛軍趁勢在上風點燃柴草，濃煙滾滾，薰得唐軍睜不開眼睛。隨著一聲炮響，山上和隘口的叛軍，縱馬舞刀，殺向唐軍。唐軍不戰自亂，潰不成軍，有人丟了兵器，有人扔了盔甲，爭著後退，互相踐踏，死傷無數。兩三萬人被擠進黃河，活活淹死。黃河裏有百餘艘船隻，許多人爬上去逃命，船隻沉沒，還是一死。潼關外沿的三條壕溝，原是為了防禦叛軍而挖掘的，這時卻成了唐軍後退的墳墓，須臾間便被喪命的士兵屍體填平。崔乾佑指揮叛軍軍馬，踩著唐軍的屍體，向潼關發起猛攻。哥舒翰由百餘名騎兵護衛著，倉皇逃進關內。清點殘兵敗將，僅僅剩下八千人了。

這是一場多麼揪心的戰鬥！這是一次多麼慘重的失敗！

哥舒翰治軍，嚴苛寡恩，不懂得體恤士兵。唐玄宗曾給士兵御賜十萬套軍服，而哥舒翰扣押不發，及至兵敗，那些軍服還封存在軍庫中，動也未動。

六月九日，崔乾佑猛攻潼關。哥舒翰灰頭土臉，不知如何應對。這時，他所器重的胡將火拔歸仁起了歹意，率領二三十名軍士，強行將他劫持，扶坐上馬，說：「公以二十萬眾，一日覆沒，還能平安地回長安嗎？公不見高仙芝、封常清之事乎？」哥舒翰憤然說：「我寧效高仙芝死！」火拔歸仁不予理會，開啓關門，投降了叛軍。崔乾佑大喜，派兵押解著哥舒翰，東去洛陽。怕死的本能，求生的欲望，使哥舒翰的豪情一掃而光。當他被押到安祿山面前的時候，兩腿不由自主地一軟，匍匐在地，連連磕頭。安祿山得意非凡，大笑著說：「你哥舒翰每每輕視朕，今日怎麼說？」哥舒翰說：「陛下乃撥亂之主。臣肉眼不識聖人，罪該萬死！今天下未平，臣願為陛下以尺書招李光弼等來降，共輔大燕！」哥舒翰既是元帥，又是宰相。安祿山覺得他還有用，當即封為司空、同中書門下平章事。轉眼間，哥舒翰就又變成了安祿山的宰相。

崔乾佑不費吹灰之力，佔領了潼關。勝利來得太容易，完全超出想像。他若乘勢以鐵騎西進，一日便可抵達長安，那麼將會給大唐王朝以致命的一擊，唐玄宗極有可能成爲他的俘虜。然而，這位胡將在勝利之後卻猶豫起來，不摸長安的防禦實力，沒敢貿然西進，只是滯留在潼關，等待安祿山的指令。崔乾佑的錯誤，送給了唐明皇得以逃亡的時間。十二日，唐玄宗裝模做樣，宣布「親征」，悄悄移仗於大明宮。十三日凌晨，他帶領楊貴妃等，丟棄長安，逃往蜀郡。途中發生一系列重大事件。一個多月後，唐玄宗逃至蜀郡，成了太上皇，無奈地退出了權力的政治舞臺。唐肅宗至元二年（西元七五七年）十月，郭子儀等收復長安和洛陽。安祿山的兒子安慶緒殺了哥舒翰等降將，敗走鄴郡。

高仙芝、封常清、哥舒翰三將，主觀上是想平息叛亂、報效朝廷的。但是，唐玄宗昏聵，楊國忠奸佞，決定了他們不可能有所作爲，兩死一降，實是必然的結局。

郭子儀、李光弼——

國家再造的中流砥柱

「安史之亂」爆發後，唐玄宗逃至蜀郡避難，太子李亨趁機在靈武即位，是爲唐肅宗。傑出將帥郭子儀、李光弼，心繫國家安危，勇敢地擔負起平定叛亂的重任，以其卓越的軍事才幹和功勳，而成爲國家再造的中流砥柱。他倆的名字，在中國將帥史上熠熠生輝。

郭子儀（西元六九七～七八一年），華州鄭（今陝西華縣）人。青年時代身材魁偉，酷愛武藝，以武舉優等入仕，歷任左衛長史、單于副都護使、振遠軍軍使、天德軍軍使，遷九原太守。天寶十四年（西元七五五年），郭子儀出任衛尉卿、靈武郡太守，充朔方節度使。安祿山、史思明的十五萬大軍，從范陽南下，肆虐於黃河以北廣大地區，所向披靡。常山太守顏杲卿、平原太守顏眞卿等，自發行動起來，組織軍民，英勇地抗擊叛軍，急需朝廷支援。可是，朝廷長期武備鬆弛，無兵無將可派。在這種情況下，郭子儀推薦了比自己年輕的將軍李光弼。

李光弼（西元七〇八～七六四年），營州柳城（今遼寧朝陽）契丹族人。性格堅毅，擅長騎射，曾在名將王忠嗣手下任兵馬使。王忠嗣欣賞這個胡將，說：「它日得我兵者，光弼也。」後因功升任雲麾將軍。朔方節度使安思順決定用李光弼爲副節度使，並招爲女婿。李光弼考慮安思順是心向安祿山的，婉言拒絕，回到長安閒居。郭子儀和李光弼原先同在朔方任職，彼此關係並不融洽，甚至還存在著一些敵意。大敵當前，國難當頭，郭子儀撇開私人恩怨，還是力薦精於軍事的李光弼，率兵平叛。於是，李光弼攝御史大夫，出任河東副節度使，兼雲中太守、魏郡太守、河北採訪使，統領郭子儀分撥的五千兵馬，增援常山（今河北正定）的顏杲卿。

安史叛軍大體上分爲兩路，安祿山一路攻取洛陽，史思明一路攻掠河北、河東各地。安祿山攻克洛陽，於天寶十五年（西元七五六年）正月做起大燕皇帝來，繼續西進，進攻關中。史思明攻陷常山，顏杲卿戰死。李光弼火速進軍，很快又將常山收復。史思明忙率騎兵二萬，前來爭奪常山。李光弼據城死守一個多月，形勢危急。幸虧郭子儀兵出井陘（今河北井陘西），前來救援。唐軍內外夾擊，大破叛軍。史思明損兵折將，敗退博陵（今河北定縣）。安祿山得知史思明受挫，命令蔡希德、牛廷玠率兵三萬，從南北兩個方向，予以增援。郭子儀、李光弼實行疲敵戰術，假裝撤退，引誘叛軍追擊，然後在嘉山（今河北正定西）擺開陣勢，展開大戰，殲滅叛軍四萬，俘擄一萬餘人。河北各郡受到嘉山戰役的鼓舞，紛起抗擊叛軍，唐軍一時聲威大振，基本上截斷了安祿山退往范陽的歸路。郭子儀加授御史大夫，李光弼加授范陽大都督府長史、范陽節度使。安祿山被困在洛陽，西不能進潼關，南不能下江淮，首尾難顧。他暴跳如雷，大罵勸其起事的謀士嚴莊、高尚等人說：「我起，爾曹謂萬全。今四方兵日盛，自（潼）關以西，不跬步進，爾謀何在，尚見我爲？」

洛陽陷落後，唐玄宗任用患有偏癱的胡將哥舒翰，率領近二十萬大軍，扼守潼關，護衛長安。這牽制了安祿山的大量兵力，使得郭子儀、李光弼在河北一帶，能夠大有作爲。但是，奸相楊國忠出於私利考慮，積極鼓動唐玄宗，強令哥舒翰出關作戰。郭子儀、李光弼在前線上書，陳說利害，強調哥舒翰只能堅守潼關。可是，唐玄宗荒淫昏瞶，聽任楊國忠擺布，硬是下令，命哥舒翰出關作戰，企圖收復洛陽。結果，唐軍一觸即潰，全軍覆沒，就連哥舒翰，也被部下挾持，投降了安祿山。潼關防線崩潰，唐玄宗只顧逃命，西幸蜀郡。京師長安遂落入安史叛軍之手。

形勢急轉直下。七月，唐肅宗李亨即位於靈武。郭子儀、李光弼率步騎兵五萬人赴行在，接受唐肅宗的調遣。此舉使唐肅宗有了一支可以依靠的軍事力量，由是「國威大振」。郭子儀拜兵部尚書、同中書門下平章事，總節度。李光弼拜戶部尚書、同中書門下平章事，率兵五千，駐防太原。河東節度使王承業無能，由侍御史崔眾主事。李光弼到了太原，崔眾拒不交付兵權。李光弼大怒，收捕崔眾下獄。恰在這時，唐肅宗派使者任命崔眾爲御史中丞。李光弼阻止使者宣詔，說：「崔眾有罪，已下大獄，今但斬侍御史。若使者宣詔，亦斬御史中丞。」使者懾於李光弼的氣概，不敢取出詔書。李光弼命將崔眾斬首示眾，因此威震三軍。

從這年秋天開始，郭子儀作爲總節度，以靈武爲基地，以朔方軍爲基本力量，有計劃有步驟地抗擊安史叛軍。其中太原之戰打得最爲艱苦。史思明指揮四路兵馬共十萬人，會攻太原。而李光弼麾下只有一萬人。正是這一萬人，打了一場漂亮的防禦戰和反擊戰。李光弼根據敵人密集的特點，製作出一種「擂石車」，由二百人操作，向對方陣地發射石頭「炮彈」，砸死敵人將近二萬人。史思明也製作出一種「飛樓」，障以木幔，防備石頭「炮彈」，掘土成山，逼近城池。李光弼則挖地道，使「飛樓」全部崩塌。史思明無計可施，在城外擺下酒宴，一邊飲酒，一邊大罵唐朝皇帝，以激唐軍出城作戰。李光弼通過地道，活捉多名敵人，斬於城頭。叛軍大駭，視地而行，唯恐出現地道，被擄被殺。史思明也很害怕，不得不把營帳移向稍遠的地方。李光弼繼續採用地道戰，挖空一大片土地，栽上木樁，以作支撐。然後派人假裝投降。史思明信以爲眞，出動數千名士兵，列隊排於那片挖空的土地上，準備受降。李光弼一聲令下，唐軍用長繩拉倒木樁，地面塌陷，叛軍全部掉進地道，死的死，傷的傷。守城的唐軍擂鼓吶喊，突騎出擊，會合詐降的的唐軍，猛烈地衝殺叛軍，殲敵一萬餘人。史思明慌忙退去，只留下蔡希德繼續進攻太原。李光弼出動敢死隊，攻殺叛軍，數月內斬首七萬級。蔡希德喪魂落魄，狼狽逃竄。

太原戰役的勝利，不僅消滅了叛軍八九萬有生力量，而且鞏固了靈武基地，爲唐軍反擊叛軍贏得了時間。戰役中，李光弼「設公幄城隅以止息，經府門不顧」。這種親臨前線指揮、身先士卒的無畏精神，受到所有人的欽佩和尊敬。戰後，李光弼升任檢校司徒，遷司空，封鄭國公。

至德二年（西元七五七年）正月，安史叛軍內訌，安祿山被其子安慶緒殺死，安慶緒繼爲大燕皇帝。唐肅宗移住鳳翔（今陝西鳳翔），郭子儀進位司空和關內、河東副元帥，屢戰安慶緒部將，均取得勝利。秋天，唐肅宗任命皇子李俶（後改名李豫，即唐代宗）爲天下兵馬元帥，郭子儀爲副元帥，進兵長安。李俶任元帥只是名義上的，眞正的統帥應是郭子儀。郭子儀統領唐軍十五萬人，並借回紇騎兵四千多人，在長安附近與叛將安守忠、李歸仁等展開激戰。這一仗，郭子儀調度得力，指揮有方，共殲敵六萬人，俘擄兩萬人。叛軍張通儒等連夜逃離長安。九月癸卯日，郭子儀大軍收復長安。城中老幼夾道歡呼說：「不圖今日復見官軍！」

郭子儀在長安只休整三日，乘勝東進，在陝郡打敗嚴莊增援的十萬叛軍。嚴莊敗退洛陽。安慶緒驚惶萬狀，席捲大量財物，逃往鄴城。十月壬子日，唐軍收復洛陽。郭子儀加官司徒，封代國公。班師時，唐肅宗親到城郊迎接，說：「國家再造，卿之力也。」

安史叛軍遭到沉重打擊。年底，史思明爲了爭取喘息時間，假裝投降。唐肅宗居然相信，並不削其兵權，任命爲范陽長史、河北節度使，還封爲歸義郡王。四個月後，即乾元元年（西元七五八年）四月，史思明殺了朝廷委派的官吏，再次造反。唐肅宗哭笑不得，九月，以郭子儀爲中書令，李光弼爲侍中，調集九鎭節度使，圍攻鄴城，準備先滅安慶緒，再滅史思明。九鎭節度使共有兵馬六十萬，力量相當可觀。可是，昏庸的唐肅宗，認爲九鎭節度使是平等的關係，立其中任何一人爲統帥都不適宜，因而任命親信宦官魚朝恩爲觀軍容宣尉處置使，監督全軍。魚朝恩根本不懂軍事，而且作威作福，盛氣凌人。李光弼曾建議，分兵阻擊史思明，安慶緒便可束手就擒。魚朝恩擺出監軍架勢，根本不聽。六十萬大軍缺少統一指揮，無法形成合力。有的節度使爲了保存實力，持消極觀望態度。因此，圍攻鄴城失利，「諸將驚潰，各引歸」。只有郭子儀和李光弼兩軍英勇奮戰，斬敵四萬餘人，繳獲鎧甲數十萬副。魚朝恩一向嫉妒郭子儀，這次打了敗仗，遂把全部責任推到郭子儀身上。唐肅宗聽信讒言，罷免了郭子儀的兵權，改以李光弼爲天下兵馬副元帥，取代郭子儀，兼任朔方節度使，命其星夜趕往洛陽駐守。

乾元二年（西元七五九年）三月，安史叛軍再起內訌，史思明殺死安慶緒，四月自稱「大燕應天皇帝」。九月，史思明大舉進兵洛陽。李光弼手下只有兩萬士兵，且嚴重缺糧，無法堅守。他果斷地決定，放棄洛陽，退守險要之地河陽（今河南孟津西南），阻止史思明進軍關中。史思明得到洛陽，其實是一座空城。

河陽瀕臨黃河，包括南、中、北三城。城中最大的困難是缺糧，儲糧僅夠十天之用。叛軍進攻河陽，唐軍出戰，斬首千餘級，生擒五千人。李光弼親自外出籌集糧草，把南城防務交給部將李抱玉，說：「將軍能爲我守南城二日乎？」李抱玉說：「過期怎麼辦？」李光弼說：「棄之。」李抱玉答應，一面抓緊修建工事，一面派人通知叛軍，說：「吾糧盡，明日當降。」叛軍大喜，停止進攻。次日，李抱玉修好工事，根本沒有投降的意思。叛軍知道上當，立刻攻城。李抱玉奮起還擊，打退敵人。叛軍改攻中城和北城，也被唐軍擊退。李光弼籌集到一些糧草，士兵信心增強。這天，他登上高處觀察敵陣，發現其東南方比較薄弱，於是調兵遣將，實行反擊。他手執大旗，威嚴地宣布說：「望吾旗，若揮動緩慢，爾等可機動作戰；若連揮三下，就是拚死衝鋒的信號，諸軍畢入，生死以之，退者斬！」他從懷中取出一把利刃，高舉著說：「戰，危事。吾位三公，不可辱於賊。萬一不捷，當自刎以謝天子！」說著，西向跪拜，表示必死的決心，將士無不動容。

這是一場死戰，只有進路，沒有退路。李光弼命令士兵出擊，自己在高處指揮，猛地連揮三下大旗，「諸軍爭奮，賊眾奔敗，斬首萬餘級，俘八千餘人，馬二千，軍資器械以億計」，而且擒獲叛軍將領周摯、徐璜玉、李秦授等。這是一次很大的勝利。李光弼用兵，「謀定而後戰，能以少覆眾，治師訓整，天下服其威名」，由此再次得到印證。

上元元年（西元七六〇年），李光弼加任太尉、中書令，仍然駐軍河陽，阻擊史思明。他先在河陽附近的野水渡露面，隨後命牙將雍希顥駐守那裏，叮囑說：「賊將高暉、李日越，萬人敵也。他倆必來襲擊我軍。賊至，不可與戰，若降，與偕來。」雍希顥不相信會有這樣的好事。誰知當夜，果然有一支叛軍前來，將領為李日越。雙方問明情況，李日越投降。雍希顥帶著李日越見李光弼。李光弼以禮相待，奏報朝廷，授為特進，兼金吾大將軍。不久，高暉亦來投降。雍希顥大惑不解，詢問說：「公降二將何易也？」李光弼說：「史思明以為我只善守城，不能野戰，所以我故意在野水渡露面。他想抓我，肯定會下死命令，讓李日越奇襲野水渡，若敗，必將他斬首。李日越走投無路，只能投降。高暉才幹在李日越之上，見我厚待李日越，故而跟著投降。」李光弼知己知彼，料敵如神，使雍希顥等佩服得五體投地，自歎不如。

李光弼以二萬士兵堅守河陽，使史思明無法西進一步，有效地保障了長安的安全。可是，宦官魚朝恩和佞臣僕固懷恩，嫉妒李光弼的軍功，竭力鼓動唐肅宗，讓李光弼收復洛陽。李光弼從實際出發，說明賊勢方銳，不可輕動。唐肅宗不聽，派遣僕固懷恩爲監軍，強命李光弼出戰。李光弼萬分無奈，自率一軍，移駐邙山（今河南洛陽北），而命李抱玉死守河陽。李光弼主張依山紮營，僕固懷恩卻主張布陣平原。李光弼說：「憑藉險要地形，可以勝，可以敗。布陣平原，那就敗定了！」僕固懷恩固執己見，蠻橫地說：「我是監軍，聽我的！」唐軍剛在平原布陣，叛軍七百人衝了過來，遺物於地，掉頭而去。僕固懷恩以爲便宜可佔，命令士兵爭搶遺物。突然，叛軍大隊兵馬一起殺出。爲數有限的唐軍無法招架，潰不成軍。僕固懷恩逃回長安，李光弼退守黃河以北的聞喜（今山西聞喜）。叛軍乘勢攻陷河陽，終於掃除了進兵關中的障礙。

唐朝的形勢又驟然嚴峻起來。李光弼上書請罪，請求辭去太尉職務。唐肅宗正在用人之際，改拜李光弼爲開府儀同三司、中書令和晉、絳等州節度使，不久，復拜太尉，兼侍中、河南副元帥，知河南等五道節度行營事，鎮守處於叛軍控制下的泗州（今江蘇泗洪東南）。李光弼緊急赴任。監軍使認爲兵力太少，提議南保揚州。李光弼斷然拒絕，說：「朝廷以安危寄我，賊安知我兵力？我若出其不意，叛軍可能自潰。」因此，他馳入徐州，整頓兵馬，隨時準備反擊叛軍。這時，唐肅宗想起了在家閒居的郭子儀，重新起用，任為邠寧、鄜延節度使，改為諸道兵馬都統。

上元二年（西元七六一年）三月，史思明被兒子史朝義殺害。上元三年（西元七六二年），唐肅宗以郭子儀為朔方、河中、北庭等州節度行營，兼興平、定國副元帥，封汾陽郡王，鎮守河東。唐肅宗在激烈的宮廷鬥爭中一病不起。郭子儀上書說：「老臣受命，將死於外，不見陛下一面，死不瞑目。」唐肅宗感念這位忠臣，召其進京，叮嚀說：「河東事一以委卿。」賜予御馬、絹布等。郭子儀嗚咽流涕，泣不成聲。

唐肅宗因宮廷鬥爭而驚死，唐代宗李豫繼位，宦官李輔國、程元振等專權亂政。李、程忌恨功臣宿將，唆使唐代宗罷了郭子儀的副元帥之職，改任山陵使。郭子儀憎恨宦官，把唐肅宗當初寫給自己的千餘篇詔敕進呈給唐代宗。唐代宗閱後深感內疚，說：「朕不德，詒大臣憂。朕甚自愧，自今公毋有疑。」李、程同時攻擊和詆毀李光弼，致使李光弼憂懼不安，難以自辯。

廣德元年（西元七六三年）正月，史朝義兵敗自殺，標誌著歷時九年的「安史之亂」，基本上被平定。可是半年後，那個僕固懷恩又發動叛亂，勾結回紇、吐蕃兵入侵，攻陷長安。唐代宗逃亡陝郡。郭子儀臨時出任關內兵馬副元帥，組織起數千名士兵，憑其崇高的聲望，很快收復長安。唐代宗收到捷報，頗感欣慰，詔令郭子儀為京城留守。這時，宦官程元振積極鼓動唐代宗遷都洛陽。唐代宗表示同意。郭子儀得知消息，立即上書說：「雍州古稱天府，右隴、蜀，左崤、函，襟憑終南、太華之險，背負清渭、濁河之固，地方數千里，帶甲十餘萬，兵強士勇，眞用武之國，秦、漢所以成帝業也。」他堅決反對遷都洛陽，誠懇希望唐代宗「斥素餐，去冗食，抑閹寺，任直臣，薄征弛役，卹隱扶鰥，委宰相以簡任能，付臣以訓兵禦侮，則中興之功，日月可冀。」由於他的力諫，唐代宗遂罷遷都之議，流著淚對身邊的人說：「子儀，固社稷臣也，朕西決矣。」唐代宗回到長安，歉意地說：「用卿晚，故至此。」他賜給郭子儀免死鐵券，並畫像於凌煙閣，以示寵信。

唐代宗在陝郡期間，曾命李光弼前來支援。李光弼畏懼宦官陷害，遲疑不敢動身。這加重了唐代宗的疑心。廣德二年（西元七六四年），唐代宗以李光弼爲東都留守，察其去就。李光弼因憂懼而生病。將吏問其後事。李光弼痛苦地說：「吾淹軍中，不能奉養老母，爲不孝子，尚何言哉！」他把平生所得的賞賜，多數退還給朝廷，少數分送給將士，七月病死於徐州，死年五十七歲。唐代宗追贈他爲太保，謚曰「武穆」。史學家給予李光弼以很高的評價，稱他「沉鷙有守」，「拔任兵柄」，「戰功推爲中興第一」，「策敵制勝不世出，賞信罰明，士卒爭奮，毅然有古良將之風」；同時也爲他「卒以憂死」而慨歎，說：「然讒人爲害，亦可畏矣，將時之不幸歟！」

僕固懷恩勾結回紇、吐蕃，時時入侵騷擾，唐朝的西北地方很不安寧。郭子儀出任河東副元帥、河中節度使，鎭河中；又進位太尉，兼領北道邠寧、涇原、河西道和吐蕃及朔方招撫觀察使。郭子儀爲人謙遜，國辭太尉不受。再拜尚書令，郭子儀仍然不受。永泰元年（西元七六五年），僕固懷恩糾集吐蕃、回紇、黨項、羌、渾等少數民族軍隊，號稱三十萬，進攻長安，京師大震。郭子儀先屯兵奉天（今陝西乾縣），再屯兵涇陽（今陝西涇陽），抵禦入侵之敵。郭子儀可用士兵只有一萬人，很快被敵軍十萬人團團包圍。他命李國臣等五員大將各擋一面，自己率精騎兩千，從容調度，異常鎮定。回紇主將藥葛羅遙望唐軍統帥年近七旬，身穿甲冑，威風凜凜，忙問：「是謂誰？」手下人說：「郭令公。」這是對郭子儀的尊稱。藥葛羅聽後大驚失色，說：「郭令公還在乎？僕固懷恩不是說天可汗（指唐代宗）和郭令公都死了嗎？」手下人告訴他說：「大唐天子和郭令公均健在。」藥葛羅氣憤地說：「我們被人欺騙了！」

原來，郭子儀在平定「安史之亂」時，曾借用回紇兵，雙方建立了非常友好的關係。僕固懷恩謊稱唐代宗和郭子儀亡故，這才鼓動回紇兵入夥，侵犯長安。郭子儀在敵強己弱的情況下，採取分化策略，派人會見藥葛羅，曉之以理，說：「昔回紇跋涉萬里，助我平賊，收復二京，我與爾等休戚同之，今乃棄舊好，助叛臣，一何愚！彼背主棄親，於回紇何益？」藥葛羅說：「人說郭令公亡，不然，何以至此？令公誠在，我得見乎？」郭子儀覺得這是爭取藥葛羅的極好機會，決定前去一會。將吏們顧及他的安全，說：「戎狄野心不可信。」郭子儀說：「虜眾數十倍於我，今力不敵，吾將示以至誠。」別人勸他多帶些兵馬。郭子儀拒絕，只帶領數十名騎將，免冑會見藥葛羅，說：「諸君與我同艱難久矣，何忍忘忠誼而至是邪？」藥葛羅敬重郭子儀如同父親，趕忙丟了兵器，下馬跪拜，說：「果吾父也！」郭子儀和藥葛羅一起飲宴，誓好如初，並勸藥葛羅與唐軍聯手，共擊吐蕃。恰好，僕固懷恩暴死，各族軍隊亂成一團。唐軍遂和回紇軍聯合，同擊吐蕃。吐蕃軍敗退。聯軍追襲至靈臺西原（今甘肅靈臺西），斬首五萬級，俘擄一萬人，繳獲牛馬駱駝等不可勝計。這次戰役，顯示了郭子儀的膽略和氣魄，他以異乎尋常的人格魅力，威服回紇，打敗吐蕃，取得了一場巨大的勝利。

大曆年間，郭子儀還成功地挫敗了華州節度使周智光的叛亂，兩次擊退吐蕃的入侵。當時，邊患不斷，藩鎮割據。郭子儀深以為憂，上書唐代宗，陳述加強武備方略，以求長久之策。鑒於年老，他請求辭官。唐代宗不許，說：「朕終始倚賴，未可以去位。」

郭子儀「事上誠，御下恕」，功勳顯赫，襟懷坦蕩，贏得所有人的崇敬。「安史之亂」後，許多節度使擁兵自重，尾大不掉，只有郭子儀忠誠於朝廷，矢志不渝。其他節度使儘管飛揚跋扈，但在郭子儀跟前，誰也不敢放肆。魏州節度使田承嗣桀驁不遜，郭子儀派遣使者前去說事。田承嗣西向跪拜，並指著自己的膝蓋說：「我這膝蓋不屈於人久矣，唯為郭公而跪。」汴州節度使李靈耀盤踞一方，公私財賦經過其地，一律扣留，唯獨對郭子儀的糧餉、兵器等，不敢搶掠，還派士兵護送出境。宦官魚朝恩、程元振千方百計陷害郭子儀，但郭子儀居功不傲，待人以誠，致使政敵無法抓到把柄。一年，郭子儀父親墳墓被人毀壞，人們懷疑是魚朝恩派人幹的。先人墳墓被毀，這是非常嚴重的事件。郭子儀入朝，大臣們無不緊張，擔心他不會善罷甘休，甚至可能發動政變。誰知郭子儀拜見唐代宗時，顧全大局，不計個人和家庭榮辱，號泣著說：「臣久主兵，約束士卒不嚴，先父墳墓被毀，此天譴，非人患也。」他的度量使人感動，包括魚朝恩在內。事後，魚朝恩邀請郭子儀飲宴。郭子儀欣然前往，只帶數名僕人。魚朝恩流著淚說：「非公長者，得無致疑乎？」

大曆十四年（西元七七九年），唐代宗病死，遺詔在國喪期間，由郭子儀代理朝政三天。太子李適（適，讀作擴）繼位，是爲唐德宗。唐德宗以郭子儀攝塚宰，充山陵使，賜號「尚父」，進位太尉、中書令。建中二年（西元七八一年），郭子儀病故，終年八十五歲。唐德宗爲之廢朝五日，追贈他爲太師，謚曰「忠武」，陪葬唐肅宗之建陵（今陝西禮泉東北）。

郭子儀歷事唐玄宗、唐肅宗、唐代宗、唐德宗四朝，一身繫天下安危二十餘年，忠心耿耿，高風亮節。司馬光在《資治通鑒》裏用三句話概括他的一生：「功蓋天下而主不疑，位極人臣而眾不疾，窮奢極欲而人不非之。」郭子儀，堪稱中國古代忠臣良將的楷模和典範。

李晟——「天生晟，為社稷萬人」

「安史之亂」以後，唐王朝無可奈何地走向衰敗。宦官專權，藩鎮割據，異族入侵，中央集權統治大大削弱。唐德宗時，涇原鎮兵居然在京城鬧起兵變，另立皇帝，唐德宗狼狽逃亡。幸賴名將李晟拼死努力，收復長安，迎回唐德宗，唐朝的統治這才保持了它的延續性。

李晟（西元七二七～七九三年），字良器，洮州臨潭（今甘肅臨潭西南）人。出身於普通軍人家庭，幼年喪父，奉母至孝。長大後身強體壯，自習武事，練得一身過硬功夫，長於射箭，百發百中。十八歲時從軍，攻吐蕃，擊黨項，英勇善戰，殺敵甚眾。名將王忠嗣撫其背稱讚說：「萬人敵也！」三十多歲便升任左羽林大將軍，授特進，試太常卿。

唐代宗大曆三年（西元七六八年），吐蕃騎兵以臨洮定秦堡（今甘肅岷縣附近）爲基地，大舉侵犯靈州（今寧夏靈武）。李晟時爲右將軍，鳳翔節度使李抱玉命他率兵五千，前往救援。李晟說：「五千兵馬，以眾則不足，以謀則嫌多。」他建議用「圍魏救趙」的計策，突襲定秦堡，以解靈州之危。李抱玉表示同意。李晟於是自率千名士兵，直取臨洮，很快攻克定秦堡，活捉守將慕容谷鍾，奪得大量糧草和裝備。吐蕃軍失去基地，慌忙撤兵，靈州之危不戰而解。李晟不僅有勇，而且有謀，因功升任開府儀同三司，以右金吾衛大將軍兼涇原、四鎮、北庭兵馬使。唐將馬璘進攻吐蕃，失利被圍。李晟率領輕騎相救，打敗吐蕃軍，使馬璘平安地回軍長安。唐代宗重賞功臣，封李晟爲合川郡王。可是，馬璘嫉妒李晟的威略，大進讒言，以怨報德。李晟被召回朝廷，任右神策都將，統領部分皇家禁軍。

大曆十四年（西元七七九年），唐代宗病死，唐德宗繼位。吐蕃趁唐朝國喪之機，大舉侵犯劍南（今四川），攻佔了大渡河流域的一些州縣。劍南節度使崔寧滯留長安，劍南一時無人主事，人心慌亂。唐德宗只得命李晟率神策軍五千人，赴劍南救急。李晟日夜兼程，跨越千山萬水，火速進軍，到達漏天（今四川盧山），立即投入戰鬥，攻拔飛越（今四川瀘定）等三城，渡過大渡河，斬殺吐蕃軍千餘人。吐蕃軍萬沒想到唐軍如此神速，陣腳大亂，倉皇逃遁，溺死者和餓死者逾萬人。

建中二年（西元七八一年），魏博節度使田悅，勾結鎮州節度使李惟鋒、淄青節度使李納等，擁兵自重，反叛朝廷。不久，幽州節度使朱滔也加進叛軍行列，整個河北地區處於混亂狀態。唐德宗急命李晟爲神策先鋒，會同河東節度使馬燧、昭義節度使李抱眞，共同平叛。李晟治軍有方，賞罰嚴明，體恤將士，能夠叫出麾下所有士兵的名字。因此，他所統領的神策軍最有戰鬥力，大敗田悅，取得初步勝利。馬燧和李抱眞卻各有私心，互不相容，馬燧甚至揚言要回師河東。李晟從大局考慮，極力在馬、李之間做調和矛盾的工作，終於使三部分軍隊達成共識，合力進行平叛。唐德宗信任李晟，提拔他爲檢校左散騎常侍，兼魏博府左司馬，再授為御史大夫，全面主持平叛事宜。誰知建中四年（西元七八三年）十月，李晟忽然接到聖旨，命他回軍護駕，並說長安已經淪陷於涇原鎮兵手中。

原來，河北戰事處於膠著之時，淮寧節度使李希烈又反叛朝廷。唐德宗無兵可派，只好抽調涇原（今甘肅涇川、鎮原）鎮兵，前去鎮壓。涇原鎮兵五千人路過長安，朝廷一無所賜，而且招待不周，他們遂發動譁變，鼓噪吶喊，進攻大明宮。唐德宗安撫無效，狼狽逃往奉天（今陝西乾縣）避難。涇原鎮兵佔領京城，大肆搶掠，並擁護原涇原節度使朱泚為頭領。朱泚趁機自稱「大秦皇帝」，勾結回紇軍，把唐德宗包圍於奉天。唐德宗召朔方節度使李懷光救駕。李懷光駐軍咸陽，心懷鬼胎，情勢更加危迫。唐德宗無計可施，這才宣召李晟，前來解救急難。

李晟接旨，焦急萬分。河北諸將倚重李晟，紛紛勸阻，不願讓他離開。李晟嚴厲地說：「天子蒙難，人臣當捨死相救。諸公若阻吾回軍，吾就將爾等囚禁去見天子。」他對河北平叛事宜作了周密安排，然後率部疾馳長安。途中，他又被任命為神策行營節度使，負責節制部分唐軍。李晟秋毫無犯，進抵長安東郊，駐軍東渭橋（今西安高陵境）。受節制的將軍劉德信，軍嚚無制，騷擾百姓。李晟執行軍法，毫不留情地將其斬首示眾。

李懷光遲遲不與叛軍交戰，而且提出種種苛刻條件，要脅唐德宗。他特別畏忌李晟，提出兩軍合為一軍的主張，意在吞併李晟的神策軍。李晟沒有答應，只同意和李懷光聯壘紮營。李晟挑戰朱泚，披錦裘，戴繡帽，指顧陣前，英氣豪邁。李懷光大為惱火，說：「為將務要持重，豈能自我炫耀？」李晟說：「我和涇原鎮兵中的許多人都很熟悉，他們畏伏於我。我這樣做，就是要讓他們看見，瓦解對方軍心。」李晟還派人告訴李懷光說：「賊據京邑，天子暴露於外，公宜速進兵。我李晟雖然不肖，願爲公先驅，死且不悔！」但是，李懷光還是按兵不動。

興元元年（西元七八四年）正月，形勢發生新的變化。朱泚在長安改國號爲漢，自稱「漢元皇帝」。李懷光則與朱泚串通，共同圍攻奉天。李晟最早發現李懷光的反相，趕忙移軍於東渭橋，並奏告唐德宗，要作最壞情況的準備。二月，唐德宗被迫捨棄奉天，逃往梁州（今陝西漢中）。途中缺糧乏食，苦不堪言。他憂心忡忡地問隨行大臣渾瑊說：「東渭橋位處賊寇腹心，李晟孤絕無援，他能取勝嗎？」渾瑊安慰皇上，說：「李晟秉義挺忠，巍然之智不可奪，臣想一定能夠破賊！」唐德宗把全部希望都寄託在李晟身上，又派人拜他爲尙書左僕射、同中書門下平章事，也就是宰相。李晟受命，流著淚說：「京師乃天下之本，若皆貪生怕死，誰去收復？」

李晟孤軍，面對朱泚和李懷光兩支叛軍，內無資糧，外無救援，只能用忠義激勵部下，說：「國家多難，皇輿遠徙，見危死節，自吾之分。公等此時不誅元兇，取富貴，非豪傑也。東渭橋斷賊首尾，吾欲與公戮力一心，建不世之功，可乎？」眾將士含淚說：「唯公是命！」這時，李晟表現出一位傑出軍事家的氣質，一面派人籌集糧草，修繕甲兵；一面派兵守衛潼關、七盤嶺（今陝西與四川交界處）等要地。同時分化朱泚和李懷光的聯盟，奉勸李懷光反戈一擊，以功贖罪。李懷光處境尷尬，軍心浮動。他擔心受到李晟的攻擊，灰溜溜地回河東去了。部將孟涉、段威勇等，率兵數千人歸附李晟，李晟的壓力一下子減輕了許多。

唐德宗還想仿效當年的唐玄宗，逃往蜀郡。李晟堅決反對，懇請皇帝留駐梁州，以免天下失望。唐德宗給李晟加了許多官職，使之兼任河中等五州節度使，又兼京畿等四地節度招討使，再兼京畿等五地兵馬副元帥。李晟越發感到責任重大，堅持和將士同甘共苦，任用得力副手，積極準備反擊朱泚，收復京師。

朱泚在長安，把李晟和神策軍將士的家屬，統統扣為人質。有人說及此事。李晟為之淚下，說：「陛下逃難，而欲恤家乎？」朱泚派人告訴李晟說：「公等家人無恙。」李晟大怒，斥責說：「爾乃與賊充當間細和說客乎？」立刻下令將那人斬首。時令已到夏天，李晟軍中沒有補給，不少人還穿著冬天的棉衣。儘管如此，將士們熱愛和擁護他們的統帥，訓練備戰，無怨無悔。

五月，李晟召集各路唐軍，決定合攻朱泚。眾將主張先拔外城，然後清宮。李晟說：「外城有裏閈之隘，若設伏格戰，居人囂潰，非計也。賊重兵精甲聚苑中，今直擊之，是披其心腹，賊將圖走不暇。」他把指揮部前移至長安禁苑光泰門外。朱泚部將張庭芝等出城挑戰。李晟說：「賊不出，是吾憂也。賊冒死前來，天助我也！」戰鬥打響，唐軍為平叛而戰，人人英勇。李晟親率精騎，衝進敵陣，大砍大殺。叛軍潰敗，退入城內，「大哭，終夜不息」。朱泚見勢不妙，率領殘兵敗將萬餘人，倉皇西逃。李晟一戰而收復長安，接著全力整頓社會秩序，不許侵害百姓，下令說：「全體將士五日內不得回家看望家人，違者斬！」兩名將領因爲擾民，所以被斬首以徇。

唐德宗接到捷報，喜極而泣。群臣拜賀，說：「李晟蕩夷凶寇，而市不易廛，宗廟不震，人民安居，縱然三代先賢用兵，也不過如此。」唐德宗說：「天生（李）晟，爲社稷萬人，豈獨朕哉！」當天加拜李晟爲司徒，兼尚書令。

唐德宗回鑾。李晟身穿戎裝，前往三橋（今西安西三橋）迎接，步騎十餘萬，旌旗數十里。李晟恭敬地跪拜皇帝，說：「微臣無能，破賊日遲，致使皇輿蒙難，死罪死罪！」這是客氣話，李晟功比天高，何罪之有？唐德宗眼含淚水，稱讚李晟，給了他最優厚的賞賜，還在東渭橋立了一座石碑，紀念平叛戰爭的勝利。

朱泚西逃，留下一系列後遺症問題。李晟繼任涇原、隴右、鳳翔節度使，兼行營副元帥，改封西平郡王，前去解決，殺了參加兵變的將領十餘人。同時列出李懷光的五條罪行，請求唐德宗予以嚴懲，絕對不可赦免。

吐蕃在長安淪陷期間，趁火打劫，侵佔了河西一些地方。李晟統領馬燧等將，率兵前去討伐。吐蕃畏懼李晟，無法以武力相抗衡，改用離間計，買通新任宰相張延賞，散布流言說，李晟掌握兵權太久，日後必生事端。唐德宗受到迷惑，明升暗降，於貞元三年（西元七八七年）進拜李晟爲太尉、中書令，罷其兵權。

李晟問心無愧，泰然處之。長史丁瓊抱打不平，私見李晟，說：「以公之功，卻丟兵權，眞是位高者難全。公當及早圖之。」李晟光明磊落，斥責說：「君安得出此不祥之言？」他立刻把丁瓊縛了，交由皇帝處理。史載，李晟「疾惡」，「尤惡下爲朋黨者」。他最敬佩名臣魏徵，說：「魏徵以直言致太宗皇帝於堯舜之上，忠臣也。我誠慕焉！」因此，凡遇大事，他都會毫無保留地說出自己的意見，「每進對，謇謇盡大臣節，未嘗露於外」。

唐德宗儘管猜忌功臣，但對李晟的品格，不得不折服。他破例恩准給李晟先人立五廟，並將李晟繪像於凌煙閣，頒詔表彰李晟的功績。其詔書由皇太子書寫，刻碑立於李晟府邸門前。貞元九年（西元七九三年），李晟病死，終年六十七歲。追贈太師，諡曰「忠武」。李晟共有五個兒子，其中李愬深受父親影響，即將爲唐朝建立新的功勳。

李愬——奇襲破蔡州，生擒吳元濟

唐玄宗開元、天寶年間，只在邊地設十鎭節度使，負責抵禦異族入侵。後來，爲了平定「安史之亂」，朝廷任命很多大大小小的節度使，致使節度使氾濫，而且職務可以世襲，從而形成藩鎭割據的獨立王國，根本不聽中央的號令。唐憲宗李純時，李晟之子李愬成爲一代名將，英勇果敢，出以奇兵，生擒淮西節度使吳元濟，維護了國家統一，歷來爲人稱道。

李愬（西元七七三～八二一年），字元直，洮州臨潭（今甘肅臨潭）人。李晟家教嚴格，使李愬在青年時代，就「有籌略，善騎射」，歷任協律郎、衛尉少卿、太子右庶子等職，晉升爲坊州、晉州刺史。任職期間，政績優異，加金紫光祿大夫，進爲詹事。

元和九年（西元八一四年），淮西節度使吳少陽病死，其子吳元濟自襲父職，出任節度使。吳元濟懷有野心，貪婪暴虐，四出侵擾，擴張勢力。附近州縣紛紛告急。唐憲宗召集群臣計議，宰相武元衡和御史中丞裴度等，力主發兵削藩，維護朝廷的威信。因此，征討淮西的戰爭開始了。

淮西轄境不大，只有申、光、蔡三州，相當於今河南駐馬店和信陽兩個地區，節度使治所在蔡州（今河南汝陽）。朝廷調集十六鎮的九萬大軍，圍剿淮西，攻打了四年，兩易主帥，卻無果而終。特別是西線戰場，四易主將，均告失敗。究其原因，也不奇怪。因爲節度使之間有著共同的利害關係，一損俱損。他們的圍剿只是做給朝廷看的，誰會眞正出力呢？

更爲嚴重的是，戰爭進行當中，淄青節度使李師道和吳元濟串通，派刺客至長安，刺殺力主削藩的武元衡和裴度，前者慘死，後者重傷。那麼，削藩戰爭還要不要進行下去呢？罷兵之議甚囂塵上。繼爲宰相的裴度認爲，淮西不平，中原難安，猶如人有腹心之疾，終必養成大患。他自請親臨前線，統領眾軍作戰。唐憲宗爲之送行。裴度說：「臣去淮西，賊滅，則有日朝見陛下；賊在，則無歸期。臣與賊誓不共戴天！」時爲詹事的李愬，自告奮勇，主動請纓，前往淮西平叛。經人推薦，他被任爲檢校左散騎常侍，隨、唐、鄧州節度使，代替原先的敗將袁滋，負責西線戰場的戰事。

元和十二年（西元八一七年）八月，裴度到達郾城（今河南郾城）。這是北線戰場，也是朝廷部隊主力之所在。吳元濟以精銳萬餘人駐防洄曲（今河南漯河西），嚴陣以待。李愬利用北線戰場對峙的機會，不求戰功，示敵以弱，著意安撫士卒，團結將領。他爲了麻痹敵人，故意放風說：「天子知我能忍恥，故委以撫養。戰，非吾事也。」李愬當時並沒有什麼名氣，而且不顯稜角，所以吳元濟根本不把他放在心上，防備也不怎麼嚴密。

李愬抓緊時間，爭取敵方力量，以敵制敵。他最大的特點是推誠待士。屬下士兵生病，他慰問照料，親侍醫藥；敵方將士來降，他格外尊重，或去或留，悉聽其便。凡去者，他給他們發送米和布，說：「你們都是好百姓，快回去和家人團聚吧！」他特別重視了解敵情，通過偵察和調查，熟知淮西的山川地形、軍事部署、物資儲備等情況。

李愬綜合各方面的情報，萌發出一個大膽設想：奇襲蔡州。理由是：一，蔡州是吳元濟的巢穴，攻下蔡州，整個淮西問題便可解決；二，蔡州處於淮西腹地，吳元濟以爲安全，恰恰可以趁敵不備。奇襲蔡州，大部隊派不上用場，必須有一支精幹的敢死隊。爲此，李愬預作準備，悄悄組建起一支三千人的「突將」，嚴加訓練，使之成爲耐得苦勞、武藝高強的奇才銳士，號稱「六院兵馬」。

北線戰場時有戰事發生，互有勝負。李愬在西線戰場只是小打小鬧，免得引起敵人的高度注意。他活捉了敵將丁士良，待之以禮。丁士良大爲感動，說服同僚吳秀琳來降。丁士良、吳秀琳率部進攻吳房（今河南遂平附近），陷其外城。這時，李愬命停止進攻。丁、吳不解，說：「這是爲何？」李愬說：「我們攻佔吳房，賊虜就會集中起來，不如留著它，以分散其兵力。」

吳秀琳向李愬建議說：「必欲破賊，非李祐無與成功者。」李祐是吳元濟西線守將，駐守興橋棚（今河南遂平），驍勇善戰，曾經多次打敗過朝廷軍隊。李愬於是設計，在李祐出城籌集糧草的時候，將其俘獲。士兵們切齒痛恨李祐，紛紛要求將其處死。李愬不然，親解其縛，賜酒壓驚，待之如貴客。李祐感念李愬的眞誠，欣然歸降。李祐果然有些膽識和能耐，規劃奇襲蔡州的路線，詳細完備。李愬遂以李祐爲六院兵馬使，統領「突將」。此舉使很多人擔心，但李愬用人不疑，絕對相信李祐。

一切準備就緒。李愬把奇襲蔡州的方案報告裴度，得到批准。十月九日，李愬命李祐率三千名「突將」爲先鋒，自率中軍，長途奔襲蔡州。有人問行軍去向。李愬只回答三個字：「引而東。」當天，軍行六十里，入夜時，悄悄奪取了淮西軍的棚寨張柴村，全殲其守軍。稍息，待進食後，又趁黑夜向東挺進。時值天降大雪，寒風凜冽，戰馬縮栗，士兵膚裂，不少人被凍死。張柴村以東，是一片沼澤地，水涼泥深。有人再問行軍去向。李愬這才通告全軍，說：「入蔡州，擒殺吳元濟！」將士們聽此軍令，有的愕然，有的惶惑，嘀咕說：「大帥中了李祐奸計，我等怕是有來無回了！」但眾人信賴李愬，更畏軍法，無抗命者。

大軍冒著黑夜風雪，跨越河流溝壑，快速前進。再行軍七十里，四更多天，到達蔡州城外。附近有一鴨池。李愬命士兵驅趕鴨子，使其鳴叫，用來混淆兵馬的聲音。大軍略加休整，李祐即率領「突將」，攀牆登城。守城士兵怎麼也想不到蔡州會出現唐軍，毫無防備。「突將」不費吹灰之力，便將守城士兵全部殺死，只留下更夫，命他們繼續打更。城門打開，天已放明，李愬麾軍直入，撲向吳元濟的府邸。吳元濟尚在睡夢中，聽到侍從報告說：「城陷矣！」吳元濟根本不信，說：「大概是洄曲子弟回來要寒衣的吧？」侍從又報告說：「李常侍傳話，命大帥投降。」「李常侍」指李愬。吳元濟大驚失色，說：「李常侍何能到此？」他慌忙起床，率領幾名侍從登上牙城，企圖負隅頑抗，以待主力回援。李愬並不強攻，而是派人找到淮西軍駐洄曲的統帥董重質的家屬，予以保護和優禮，並讓其子寫信，告訴蔡州的情況。董重質接信，知道大勢已去，迅速回蔡州，歸降李愬。李愬待之以禮。董重質去見吳元濟。吳元濟一掃往日威風，叩頭請降。李愬奇襲破蔡州，生擒吳元濟，淮西軍前線主力，以及申、光二州，當日投降。延續四年多的淮西戰爭，一夜之間就結束了。

裴度來到蔡州。李愬率領全軍，列陣迎接。裴度有意迴避。李愬說：「這個地方長期不講法度，上下觀念淡薄，請因示之。」於是，裴度以宰相身分，接受李愬的大禮。蔡州百姓圍觀，再次看到久違了的朝廷禮儀。十一月，裴度、李愬押解著吳元濟，班師回京，沿途受到英雄般的歡迎。唐憲宗下令，將吳元濟斬首示眾。李愬因功，進位檢校尚書左僕射、山南東道節度使，封梁國公。

淮西戰爭的勝利，使其他一些藩鎮大為恐慌，先後上書，表示願意服從朝廷號令。元和十三年（西元八一八年），淄青節度使李師道仍獨力頑抗，興兵叛亂。李愬再次奉命平叛，經歷十一場戰鬥，擒獲叛將五十人，殲敵萬餘人。李師道則被部下殺死，叛亂止息。李愬又建功勳，升任同中書門下平章事，徙昭義軍節度使。

唐穆宗長慶元年（西元八二一年），幽州、鎮州發生動亂。李愬率兵征討，不料忽然患了重病，回至洛陽，旋即病死，死年四十九歲。唐穆宗追贈他為太保，諡曰「武」。

李愬出身將門，憑藉自己的軍事才幹而建立了功業，史稱「功名之奇，近世所未有」。他可以平定有限的藩鎮，卻無力剷除藩鎮得以割據的根源。不久，藩鎮就又蔓延、擴散開來，唐王朝的末日一天天逼近了。

曹彬、潘美——宋初為統一而戰的名將

唐王朝滅亡後，出現了「五代十國」。它們均是地方割據政權，實是唐末藩鎮割據的延續。西元九六〇年，宋太祖趙匡胤運用權術發動兵變，「黃袍加身」，取代五代中的最後一個王朝後周，建立了宋朝（北宋）。宋太祖畏忌擁護他當皇帝的驕兵悍將，巧設計謀，使將領石守信、高懷德、張令鐸、王審琦、張光翰、趙彥徽等，乖乖地交出了兵權。整個宋朝重文輕武，因此很難產生傑出的將帥。相比之下，宋初的曹彬和潘美比較優秀，爲國家統一作出了卓越的貢獻。

曹彬（西元九三一～九九九年），字國華，眞定靈壽（今河北正定）人。出身將門，父親曹芸官至成德軍節度兵馬使。曹彬少時聰穎，長大後從軍，「氣質敦厚」，人稱「有遠大器，非常流也」。他的從母張氏，乃後周太祖郭威的貴妃。憑著這層關係，後周世宗柴榮繼位後，曹彬升任潼關監軍、晉州兵馬都監。趙匡胤跟隨柴榮南征北戰，出任殿前都點檢，掌握了禁軍大權，逐漸萌生野心，廣泛結交軍隊將領，擴展自己的勢力。但是，曹彬保持中立態度，非公事不登上司之門。宋太祖開國後，召見曹彬，說：「我以前常欲親汝，汝何敢疏

（遠）我？」曹彬說：「臣爲周室近親，復忝內職，靖恭守位唯恐獲過，安敢妄自交接陛下？」宋太祖據此認識到曹彬爲人誠實，堪可重用。

北宋初建時，國土只限於黃河中下游地區，北有北漢和遼國的威脅，南有南唐、吳越、荊南（南平）、南漢、後蜀等割據政權。北漢聯合遼軍，趁機南侵，給新建的宋朝造成了麻煩。宋太祖命曹彬和王全斌率兵回擊。曹、王連戰皆勝，鞏固了西北邊防。曹彬因此升任左神武將軍、樞密承旨。

宋太祖坐穩了皇位，接受趙普的意見，根據「先南後北」的戰略部署，發動了旨在統一天下的征討戰爭。先滅荊南，再滅後蜀。建德二年（西元九六四年）冬，曹彬、王全斌奉命率兵進攻後蜀。後蜀末帝孟昶荒淫腐朽，武備鬆弛。宋軍勢如破竹，次年正月便攻佔成都，孟昶投降。王全斌因勝而驕，放縱士兵搶掠女人和財物。曹彬嚴厲約束部下，除圖書典籍外，一無所取，並勸王全斌盡快班師。宋軍回到京城。宋太祖獲知王全斌的罪狀，立命將有關人員下獄審訊。曹彬因「清介廉謹」，授官宣徽南院使、義成軍節度使。曹彬心中不安，說：「西征將士俱得罪，臣獨受賞，這樣不妥。」宋太祖說：「卿有茂功，又不矜伐，理當受賞，此乃國之常典，不必辭讓。」其後，曹彬又擊敗北漢的侵犯，於開寶六年（西元九七三年），進位檢校太傅。

曹彬在攻滅後蜀的戰爭中建立了功勳，潘美則在攻滅南漢的戰爭中表現出了才幹。潘美（西元九二一～九八七年），字仲詢，大名（今河北大名）人。其父潘璘是個低級軍官，只當過軍校。潘美少時「倜儻」，有大志，曾說：「大丈夫不以此時立功名取富貴，碌碌與萬物共盡，可羞也。」後周世宗柴榮剛剛即位，他以補供奉官身分，參加「高平之戰」，因功出監陝州軍。宋太祖開國後，陝州軍節度使袁彥不甘臣服，企圖獨立。潘美單人獨騎，前去遊說，曉以「天命既歸，宜修臣職」的道理。於是，袁彥入朝，跪拜宋太祖。宋太祖大喜，說：「潘美不殺袁彥，能令來朝，成我志矣！」隨後，潘美隨宋太祖平定淮南節度使李重進的反叛，因功任秦州團練使、潭州防禦使。開寶三年（西元九七〇年），宋太宗以潘美為行營諸軍都部署兼朗州團練使，率兵進攻南漢。南漢後主劉鋹（鋹，讀作敞），性格剛愎，任性暴戾，把國家政務交給宦官龔澄樞、陳延壽和女巫樊胡等全權處理，自己只顧在後宮裏尋歡作樂。宋軍很快攻克賀、桂、昭、連等州。劉鋹聽到消息，反而高興地說：「這些地方本屬湖南，北軍攻取後就滿足了，不會再南下了。」然而，宋軍繼續進兵。劉鋹惶懼起來，派人請求緩師。潘美不准，傳達宋太祖的旨意說：「能戰則戰，不戰則守，不守則降，不降則死，不死則亡。除此五種出路，別無選擇。」劉鋹只得整頓兵馬扼守險要之地，負隅頑抗。次年，潘美一場火攻，南漢十五萬大軍潰敗而逃。宋軍直逼廣州。龔澄樞等獻一「妙計」，說：「北軍南來，貪圖的是吾國珍寶，不妨一把火燒了它，他們必定不戰自退。」劉鋹同意，放火焚燒府庫儲藏和宮殿樓閣。但是，宋軍並未退兵。劉鋹慌忙準備十幾隻大船，裝滿金銀珠寶，企圖從海上逃跑。不曾想宦官樂范，竊取了大船，溜之大吉。劉鋹走投無路，自縛投降。潘美知廣州兼市舶使，繼拜山南東道節度使，兼嶺南轉運使，徹底平定了南漢的殘餘勢力。

宋太祖在削平荊南、後蜀、南漢後，開始把矛頭指向吳越和南唐。爲了集中兵力，他與吳越暫時結盟，主攻南唐。南唐後主李煜，不圖自強，只想委曲求存，保住自己的一方樂土。他向宋太祖稱臣，自請削去帝號，改稱江南國主，同時搜刮大量金銀絹帛，貢獻汴京，以示恭順。宋太祖並不領情，決定攻滅南唐。爲了師出有名，先召李煜入朝。李煜擔心自投羅網，自稱有病，拒不奉詔。開寶七年（西元九七四年），宋太祖以曹彬爲升州西南路行營馬步軍戰棹都部署，潘美爲升州道行營都監，合兵於江陵，統兵十萬，戰船千艘，進攻南唐。李煜慌了手腳，一面命其弟李從鎰，以厚禮進貢；一面命築城聚糧，打算堅守。十一月，曹彬、潘美大軍順長江而下，攻克池州（今安徽貴池）、當塗（今安徽當塗）、蕪湖（今安徽蕪湖），進抵采石磯（今安徽馬鞍山長江北岸），準備建浮橋渡江。消息傳至金陵，李煜正和群臣飲酒填詞。有人說：「長江天塹，自古以來沒有人能搭浮橋過江的，宋軍也不例外。」李煜深以爲然，說：「我早說過，宋軍不過是孩子玩遊戲罷了。」誰知宋軍十分了得，輕而易舉地就渡過長江天塹，擊潰南唐兵馬，俘斬數萬人，進兵至金陵城下。李煜嚇懵了，趕忙派大臣徐鉉去汴京，請求緩師。徐鉉面見宋太祖，說：「李煜無罪，陛下師出無名。」還說：「李煜以小國敬奉大國，如同兒子侍奉父親，沒有過失，爲什麼征伐他呢？」宋太祖反問說：「你說父親和兒子能分成兩家嗎？」徐鉉苦苦哀求緩師。宋太祖正言厲色地說：「天下一家，國無二主。臥榻之側，豈容他人鼾睡！」

開寶八年（西元九七五年）十一月，曹彬、潘美大軍攻破金陵。李煜打算自焚，臨時卻又沒了勇氣，率領群臣投降。曹彬生性寬仁，破城前突然假裝生病，不能理事。諸將前來問疾。曹彬說：「我的病，非藥石所能治。唯須諸公誠心自誓，以克城之日，不妄殺一人，我自癒矣。」諸將全都答應，焚香發誓，承諾遵守軍紀。因此，金陵城破之日，避免了一場搶掠和殺戮。曹彬接受李煜的投降，說：「歸朝後俸祿有限，你可回去多收拾些行裝。」李煜回宮。有人擔心，說：「放他回宮，萬一出什麼差錯，責任非輕。」曹彬笑著說：「他既能出降，怎會捨得死呢？」

曹彬和潘美再建功勳。曹彬升任樞密使、檢校太尉、忠武軍節度使；潘美升任宣徽北院使。

開寶九年（西元九七六年），宋太祖死，其弟趙光義繼位，是爲宋太宗。宋太宗繼續執行宋太祖的既定政策，致力於統一大業。太平興國三年（西元九七八年）攻滅吳越，次年攻滅北漢。曹彬和潘美參加了攻滅北漢的戰爭，戰後，曹彬兼任侍中；潘美加開府儀同三司，封代國公，改封韓國公。期間，曹彬受人誣陷，一度出爲太平軍節度使。宋太宗很快發現，曹彬是冤枉的，又恢復他的官職，封魯國公，待之愈厚。

宋太宗完成了宋太祖未竟的事業，結束了五代十國的分裂局面，基本上統一了中原和江南地區。雍熙三年（西元九八六年），他第二次發兵進攻遼國，試圖收復燕雲十六州。這次用兵，規模浩大，調集兵馬三十萬人，分爲三路：東路軍以曹彬爲統帥，出瓦橋關（今河北雄縣境），進軍幽州；中路軍以田重進爲統帥，出飛狐口（今河北淶源北），攻打蔚州（今河北蔚縣）；西路軍以潘美爲統帥，楊業爲副，出雁門，進取雲中（今山西大同）。中路、西路進軍順利，收復了一些地方。但是東路遭遇遼軍主力，因軍困糧缺，倉皇撤退。退到岐溝關（進河北涿縣西南）時，被遼將耶律休哥的騎兵打得大敗。宋太宗在後方遙控軍隊，急命中、西路軍縮短戰線，退回原防，並命潘美、楊業，護送雲、應、寰、朔四州百姓內遷。由於軍令下達遲緩，各部之間配合不力，楊業成了一支孤軍，仍然英勇奮戰。楊業身受數十處創傷，最後中流矢，墮馬被俘，絕食三日，壯烈犧牲。

這次攻遼戰爭的失敗，是宋太宗錯誤估計形勢和指揮失誤的結果。曹彬獲「失律之罪」，降爲右驍衛上將軍。潘美在楊業之死上負有責任，降爲檢校太保。雍熙四年（西元九八七年），潘美改爲檢校太師、同中書門下平章事，數月後病死，被追贈爲中書令，謚曰「武惠」。曹彬重新被起用，任侍中、武寧軍節度使，後來改任平盧軍節度使。宋眞宗趙恆即位後，曹彬進位檢校太師、同中書門下平章事。咸平二年（西元九九九年），曹彬病死，被追贈爲中書令、濟陽郡王，謚曰「武惠」。

曹彬和潘美同爲名將，同爲國家統一而戰，有著大致相同的經歷和功勳，死後的謚號也是一樣的。《宋史》給予二人以很高的評價，尤其是曹彬，說：「君子謂仁恕清愼，能保功名守法度，唯（曹）彬爲宋良將第一。」但是，後世根據楊業一門忠烈而演繹成的「楊家將」故事，曹彬和潘美的形象發生了改變，尤其是潘美，被改叫「潘仁美」，陰險奸詐，私通遼國，有意刁難和陷害楊家，做了無數壞事。這只是文人的想像和虛構，切莫當作信史。

狄青——百勝將軍，智勇平叛

宋太祖趙匡胤開國以後，爲防止將帥也來個「黃袍加身」，發動兵變，採取一系列措施，改革軍制。其中最重要的是設置樞密院，以文官掌管軍事，將帥和士兵分離，「兵無常帥，帥無常師」，避免軍隊歸私人所有，成爲新的割據勢力。士兵的地位比較低下，升遷相當困難。在這種大環境下，竟有一人從普通的士兵起步，因功升任將官，再升任樞密使，掌握全國軍權，實爲罕見。這個人，就是宋仁宗時的名將狄青。

狄青（西元一〇〇八～一〇五七年），字漢臣，汾陽西河（今山西汾陽）人。出身於貧苦家庭，沒有任何社會背景。自小愛好武藝，練得一身騎馬射箭的過硬本領。成年後流浪到京城汴京，從軍，當了一名宮廷衛兵。宋制，士兵的臉上都要刺字，稱「面涅」，以防他們逃跑，便於辨認。一天，狄青和其他一些衛兵，看到朝廷新考中的進士，披紅掛綵，行進在大街上。夥伴們好生羨慕，說：「瞧人家讀書人，金榜題名，榮華富貴，多神氣！而我等卻臉帶面涅，丟人現眼，眞是……」狄青不以爲然，說：「不！我們軍人自有職責，只要建功立業，照樣能夠出人頭地！」

宋仁宗寶元元年（西元一〇三八年），原先臣服於宋朝的黨項族人西平王元昊，公然稱帝，建國號爲夏，定都興慶府（今寧夏銀川），史稱西夏。元昊好戰，時時入侵宋境，宋朝西北邊境再不安寧。宋仁宗趕忙調整軍事部署，緊急任命韓琦、范仲淹爲陝西經略安撫招討副使，協助統帥夏竦，共禦西夏。朝廷抽調部分衛兵，充實西北前線，狄青亦在其內，被派往延州（今陝西延安）。狄青非常勇敢，每有戰事，必衝鋒在前，奮不顧身，很快被提拔爲軍官。在其後的四年中，他帶領部下，經歷大小二十五次戰鬥，身中八次流矢，焚毀二千三百個敵酋營帳，俘擄黨項族兵民五千七百人。一次，他又中箭負傷，拔出箭頭，血流如注。這時，敵人發動進攻，欲奪宋軍大營。狄青強忍疼痛，一躍而起，帶領士兵，奮勇殺出。史籍記載說：「臨敵，披髮，戴銅面具，出入賊中，皆披靡，莫敢當。」結果，夏兵潰敗逃去，宋軍大獲全勝。戰後，經略判官尹洙把狄青推薦給韓琦、范仲淹，說：「此良將才也！」韓、范會見狄青，談論軍事。狄青說：「兩軍相遇勇者勝！」韓、范欣賞狄青的勇猛氣概，「奇之」。接著，范仲淹送給狄青一部《左氏春秋》，說：「將不知古今，匹夫勇爾！」

范仲淹的教誨，使狄青受益匪淺。從此，他折節讀書，逐漸通曉秦漢以來將帥兵法，智勇雙全，如虎添翼。他的名聲遠近傳播，人稱「百勝將軍」；官階飆升，先後任西上閤門副使、秦州刺史、涇原路副都總管、經略招討副使、天武四廂都指揮使、惠州團練使。就連宋仁宗也知道了他的名字，意欲召見。適逢有戰事，狄青脫不開身。宋仁宗命人畫了狄青的畫像，一睹其風采。

慶曆四年（西元一〇四四年），元昊受形勢所逼，主動向宋求和。宋仁宗表示同意，於是簽定和約，西夏名義上稱臣於宋，宋卻要給夏大量歲幣。西北一時平靜，狄青被調至北方邊防，歷任眞定路副都總管、侍衛步軍殿前都虞候、眉州防禦使、步軍副都指揮使、保大和安遠軍節度使、馬軍副都指揮使等職。他在軍中十餘年，已經是高級將領，但臉上的面涅仍在。宋仁宗命他敷藥除字。他不同意，說：「陛下以功擢臣，不問門第。臣所以有今日，因爲有此面涅爾。臣願留著它，以勸勵所有將士。」其後，狄青又被調往西北，任彰化軍節度使，知延州，權樞密院事。

皇祐四年（西元一〇五二年），南方廣源州（今廣西）豪族首領儂智高發動叛亂，企圖建立獨立王國。他陷邕州（今廣西南寧），圍廣州，整個嶺南爲之騷動。接著向北進兵，燒殺搶掠，進駐崑崙關（今廣西賓陽西南），聲勢浩大。

宋仁宗接到警報，深以爲憂。狄青上書，自請前去平叛。宋仁宗接見狄青。狄青說：「臣起行伍，非戰伐無以報國，今願率精騎數百，加上禁軍，必斬賊首致闕下！」宋仁宗壯其言，立命他爲宣徽南院使，率禁軍三萬，出發平叛。這是狄青第一次作爲統帥，獨當一面指揮作戰。正是在這次戰爭中，他表現出了超人的智謀和膽略。

狄青大軍開拔，每至州縣，必令將士充分休息，消除勞頓。十一月，行軍至潭州（今湖南長沙）。狄青曉諭會集的諸路兵馬，「正部伍，明賞罰」，即使後勤運輸人員，也要編隊前進，整齊而不亂。他特別注重軍紀，違者必正軍法，自己則與士兵「同饑寒勞苦」，不享受特權。大軍抵達桂林（今廣西桂林）。狄青在一座古廟裏集合諸將，說要求神問卜。他命侍從取來一百枚銅錢，攥在手裏，祈禱說：「我狄青奉命平叛，但願神靈保佑。現在，我把銅錢拋撒在地，若能旗開得勝，就使錢面全部朝上……」幾位將領連忙勸阻，說：「這是不可能的事情。」狄青不予理睬，一揚手，把銅錢拋撒在地。眾將一看，全都傻眼了，因爲百枚銅錢，錢面居然全部朝上！大家發出歡呼。狄青高興地命人取來百根鐵釘，把銅錢釘在地上，說：「我們凱旋之日，一定要來重修廟宇，答謝神靈！」這事很快傳揚開來，全軍歡騰，相信這次戰爭，必勝無疑。

年底，狄青抵達賓州（今廣西賓陽），會合安撫使孫沔、余靖的兵馬，此去崑崙關約數十里。狄青下達命令：「諸將不准擅自出戰，一切聽吾號令！」偏有將軍陳曙、袁用求功心切，率領本部偷襲崑崙關，結果大敗。狄青大怒，說：「令之不齊，兵所以敗！」他命將陳、袁等三十餘人斬首示眾。由是，眾將股慄，全軍肅然。

皇祐五年（西元一○五三年）正月，臨近元宵節。狄青又下達命令，放假十天，休息待命。節日期間，安排三天宴會，第一天宴請將領，第二天宴請軍佐，第三天宴請軍校。將士們可以暢飲狂歡。命令傳開，軍營裏張燈結綵，歡聲笑語，熱鬧非凡。頭天宴會，狄青親自主持，通宵達旦。第二天宴會，狄青露了一面，推說身體不適，改由余靖主持。第三天宴會，尚未開始，忽然有軍使跑來大聲報告，說：「大捷！大捷！狄帥已經攻克崑崙關了！」軍校們一頭霧水，既興奮又驚訝，說：「這是怎麼回事？」

原來，狄青宣布放假十天，飲宴三天，全是計策，目的在於麻痹敵人。暗中，他派出偵探，早把崑崙關一帶的地形和儂智高的兵力，偵察得一清二楚。儂智高也有間細，探得宋軍放假、飲宴，自料近日不會發生戰事，所以樂得也讓士兵休息，警戒如同虛設。狄青正是利用這一時機，親率馬步軍五千人，以孫沔爲副將，輕裝奇襲，略經戰鬥，便攻佔了崑崙關。儂智高發現中計，驅兵回奪關隘。叛軍人多勢眾，宋軍前鋒孫節戰死。孫沔等驚懼失色。再看狄青，威嚴鎮定，手揮白旗，命令埋伏的騎兵，從左右兩翼馳出，突入敵陣，大砍大殺。頓時，叛軍土崩瓦解，潰敗逃命。狄青下令追擊，南進五十里，方才收軍。這一仗，斬首數千級，俘擄五百人，其中包括叛將黃師宓、儂建中、儂智中等五十七人。可惜儂智高逃脫，下落不明。

宋軍進入崑崙關，完全控制了局面。關內藏有無數金帛和很多雜畜，均成爲戰利品。狄青實行招撫政策，叛軍又有七千多人投降，全部遣散爲民。狄青命將黃師宓等斬首，乘勢平定邕州。在邕州城外，有人發現一具屍體，穿著繡有金龍的衣服，認爲就是儂智高，建議奏報皇上。狄青不敢造次，說：「安知非詐耶？寧失賊首，不敢誣奏，以貪功也。」

平叛大獲全勝，狄青班師。在桂林那座古廟，狄青命人取了釘在地上的百枚銅錢。諸將觀看，發現那些銅錢是特製的，兩面都是錢面。他們恍然大悟，原來狄青當初是用求神問卜的方式，激勵將士們的士氣和信念。

狄青回到汴京。宋仁宗立刻提拔這位功臣爲樞密使，掌管全國軍隊。狄青成了人們崇拜的英雄，每外出，民眾都會圍觀，指指點點，說：「他就是狄青，簡直是神人！」這種情況引起了宋仁宗的畏忌，擔心狄青權力過重，勢必威脅皇權。宰相文彥博趁機進言，應當貶黜狄青。宋仁宗頗爲猶豫，說：「狄青是忠臣。」文彥博冷不丁地反問說：「太祖皇帝（指趙匡胤）難道不是周世宗的忠臣嗎？」宋仁宗心中一驚，於嘉祐元年（西元一〇五六年）罷免狄青樞密使的職務，給了個同中書門下平章事的虛銜，出判陳州（今河南淮陽）。狄青赴任，聽到各種蜚短流長，心情鬱悶。朝廷對他很不放心，每月兩次派來宦官，名爲撫問，實爲監視。狄青想到自己的一生，來自社會底層，從行伍而至樞密使，建功無數，到頭來卻遭貶職，遭監視，心灰意冷。嘉祐二年（西元一〇五七年）二月在悵惘失望中病死，死年五十歲。宋仁宗裝模做樣，追贈他爲中書令，謚曰「武襄」。狄青沒有死在刀光劍影的戰場上，而是死在昏庸君臣的疑忌中，眞是歷史的悲劇！

李綱、宗澤——
抗擊異族入侵，書寫壯美篇章

北宋一朝，重文輕武，守內虛外，在與遼朝、西夏、金國的對峙中，飽受屈辱，最後亡於金國。金國滅宋的過程，充滿血風腥雨。其間，李綱和宗澤組織軍民，頑強抗擊異族入侵，用英勇無畏的民族精神和氣概，書寫了壯美篇章。

李綱（西元一〇八三～一一四〇年），字伯紀，邵武（今福建邵武）人。出身於官僚家庭，父親李夔官至龍圖閣待制。宋徽宗政和二年（西元一一一二年），李綱進士及第，步入官場，因剛正堅毅，很快升任監察御史，兼權殿中侍御史。當時，把持朝政的是以蔡京、童貫為首的「六賊」，李綱受到排斥，只能到地方上去管稅務。宣和七年（西元一一二五年）被調回朝廷，任太常少卿。十一月，金太宗完顏晟在滅遼朝以後，發兵大舉南侵，直搗汴京。關鍵時刻，宋徽宗慌忙把皇位傳給太子趙桓，自稱太上皇，逃離京城。趙桓繼位，是為宋欽宗，次年改元靖康。李綱支持宋欽宗抗擊金軍，刺血上書，說：「方今中國勢弱，君子道消，法度紀綱，蕩然無統。陛下履位之初，當上應天心，下順人欲。攘除外患，使中國之勢尊；誅除內奸，使君子之道長。」太學生領袖陳東等上書，揭露「六賊」罪惡，請求誅之，以謝天下。宋欽宗迫於形勢，懲辦了「六賊」中的王黼和李彥，任用李綱為尚書右丞，兼東京留守。但是，宋欽宗本質上是個投降派，畏敵如虎，也想效法其父，一逃了之。這天，他讓禁軍備好車駕，待命出發。李綱發覺，高聲詢問禁軍將士說：「爾等是願死守京城呢，還是願隨皇上出巡？」「出巡」實是逃跑的代名詞。將士們齊聲回答說：「願意死守！」李綱再見宋欽宗，懇切地說：「陛下已答應臣留下，奈何還要出巡？試想，禁軍將士的家屬都在京城，他們萬一中途散歸，何人保護陛下？況且，金兵逼近，只恐陛下車駕未遠，就會被敵人快馬追及，陛下又如何禦敵呢？」宋欽宗頓有所悟，硬著頭皮留了下來，以李綱為親征行營使，允許其便宜從事，負責保衛京城。

李綱臨危受命，全面布置防禦事宜。他是一名文官，這時表現出了卓越的將帥才能。他把八千名禁軍和民眾組織起來，統一編制，嚴密守衛汴京的四個方向，每個方向布防禁軍二千人。同時組織馬步軍四萬人，分為前、後、左、右、中五軍，每軍八千人，天天操練。其中，前軍駐防東水門，以保衛藏有四十萬石糧食的延豐倉；後軍駐防宋門外，以扼守城壕較淺的地段；左、右、中三軍作為預備隊，以備緩急。

金軍抵達汴京城下，分為水路和陸路，同時向汴京發起進攻。李綱早有防範。水路方面，他招募敢死之士二千餘人，手持長鉤，專門鉤住敵人船隻，拖向岸邊，用石頭將其砸沉；同時在水中設置杈木，阻止敵船前進；還搬運蔡京家假山上的石頭，堵塞了西水門門道，使敵船無法進入城內。陸路方面，他挑選優秀射手一千人，專門射殺那些架設雲梯企圖登城的金軍。遠者，以神臂弓強弩射之；近者，以手炮檑木擊之；再近者，以床子弩坐炮轟擊之。金軍沒有想到汴京的防守這樣嚴密，稍稍後退。李綱派遣壯士，縋城而下，偷襲金軍營壘，斬殺敵將，焚燒雲梯。一個多月內，消滅金軍數千人。

各地勤王兵馬迅速向汴京聚集。特別是老將种師道，率領幾萬健兒前來增援。宋軍數量頓時達到二十萬，超過金軍兩倍以上。李綱信心十足，從容調度，金軍完全陷於被動局面。

誰知，就在李綱率領軍民浴血奮戰的時候，宋欽宗卻派人去金營求和，答應割讓土地，進貢歲幣。李綱堅決反對，說：「祖宗疆土，當以死守，不可以尺寸與人！」可是，宋欽宗一副軟骨頭，硬是和金軍簽訂「和議」：宋給金黃金五百萬兩，白銀五千萬兩，錦緞百萬匹，牛馬一萬頭；宋割太原、中山（今河北定縣）、河間（今河北河間）三鎮給金；宋朝皇帝尊金國皇帝爲「伯父」。宋欽宗受金軍要脅，還罷免了李綱的職務。

投降派的軟弱和無恥，激怒了汴京軍民。陳東率領千餘名太學生，赴闕請願，要求罷免奸相李邦彥、張邦昌，重用李綱、种師道。一時間，集眾數萬，吼聲震天。民眾恰遇李邦彥，狠狠地把他痛打了一頓。宋欽宗怕出事端，被迫再用李綱爲京城防禦使、知樞密院事。李綱一如既往地主戰。金軍不敢久留，索要的財物尚未足數，暫且退去。

四月，李綱奉命，迎宋徽宗回到汴京。宋徽宗、欽宗父子以爲從此可以安享太平，照樣縱情歡樂。九月，李綱再次遭到排擠，出知揚州，繼被貶爲保靜軍節度副使，建昌軍安置。隨後，金軍捲土重來，一路所向披靡，十二月攻進汴京，燒殺搶掠，錦繡繁華的大宋都城，降臨一場酷烈的浩劫。十二月，宋欽宗手捧降書，赴金營跪拜稱臣，標誌著北宋的滅亡。

靖康二年（西元一一二七年）三月，金軍立了張邦昌爲傀儡皇帝，然後席捲無數財物，押著宋徽宗、欽宗二帝和其他人等共三千多人，揚長北去。五月，宋徽宗之子康王趙構在南京（今河南商丘南）稱帝，沿用宋國號，建元建炎，就是南宋高宗。宋高宗想起遭貶黜的李綱，起用爲尚書右僕射兼中書侍郎，是爲宰相之一。同時爲相的還有奸臣黃潛善和汪伯彥，就連那個張邦昌，也任太保，封郡王，參決大事。李綱恥於與這些人爲伍，請求辭去相位。宋高宗予以挽留。李綱頓首泣謝，說：「今日欲還二聖（指宋徽宗、宋欽宗），撫四方，安內攘外，責在陛下和宰相。愚陋如臣，何能負此重任？必欲使臣爲相，臣願首陳十事，陛下如能採擇施行，臣方敢任職。」接著，李綱說出十件事來：一議國是；二議巡邊；三議赦令；四議僭逆；五議僞命；六議備戰；七議守土；八議本政；九議久任；十議修德。十件事中，宋高宗贊成八件，唯僭逆、僞命兩件，不置可否。李綱上書切諫，說：「張邦昌在朝廷十年，作爲首相，應當以死守節，而他卻受金人冊立，晏然處於宮禁，若不加罪，何以安撫四方？所有張邦昌僞命臣僚，概置不問，何以讓天下士大夫恪守臣節？乞申睿斷，毋失民望。」宋高宗猶疑不決。李綱憤然面諫，說：「張邦昌僭逆至此，仍令在朝，百姓將目爲二天子。臣不願與賊臣同列，當以笏擊之。陛下必欲用張邦昌，請免臣職！」

李綱疾惡如仇，旗幟鮮明。宋高宗無奈，只得將張邦昌貶爲彰化軍節度使，潭州安置。

李綱兼任御營使，盡力圖報，規劃出九條建國方略，核心是要宋高宗勵精圖治，抗擊金軍，一雪國恥。宋高宗生就懦弱性格，加之受黃潛善、汪伯彥的蠱惑，只想討好金人，李綱爲相僅七十七天，便將他罷爲觀文殿大學士、提舉洞霄宮；而且殺了陳東，撤去黃河沿岸防務。金軍進攻南京。宋高宗嚇得屁滾尿流，趕忙逃往揚州，最後逃到杭州，改那裏爲臨安府，作爲南宋的國都。

李綱是堅決反對宋高宗南逃的。他說：「中興之主起於西北，則足以據中原而有東南；起於東南，則不能以復中原而有西北。」這是經典之論。然而，宋高宗只想偏安一隅，斷然不聽李綱的意見。紹興二年（西元一一三二年），李綱任湖廣宣撫使兼知潭州（今湖南長沙），後任江西安撫制置大使兼知洪州（今江西南昌）。李綱在地方任職，就政治、軍事方面，提出過許多有價值的建議。可惜皇帝昏庸，奸臣當道，他的建議不起作用。紹興十年（西元一一四〇年），李綱病死，被追贈爲少師。

宗澤（西元一〇六〇～一一二八年），字汝霖，婺州義烏（今浙江義烏）人。出身窮苦，父親宗舜卿是個書生。宗澤自小好學，長大後正直豪爽，胸懷愛國志向。三十一歲時中進士，任職地方，頗有政績。宗澤知萊州（今山東蓬萊）時，正值宋徽宗派人，浮海與金國簽訂「海上之盟」，約定共滅遼國。宗澤聽說此事，搖頭歎息說：「天下自是多事矣！」蔡京、童貫等「六賊」當權，政治腐敗，社會黑暗。宗澤獨善其身，乾脆辭了官職，退居東陽（今浙江金華），結廬山谷，過起了近乎隱士的生活。

然而，北方的金軍大舉入侵，國難當頭，打破了宗澤的平靜生活。靖康元年（西元一一二六年），他被召到京城，任代理宗正少卿。李綱正在進行京城保衛戰，而宋欽宗卻命宗澤爲和議使之一，赴金營求和。宗澤說：「是行不生還矣！」別人問其原因。他說：「敵能悔過退師，固善；否則安能屈節北庭，以辱君命乎？」他的「剛方不屈」的態度，完全不合宋欽宗的心思。宋欽宗「恐害和議」，不再讓他任和議使，改爲知磁州（今河北磁縣）。冬天，汴京危急之時，宗澤率領兩千多兵馬勤王，勤王途中，宋欽宗就投降，北宋滅亡了。

南宋朝廷開張。李綱敬重宗澤，推薦他爲開封尹兼東京留守。金軍剛剛離去，捨棄的是一座千瘡百孔的破敗城市。宗澤到任，首先處決一批強盜、奸細，安定民心；然後組織軍民，修補城牆，沿黃河南岸修築工事，以防金軍再次南侵。特別重要的是，宗澤著眼於抗金的大局，主動聯絡、團結中原地區的各路義軍，彼此配合策應，共同打擊敵人。名將岳飛原在「八字軍」首領王彥手下效力，這時投奔宗澤。宗澤看重岳飛的才幹，擢爲留守司統制，使之開始了創建功業的人生歷程。

以汴京爲中心，官軍和義軍總數，頓時發展到上百萬人。物資儲備充裕，糧食可用半年以上。宗澤上書，請求宋高宗返回汴京，收復失土，救援「二聖」。怎奈宋高宗奉行妥協投降政策，罷免李綱宰相職務後，一路逃向了南方。建炎二年（西元一一二八年），金太宗以弟弟兀朮（朮，讀作竹）爲統帥，率領金軍再次大舉南侵，目標是渡過黃河，佔領汴京，爲更大的軍事行動做準備。宗澤早有部署，一面從正面阻擊敵人，一面派出精兵深入敵後，前後夾擊，幾次打得兀朮潰不成軍。金軍知道了宗澤的厲害，敬畏地稱他爲「宗爺爺」。這時，岳飛嶄露頭角，一再大敗金軍，收復了許多地方。

宗澤大為興奮，再上書宋高宗，請求返回汴京，主持抗金大計。他說：「願陛下早還京師，臣當躬冒矢石，為諸將先，中興之業，必可立致。如有虛言，請斬臣首，以謝軍民！」他還說：「祖宗基業，棄之可惜。……今京城已增固，兵械已足備，人氣已勇銳，望陛下毋沮萬民敵愾之氣，而循東晉既覆之轍。」這樣的奏書連上了二十多次，然而，宋高宗只顧南逃，根本不予理睬，反而派人告誡宗澤說：「毋得輕動。」

宗澤終於看清了皇上及投降派的嘴臉，失望絕望，憂憤成疾，背上生了疽瘡。部將前來問疾。宗澤說：「我因二帝蒙塵，積憤至此。汝等若能殲敵，我死亦無恨矣！」部將們表示，一定盡力。宗澤病危期間，無一語問及家事，只是反覆吟誦唐朝杜甫《蜀相》詩中的兩句：「出師未捷身先死，長使英雄淚滿襟！」臨終的時候，還想著北渡黃河，收復失地，連叫三聲：「過河！過河！過河！」而後，氣絕身亡。宋高宗得知消息，故作姿態，追贈他為觀文殿學士、諫議大夫，諡曰「忠簡」。

李綱和宗澤的主導身分是文官。時代的召喚，國家的需要，使他們在短時間內走上戰場，投身於波瀾壯闊的抗金鬥爭。武事，並非他們所長。但是，他們是盡心和盡力了。他們所從事的事業，屬於抵禦侵略，保家衛國性質，因此受到尊敬和讚揚。將帥經歷，軍旅武功，只是他們生命中的部分內容，然而卻是最重要最閃光的內容。

岳飛——青山埋忠骨，白鐵鑄佞臣

北宋滅亡，南宋開張。中原人民為了抗擊金國入侵，開展了氣壯山河、可歌可泣的鬥爭，湧現了一大批英雄人物。其中，岳飛是傑出的代表，戎馬一生，建功無數，到頭來遭人陷害，冤死獄中。他的事蹟被寫成小說，編成戲曲，廣泛傳播，真可謂是家喻戶曉，婦孺皆知。

岳飛（西元一一〇三～一一四二年），字鵬舉，相州湯陰（今河南湯陰）人。家境貧寒，世代務農。相傳岳飛出生尚未滿月，適值黃河決口，大水淹至。其母姚氏抱著兒子，坐於缸中，隨水漂流，僥倖抵岸，得免一死。岳飛在岳母的精心撫育下長大，性格深沉敦厚，志向高遠不凡，一面讀書，一面習武。他最愛讀《左氏春秋》《孫子兵法》《吳子兵法》等書，熟知歷代將帥的用兵方略；他拜高人周侗為師，學習使用各種兵器，天生神力，能挽強弓三百斤、硬弩八石。成人後的岳飛，長得相貌堂堂，威風凜凜，身高體壯，英氣逼人。當是時，正是北宋政治最黑暗最腐朽之時。岳飛決意從軍，保家衛國。岳母深明大義，欣然同意，並在兒子背上刺下「盡忠報國」四個大字，鼓勵他永遠忠貞不貳，報效國家。

宣和四年（西元一一二二年），岳飛應眞定宣撫使劉韐（韐，讀作革）的招募，正式參軍。第一次戰鬥，就以百名騎兵出擊，乾淨俐落地剷平了兩個土匪的山寨。宣和七年（西元一一二五年），金軍大舉南侵，汴京告急。康王趙構在相州（今河南安陽）稱天下兵馬大元帥，招募士兵勤王。岳飛投奔趙構，充當趙構護衛，因功升任低級軍官承信郎。

接下來發生「靖康之難」，北宋滅亡，宋徽宗、宋欽宗等被金軍擄去，當了亡國奴。靖康二年（西元一一二七年）五月，趙構稱帝，是爲南宋高宗。岳飛上書，認爲新主既立，應當乘勢擊金，收復國土，以雪國恥。承信郎給皇帝上書，屬於「越職」行爲。岳飛因此被革職，貶到河北招討使張所軍中服役。張所禮待岳飛，用爲中軍統領。張所和岳飛討論軍事問題，岳飛侃侃而談，特別提到「國家都汴（京），恃河北以爲固」，別有見地。張所稱讚岳飛「非行伍中人」，命他和部將王彥一起，到河北掃蕩金軍小股勢力。岳飛手持丈八鐵槍，英勇無比，神出鬼沒，所戰皆勝，曾生擒金將拓跋耶烏，刺殺金將黑風大王。岳飛和王彥合作一段時日，因在用兵方法上產生分歧，於是，岳飛投奔東京留守宗澤，任留守司統制；王彥則深入太行山，組建了「八字軍」。

岳飛在宗澤帳下，軍事才幹得到充分發揮。他以汴京爲依託，參加了黃河南北胙城、黑龍潭、汜水關、竹蘆渡等地的戰鬥，攻無不克，戰無不勝。正是在這些戰鬥中，岳飛組建了一支作風頑強、紀律嚴明的軍隊，號稱「岳家軍」。

宗澤非常賞識岳飛，說：「爾之智勇才藝，古之良將莫能過。然好野戰，非萬全計。」

他給岳飛一些陣圖，希望能夠好好學習。岳飛看了陣圖，說：「陣後而戰，兵之常法。運用之妙，在乎一心。」原來，北宋的將帥，都很重視陣圖的作用，而那些陣圖，包括行軍路線和駐軍位置等，大多是皇帝和樞密院大臣閉門造車，事先繪製的，根本不適應千變萬化的戰場情況。這是北宋軍事上的一大弊端，嚴重扼殺了將帥的主觀能動性和創造性。岳飛敢於衝破這一制約，認爲戰爭中需要運用陣圖，但絕不能拘泥於此，應該根據實際情況，「在乎一心」，審時度勢，靈活地運用戰略戰術，克敵制勝。宗澤不得不贊同岳飛的觀點，說：「爾言甚是！」

建炎二年（西元一一二八年），宗澤因得不到朝廷的支持，憂憤而死。一年多後，汴京陷落。岳飛隨宗澤部將杜充南下，因功升任刺史，成爲抗金的主要將領之一。

金軍對南宋發起新一輪攻勢。宋高宗奉行逃跑主義，逃至揚州、建康（今江蘇南京）、臨安。金軍統帥兀朮尾隨追擊，分別攻佔揚州、建康、臨安。宋高宗逃亡海上，以避鋒芒。靖康四年（西元一一三〇年），金兀朮在江南一帶大肆搜刮和掠奪後，班師北歸。岳飛駐軍宜興（今江蘇宜興）一帶，提出「凍死不拆屋，餓死不擄掠」的口號，安定百姓，秋毫無犯，被人稱爲「岳爺爺」。金軍退至常州。岳飛率軍阻擊，連續四次打敗敵人，「橫屍十五里」，生擒金將十餘人。兀朮西行至鎮江，打算從那裏北渡。浙西制置使韓世忠正扼守在其地，給予金軍沉重的打擊。尤其是在黃天蕩（今江蘇南京至鎮江的長江水域），金軍受困，整整四十八天，進退不得。兀朮被迫放棄從鎮江渡江的計畫，繼續西行至建康。岳飛早在建康城南的牛頭山埋伏。夜間，派出將士，穿上黑色衣服，遣入金軍大營，這裏放火，那裏衝殺，敵人驚恐，自相攻擊，死傷無數。金軍增崗設哨，加強巡邏。岳飛隨即派人，專捉金軍的崗哨。敵人惶惶，簡直是風聲鶴唳，草木皆兵。五月，兀朮放火焚燒建康，強行從其附近的靜安渡渡江。岳飛親率三百騎兵和兩千步兵，到處襲擊敵人，大獲全勝，一舉收復建康。這是南宋對金作戰第一次大的勝利，岳飛因此被授爲通泰鎮撫使，兼知泰州（今江蘇泰州），負責揚州及東至泰州、通州（今江蘇南通）的江北防線。岳飛提出，進攻才是最好的防守，堅持追擊金軍至淮河流域，三戰三捷，俘獲金將高太保等七十餘人。

岳飛威名大振。紹興元年（西元一一三一年），朝廷命他和張浚一起，赴洪州（今江西南昌）鎮壓李成、馬進領導的農民起義。紹興三年（西元一一三三年），岳飛因鎮壓農民起義有功，被宋高宗授予「精忠岳飛」的錦旗。期間，岳飛實行優撫措施，把一些農民起義軍收編爲岳家軍，使岳家軍在數量上和品質上達到一個新水準。

此前，金軍在中原地區立了個劉豫傀儡政權，國號曰「齊」。紹興四年（西元一一三四年），岳飛大破僞齊軍隊，收復襄陽（今湖北襄樊）、信陽（今河南信陽）等六郡，因而升任清遠軍節度使。此後兩年裏，岳飛又隨張浚鎮壓洞庭湖楊么領導的農民起義，把楊么部將楊太二十萬義軍收編，進一步壯大了岳家軍的實力。他因此升任檢校少保，進位太尉。

紹興六年（西元一一三六年），岳飛駐軍鄂州（今湖北武昌），一面派人聯絡太行山、中條山的義軍，一面上書朝廷，建議進軍北上，收復失地。可是，宋高宗和奸相秦檜，只想偏安江南，千方百計與金軍議和。岳飛憤然上書，說：「金人不可信，和好不可惜，相臣謀國不周，恐貽後世譏笑。」這把矛頭直接指向秦檜，引起秦檜的仇恨。宋高宗和秦檜堅持和議，存心拉攏岳飛，授予開府儀同三司的職銜。詔書下達三次，岳飛堅辭不受，上書說：「今天下之事，可危而不可安，可憂而不可賀，可訓兵飭士謹備不虞而不可論功行賞，取笑敵人。」接著，他自請辭去太尉職務，只作爲將帥，統領岳家軍。

紹興十年（西元一一四〇年），金軍統帥兀朮率領四路大軍，再度南侵，河南、陝西諸州陸續淪陷。兀朮坐鎮汴京指揮，氣焰囂張。岳飛義憤塡膺，徵得朝廷同意，以招討使身分，聯繫各路宋軍和義軍，反擊敵人。他派出部將王貴、牛皋、楊再興、李寶、張憲、傅選等，分赴洛陽、鄭州、汝州（今河南臨汝）、潁昌（今河南許昌）、陳州（今河南淮陽）、蔡州（今河南汝陽）等地，布防經略，阻止金軍南進；同時派梁興等北渡黃河，聯絡王彥的「八字軍」，南北呼應，相機收復河北、山東等地。此外，韓世忠、張俊、吳璘的軍隊，也分別從東、南、西三個方向向前推進，準備形成合圍之勢，殲滅金軍。

六月，戰鬥全面打響。岳家軍連克潁昌、鄭州、洛陽等重鎮，與汴京形成對峙之勢。七月，岳家軍主力結集於潁昌一帶。岳飛親自率領輕騎在偃城（今河南偃城）活動，引誘兀朮南下決戰。兀朮認爲，各路宋軍易於對付，唯獨岳家軍兵精將勇，只有「併力一戰」，先行破之，方是出路。因此，他率龍虎大王突合速、蓋天大王賽里、大將韓常統領的精銳騎兵一萬五千人，撲向偃城，意欲一口吃掉岳家軍。朝廷命岳飛「審處自固」。岳飛胸有成竹，說：「金人技窮矣！」岳飛命其子岳雲出戰，正色說：「必勝而後返，不然，吾先斬汝！」岳雲領兵，衝進敵陣，大砍大殺，數十回合，「賊屍布野」。這時，兀朮放出金軍的絕招「拐子馬」：三名騎兵一隊，士兵全身鎧甲，馬匹以索相連，衝鋒陷陣，銳不可擋。岳飛早有準備，所有將士必備兵器麻紮刀，臨戰時不必仰視，上劈敵人，下砍馬足，只要砍中一馬，其他二馬就會撲倒，失去戰鬥力。岳家軍憑著這手工夫，把「拐子馬」全部砍翻在地，隨後吶喊著突入敵陣，斬殺兀朮女婿夏金吾及副統軍粘罕索、索堇等人。金軍潰敗，爭相逃命。兀朮驚惶萬狀，帶領殘兵敗將，退回汴京，歎息說：「我自起兵，皆以拐子馬取勝，不想今日全完了！」

兀朮不甘失敗，重新出動十二萬兵馬，進軍臨潁（今河南臨潁），企圖反撲。岳飛部將張憲、楊再興、王貴等，率領岳家軍，殊死作戰，「人爲血人，馬爲血馬」，共消滅金軍近萬人，斬殺金將一百多人，俘擄士兵二千多人和戰馬三千餘匹。兀朮再次大敗。岳飛乘勝追擊，直至朱仙鎮，距離汴京只有四十五里。

金軍嚴重受挫，士氣瓦解。一些將領暗結岳家軍，接受岳家軍旗號。大將韓常，甚至準備率部下五萬騎兵，投降岳家軍。兀朮領教了岳家軍的厲害，龜縮在汴京哀歎說：「撼山易，撼岳家軍難！」他下令隨軍的家屬先北渡黃河，以便隨時逃竄。

岳飛的勝利，震撼了中原大地。父老鄉親攜帶牛酒，頭頂香盆，歡迎和慰勞岳家軍。中原各路義軍，也紛紛打出「岳」字旗，只待與官軍約定時日，收復失地，重整河山。岳飛興高采烈，上書朝廷，請求各路宋軍發起總攻，殲滅金軍。他高興地對部將們說：「直抵黃龍府（今吉林農安），與諸君痛飲耳！」

不曾想，就在岳飛積極籌畫進軍的時候，卻收到朝廷命令，停止進攻，撤回原地。原來，宋高宗心中只有一個「和」字，秦檜又百般忌恨岳飛，他們奉妥協投降爲國策，怎能允許岳飛得罪金人呢？岳飛接到命令，上書說：「金人銳氣沮喪，盡棄輜重，疾走渡河，豪傑向風，士卒用命，時不再來，機難輕失。」宋高宗和秦檜唯恐岳飛抗命，一日之內，連發十二道金牌，催他班師。岳飛痛心疾首，悲憤淚下，歎息說：「十年之功，廢於一日！」

岳飛被迫班師，繼被召回臨安，任樞密副使。兀朮則派密使告訴秦檜說：「必殺（岳）飛，始可和。」岳飛一再請求，重返前線。秦檜夥同親信万俟卨（万俟卨，讀作莫其謝）、張俊等，共同誣陷，聲稱岳飛企圖「謀反」，把他和兒子岳雲及部將張憲，一起關進監獄。

秦檜根據宋高宗的旨意，一手主和，命令各路宋軍停止作戰。紹興十一年（西元一一四一年）十一月，宋、金簽定「和議」：宋向金奉表稱臣，「世世子孫，謹守臣節」；宋每年向金貢獻白銀二十五萬兩，絹帛二十五萬匹；宋、金疆域，東以淮河中流，西以大散關（今陝西寶雞西南）爲界，宋割唐（今河南唐河）、鄧（今河南鄧縣）二州及商（今陝西商縣）、秦（今甘肅天水）二州之半予與金。這，史稱「紹興和議」，記錄了宋高宗和秦檜等投降派無恥的賣國行徑。

「和議」達成，秦檜派人審訊岳飛，逼他承認謀反。岳飛猛然解開上衣，背上裸露出岳母所刺的四字：「盡忠報國」。老將韓世忠當面質問秦檜說：「所謂岳飛謀反，證據何在？」秦檜沒有證據，卻狡猾地說：「其事莫須有。」意思是說，「當須有」。韓世忠十分惱怒，說：「『莫須有』三字，何以服天下！」

然而對秦檜來說，欲加之罪，何患無辭？十二月，他徵得宋高宗的批准，就憑「莫須有」的罪名，硬將岳雲和張憲腰斬於市，將岳飛秘密處死於獄中。岳飛臨刑前，索筆寫下八個大字：「天日昭昭！天日昭昭！」

岳飛一生，從嚴治軍，光明磊落，品德高尚，功勳卓著。他的治軍經驗，可以概括爲六個方面：精選將士，勤加訓練，賞罰公正，號令嚴明，注重軍紀，上下同甘共苦。他有名言說：「文臣不愛錢，武將不惜死，天下太平！」這是岳家軍具有強大戰鬥力和威震敵膽的重要原因。岳飛還擅長文墨，寫有一些詩詞。其中，最著名的是《滿江紅》詞：

怒髮衝冠，憑欄處，瀟瀟雨歇。抬望眼，仰天長嘯，壯懷激烈。三十功名塵與土，八千里路雲和月。莫等閒，白了少年頭，空悲切。　靖康恥，猶未雪；臣子恨，何時滅！駕長車，踏破賀蘭山缺。壯志饑餐胡虜肉，笑談渴飲匈奴血。待從頭，收拾舊山河，朝天闕。

詞作語言雄健，感情飽滿，風格粗獷，音調激越，表達了作者無比痛恨敵寇，渴望報仇雪恥，立志收復中原的堅強決心和豪邁氣概。當然，詞中也流露出忠君的思想。岳飛既忠於自己的民族，也忠於南宋皇帝，既出於民族大義堅決抗金，又不能不聽命於力主投降的昏君宋高宗。這，正是岳飛的悲劇之所在。

岳飛冤死，國人憤慨。獄卒隗順敬慕岳飛的氣節，冒死夜背其屍，埋於臨安城外的一棻園內，栽樹以作記號。隗順死時，叮囑兒子，要年年祭祀忠臣。轉眼到了隆興元年（西元一一六三年），南宋孝宗登基，爲岳飛平反昭雪，恢復岳飛官職，懸賞購得岳飛遺骨，以禮遷葬於西湖棲霞嶺，建成「精忠園」（一稱岳墓或岳墳），後來又在附近建成岳廟。岳墓和岳廟，是民族正氣的象徵，世代受人景仰。淳熙六年（西元一一七九年），岳飛被追謚「武穆」。嘉定四年（西元一二一一年），岳飛被追封爲鄂王。秦檜夫婦、万俟卨、張俊，生前逃避了應得的懲罰，死後被人鑄像，長跪在岳墓前。墓闕楹聯書刻：「青山有幸埋忠骨，白鐵無辜鑄佞臣。」這歷史的無情裁判，大概就是「天日昭昭」吧！

木華黎——擐甲執銳，助成大業

南宋偏安江南，金國問鼎中原，彼此鷸蚌相爭，弄得兩敗俱傷。蒙古貴族孛兒只斤鐵木眞，趁機在北方的蒙古高原統一了各游牧部落，並於宋寧宗開禧二年（西元一二〇六年），在斡難河（今蒙古鄂嫩河）畔舉行各部族大會，被推舉爲成吉思汗（元太祖），一個強大的蒙古國由此誕生。成吉思汗奉行征服和掠奪政策，通過征戰擴張地盤，所向披靡。他的兒子朮赤、察合台、窩闊台、拖雷等，都是驍勇的將帥。這裏僅說木華黎，此人爲成吉思汗的開國和擴張，立下了汗馬功勞。

木華黎（西元一一七〇～一二二三年），蒙古札剌兒氏，斡難河東畔人。父親孔溫窟哇，早年追隨鐵木眞，以死換得鐵木眞的性命。鐵木眞十分感激，因此格外關照木華黎，情同父子。木華黎長大，「沉毅多智略，猿臂善射」，開得二石多的硬弓。他與博爾朮、博爾忽、赤老溫一起，效力於鐵木眞麾下，均以忠勇著稱，號爲「四傑」。一年冬天，鐵木眞雪夜露宿。木華黎和博爾朮手舉裘氈，爲主子遮擋風雪，徹夜未眠。一次，鐵木眞行軍在山谷間，忽遇盜賊擋住去路。鐵木眞說：「奈何？」木華黎說：「請以身當之。」盜賊發箭，矢如雨下。木華黎的射箭本領更甚一籌，連發三箭，射殺三名盜賊。盜賊驚問說：「你是何人？」答曰：「木華黎。」盜賊久聞木華黎的大名，趕忙讓出道路，禮請鐵木眞等通過山谷。鐵木眞在統一蒙古各部中，木華黎出生入死，參加過無數戰鬥，每戰必勝。因而，鐵木眞稱汗後，首先任命木華黎和博爾朮爲左、右萬戶，誠懇地說：「國內平定，汝等之力居多。我與汝等，猶車之有轅，身之有臂也。汝等切宜體此，勿改初心。」

蒙古原先深受金國的壓迫和欺凌。成吉思汗開國後，以攻滅金國爲第一要務。西元一二一一年，蒙古大軍圍攻撫州（今河北張北）。金軍號稱四十萬，嚴陣以待。木華黎說：「彼眾我寡，弗致力死戰，未易破也。」他讓大軍退後，自率敢死之士，「策馬橫戈，大呼陷陣」，殺開一條血路。成吉思汗趁機指揮各路兵馬，奮力跟進，大敗金軍，「僵屍百里」，取得了一場酣暢淋漓的勝利。

西元一二一四年，成吉思汗和木華黎屯兵金國中都（今北京）城下。金宣宗完顏珣遣使求和，隨後遷都南京（今河南開封）。木華黎奉命，掉轉頭攻取金國的東京（今遼寧遼陽）和北京（今內蒙古寧城西）。北京戰役，木華黎打敗金軍二十萬人，斬首八萬餘級。接著攻掠金國遼西各地，特別是攻佔了錦州（今遼寧錦州），使金國喪失了半壁河山。木華黎具有蒙古貴族的固有特點，對待投降的金國士兵和人民，手段殘酷。他說：「此叛寇，存之無以懲後。」每次俘擄金人，「除工匠伶人外，悉屠之」。

西元一二一七年，蒙古大軍攻克中都。成吉思汗考慮短期內還不能徹底征服金國，所以任命木華黎為太師國王、都行省承制行事，統領十軍，負責管理新佔領的金國土地。他賜予木華黎誓劵，黃金大印，印文上刻了八個大字：「子孫傳國，世世不絕」。他推心置腹地對木華黎說：「太行（山）之北，朕自經略；太行（山）以南，卿共勉之。」他賜給木華黎九斿（斿，讀作流）大旗，叮囑諸將說：「木華黎建此旗以出號令，如朕親臨也！」據此可見，木華黎在成吉思汗心目中的地位，他實際上是成吉思汗的第一副手，其他人無可替代。

成吉思汗轉而全力用兵西方，率領兒子西征。木華黎的任務則是繼續攻取金國的其他地方，最終目標是消滅金國。金國遷都南京以後，皇帝昏庸，國力衰弱，只是在作滅亡前的垂死掙扎。木華黎指揮蒙古軍，縱橫於中原大地，所向無敵。這時，有人建議說：「今中原粗定，而所過猶縱兵抄掠，非王者吊民之意也。」木華黎接受了這個建議，很快下令「禁止剽掠，所獲老稚，悉遣還田里」，因而「軍中肅然，吏民大悅」。在戰略戰術方面，木華黎也有所改變，更注重武力迫降，盡量避免殺戮。此舉收到了很好的效果，其後數年間，金國州縣不戰而降的很多，蒙古人和金人都減少了不必要的傷亡。木華黎陸續攻取了河北、河東、山東等地，再攻秦隴地區（今陝西、甘肅）。有人以天象為由，認為大軍不可征進。木華黎不信那一套，說：「主上命我平定中原，今河北雖平，而河南、秦隴未下，若因天象而不進兵，天下何時而定耶？且違君命，得為忠乎？」西元一二二二年，木華黎在黃河上建浮橋，進軍關中，扼守潼關咽喉，破長安，攻鳳翔。在鳳翔，遭遇到金軍的頑強抵抗，月餘沒有進展。木華黎大怒，說：「吾奉命專征，不數年取遼西、遼東、山東、河北，不勞餘力，前攻延安，今攻鳳翔，皆不能下，豈吾命將盡耶！」他重新進行部署，限定時間，必須盡快攻克鳳翔。就在這時，中條山一帶爆發了大規模的反蒙古起義，一名叫侯七的人聚眾十餘萬，謀攻河中（今山西永濟）。木華黎無奈，只得捨棄鳳翔，回師鎮壓侯七起義。西元一二二三年三月，木華黎行軍至聞喜（今山西聞喜），突患重病。病中，他召來弟弟帶孫說：「我爲國家助成大業，擐甲執銳四十年，東征西討，無復遺恨，但恨汴京未下耳！汝其勉之。」木華黎以未能最後攻滅金國爲恨事，病死，死年五十四歲。後來，成吉思汗親自率兵攻取鳳翔，感慨地說：「若木華黎在，朕不親至此矣！」將近百年後，元英宗追贈木華黎爲體仁開國輔世佐命功臣、開府儀同三司、太師、上柱國、魯國王，謚曰「忠武」。

伯顏——深略善斷，攻滅南宋

成吉思汗死後，幼子拖雷（元睿宗）監國。隨後的大汗有窩闊台（元太宗）、貴由（元定宗）、蒙哥（元憲宗）三人。其間，窩闊台皇后乃馬眞后、貴由皇后海迷失后，曾經分別稱制。西元一二六〇年，成吉思汗之孫忽必烈在激烈的宮廷鬥爭中奪得汗位，建都燕京（今北京），後來改稱大都。至元八年（西元一二七一年），忽必烈改國號爲元，他就是元世祖。元世祖用伯顏爲宰相。伯顏實際上是一位傑出的將帥，正是此人，統領元軍攻滅了南宋，使元朝成爲中國歷史上第一個由少數民族對全國進行統治的封建王朝。

伯顏（西元一二三七～一二九五年），蒙古八鄰部人。父親曉古台，跟隨成吉思汗另一個孫子旭烈兀西征，攻滅波斯（今伊朗）、報達（今伊拉克）等地。旭烈兀建立伊兒汗國，伯顏便在該國出生、長大。至元初年，伯顏奉旭烈兀之命，入朝奏事。元世祖見他體態雄偉，氣度不凡，說：「非諸侯王臣也，其留事朕。」從此，伯顏留在元世祖身邊，參謀國事。五年中，伯顏歷任光祿大夫、中書左丞相、中書右丞相、同知樞密院事。至元十年（西元一二七三年），由他持節奉冊，爲元世祖立了長子眞金爲皇太子。

至元十一年（西元一二七四年），元世祖命伯顏爲統帥，率領二十萬大軍進攻南宋。伯顏具有很高的軍事才能，「深略善斷，將二十萬眾若將一人，諸帥仰之若神明」。元世祖對他高度信任，說：「昔曹彬以不嗜殺平江南，汝其體朕心，爲吾曹彬可也。」

伯顏會師於襄陽，分兵三路，沿著漢水，水陸並進。他與副將阿朮統領中路軍，由陸路進軍郢州（今湖北鐘祥）。途中遇雨，無舟船不能前進。伯顏說：「吾且飛渡大江，而憚此黃潦耶？」隨即召集壯士，涉水探路，引導全軍穿越水澤之地。諸將請求先取郢城，說：「郢城，我之喉襟，不取，恐爲後患。」伯顏考慮進攻郢城須費時日，說：「用兵緩急，我則知之。攻城，下策也，大軍之出，豈爲此一城哉！」他果斷決定捨棄郢城，而是先取沙洋（今湖北荊門東南）。宋將趙文義、范興，以二千騎兵迎戰。伯顏好生厲害，親手斬殺趙文義，生擒范興，俘獲了全部宋軍。傍晚時分抵沙洋，狂風大起。伯顏命「順風掣金汁炮，焚其廬舍，煙焰張天，城遂破」。

元軍進抵長江北岸。阿朮兩次派人詢問渡江日期。伯顏避而不答。阿朮親自前來詢問。伯顏說：「此大事也。主上以大事交付你我二人，可使其他人知吾虛實乎？」他派人觀察漢口、漢陽形勢，確信萬無一失，這才以十萬步軍駐於江北，水兵進入長江，「戰艦萬計，相踵而至」。長江南岸有宋軍的船隻，諸將建議攻而取之。伯顏說：「吾亦知其可必取，慮汝輩貪小功，失大事，一舉渡江，收其全功可也。」他下令整頓軍備，迎接大戰，然後巧妙調度，發動進攻，一戰而奪得鄂州及江南廣大地區。「宋軍大潰，數十萬眾，死傷幾盡」。宋將呂文煥投降，改任元軍的先鋒，順江而下，勢不可擋。南宋守將或敗或降，沿江各鎮，相繼淪陷。

至元十二年（西元一二七五年）正月，伯顏到達江州（今江西九江）。宋將師夔選了兩名美女獻給伯顏。伯顏大怒，說：「吾奉聖天子明命，興仁義之師，問罪於宋，豈以女色移吾志乎？」二月，伯顏到達池州（今安徽貴池）。南宋宰相賈似道致信伯顏，請求停止進軍，表示南宋皇帝，願意稱臣納貢。伯顏斷然拒絕，說：「我未渡江，議和入貢則可；今沿江諸郡皆內附，欲和，則當來面議也。」賈似道在朝野壓力下，勉強組織十三萬兵馬，迎戰伯顏。伯顏「命左右翼萬戶率騎兵夾江而進，炮聲震百里」。宋軍驚呼說：「彼眾我寡，勢不支矣！」賈似道大敗，跑得比誰都快。伯顏下令追擊五十餘里。宋軍死亡無數，戰船二千餘艘和大量裝備，均成了元軍的戰利品。

三月，元軍順利地攻佔建康（今江蘇南京）、揚州等地。伯顏記著元世祖「不嗜殺」的囑託，傳令諸將各守營壘，禁止侵掠百姓。當地發生饑疫。伯顏隨賑救之，民賴以安。南宋宰相賈似道已遭貶廢，被人所殺。臨朝決事的太皇太后謝氏，派人轉告伯顏，再次請求罷兵通好。伯顏說：「彼為詭詐之計，以視我之虛實。當擇人以同往，觀其事體，宣布威德，令彼速降。」四月，天氣漸熱。有人主張等待秋天再行用兵。伯顏認為不妥，上書元世祖，說：「宋人之據江南，如獸保險，今已扼其喉，少縱之則逸而逝也。」元世祖回旨說：「將在軍，不從中制，兵法也。宜從丞相言。」

伯顏做事，歷來穩妥愼重。爲此，他專門返回大都，向元世祖當面請示，八月懷揣元世祖致南宋恭帝趙㬎（㬎，讀作顯）的詔書，回至江南軍中。十一月，伯顏在鎭江部署攻滅南宋的最後戰役，仍然兵分三路，水陸並進，期會臨安。伯顏和右丞阿塔海，統領中軍，進軍常州。常州守將王宗洙逃跑，王虎臣投降，只有都統制劉師勇、張彥等率衆抵抗。伯顏招撫不成，親自督軍攻城，「多建火炮，張弓弩，晝夜攻之」。數日後，宋軍大潰，常州失陷。伯顏遷怒於常州軍民，下令屠城，殺死數萬人。劉師勇逃脫。部將請求追擊。伯顏說：「勿追，劉師勇所過，城守者膽落矣！」

十二月，伯顏進軍至無錫，派人把元世祖詔書副本，送交南宋朝廷。宋臣柳岳奉謝太后和恭帝之命，會見伯顏，垂淚說：「太皇太后年高，嗣君幼沖，且在國喪期間（指宋度宗死後一年多）。自古禮不伐喪，望哀恕班師，敢不每年進奉修好。今日事至此者，皆奸臣賈似道失信誤國耳。」攻滅南宋是元世祖既定的國策，伯顏不敢改變。他蠻橫地說：「元軍攻宋，實是興師問罪。如欲我師不進，宋主會效錢王（指北宋初吳越王錢弘俶）納土乎？李主（指北宋初南唐後主李煜）出降乎？爾宋昔得天下於小兒之手，今亦失於小兒之手，蓋天道也，不必多言！」

南宋君臣必須投降，不容討價還價。至元十三年（西元一二七六年）正月，元軍進抵臨安城下。謝太后焦頭爛額，派人把傳國玉璽及降表獻給伯顏，並臨時任命文天祥爲丞相，率衆赴元營進行投降細節的談判。伯顏發現文天祥堅貞不屈，見識過人，遂將之扣留。文天祥怒怒地說：「我此來為兩國大事，彼皆遣歸，何故留我？」伯顏笑著說：「勿怒。汝為宋大臣，責任非輕，今日之事，政當與我共之。」伯顏扣留文天祥，確實是聰明之舉。因為當時宋臣中，像文天祥這樣有民族氣節的人實在太少，伯顏只有與賈餘慶之類的投降派打交道，才能為元朝撈取更多的利益。

二月，南宋恭帝率領文武官員投降，標誌著南宋事實上的滅亡。伯顏立刻以臨安為兩浙大都督府，委任元朝官員入治府事。他同時把宋恭帝移住別處，讓其下令各地停止抵抗元軍，接受投降。為了安撫江南人民，他還命令，禁止破壞南宋的帝陵。伯顏飛快地給元世祖上書，報告喜訊，說：「國家之業大一統，海岳必明主之歸；帝王之兵出萬全，蠻夷敢天威之抗。始干戈之爰及，迄文軌之會同。區宇一清，普天均慶。」隨後，伯顏押解宋恭帝君臣及皇家成員共數千人，以及掠得的無數金銀、珠寶、絹帛、圖籍等，北還。五月抵達大都，舉行隆重的獻俘大典。元世祖授宋恭帝為開府儀同三司、檢校大司徒，封瀛國公；並命伯顏祭告天地宗廟，大赦天下。元世祖盛情慰勞伯顏。伯顏謙遜地說：「奉陛下成算，阿朮效力，臣何功之有？」伯顏有功而不居傲，品格可貴。

伯顏治軍有方，還愛學習，具有深厚的漢文化修養。他在攻滅南宋的過程中，寫了許多漢文詩，以抒發「百萬雄師屬指揮」的豪情壯志。如《奉使收江南》：

劍指青山山欲裂，馬飲長江江欲竭。
精兵百萬下江南，干戈不染生靈血。

氣勢磅礴，氣概豪邁，稱得上是蒙古人意欲統一天下的宣言書！再如《過梅嶺岡留題》：

馬首經從庾嶺回，王師到處即平夷。
擔頭不帶江南物，只插梅花一兩枝。

從容舒緩，悠閒儒雅，表現了這位赫赫統帥戎馬生涯中另方面的風度和神韻。

至元十六年（西元一二七九年），宋臣文天祥、張世傑、陸秀夫等擁立的流亡小朝廷覆滅，元朝實現統一，從而奠定了中國現今疆域的基礎。元世祖的侄兒海都（窩闊台之孫），出於個人私利，一再發動叛亂，從事破壞國家統一的分裂活動。元世祖不能容忍這種行爲，以伯顏爲同知樞密院事，輔助燕王率兵平叛。元世祖叮囑燕王說：「伯顏才兼將相，忠於所事，故俾從汝，不可以常人遇之。」伯顏功高望重，少不了受人嫉妒。大臣阿合馬和別吉里迷失，就曾告發伯顏犯有欺君之罪。元世祖不問青紅皀白，命將伯顏逮捕下獄，加以審訊。結果發現純是誣陷，這才把伯顏釋放，重用如初。

至元二十五年（西元一二八八年），伯顏生擒海都同夥乃顏。次年進位金紫光祿大夫，知樞密院事，出鎮元朝故都和林（今蒙古鄂爾渾河上游東岸哈兒和林）。至元二十九年（西元一二九二年），又有人進讒言，聲稱伯顏久居北邊，討伐海都不力。元世祖遂命伯顏移鎮大同，改以御史大夫玉昔帖木兒鎮守和林。恰在這時，海都叛軍呼嘯前來。伯顏忙派人通知玉昔帖木兒說：「公且止，待我翦此寇而來，未晚也。」伯顏與海都交戰，且戰且退，凡七日，不緊不慢。諸將不解其意，憤憤地說：「這是膽怯！若此，不如把兵權交給御史大夫。」伯顏笑著說：「海都孤軍涉吾地，擊之則遁，誘其深入，一戰可擒也。諸君必欲速戰，若失海都，誰任其咎？」諸將自恃其勇，貿然出擊。果如伯顏所料，海都逃之夭夭，眼看到手的勝利落了空。

伯顏把兵權交給玉昔帖木兒。元世祖所立的皇太孫鐵穆耳（眞金之子，眞金死後被立爲皇太孫）正在和林。鐵穆耳敬重伯顏，舉酒爲之餞行，詢問說：「公去大同，何以教我？」伯顏亦舉酒說：「可愼者，唯此與女色耳。軍中固當嚴紀律，而恩德不可偏廢。冬夏營駐，循舊爲便。」

至元三十年（西元一二九三年）底，元世祖生了重病，急召伯顏赴大都託付後事。越年正月，元世祖病死，伯顏總領軍政大事。其時，皇家諸王蠢蠢欲動，但懾於伯顏的德望，不敢有越軌舉動。四月，伯顏遵從元世祖的遺囑，擁立皇太孫鐵穆耳即位，是爲元成宗。諸王不服。伯顏「握劍立殿陛，陳祖宗寶訓，宣揚顧命，述所以立成宗之意，辭色俱厲。諸王股栗，趨殿下拜」。伯顏在擁立元成宗這件事上，起了關鍵的作用，保證了權力過渡的穩定性。

元成宗時，拜伯顏爲開府儀同三司、太傅、錄軍國重事、知樞密院事，賞賜金銀無數。諸王中有人忌恨伯顏。伯顏問心無愧地說：「幸送我兩罈美酒，與諸王飲於宮前，餘非所知也。」元貞元年（西元一二九五年）十二月，伯顏病死，終年五十九歲。大德八年（西元一三〇四年）被追贈爲宣宗佐命開濟功臣、太師、開府儀同三司，追封爲淮安王，謚曰「忠武」。

徐達、常遇春——南征北戰，所向披靡

西元一三六八年，當過農民和和尚的朱元璋當了皇帝，建立明朝，是為明太祖。明太祖統一全國後，建功臣廟，繪製數十名功臣畫像，供人瞻仰和祭祀。其中，傑出將帥徐達、常遇春居第一和第二位，表明他倆在明朝開國前後，建立了別人無法比擬的巨大功勳。

徐達（西元一三三二～一三八五年），字天德，濠州（今安徽鳳陽）人。世代務農，家境貧寒。他與朱元璋是同鄉，從小一起放牛，結為好友。「少有大志，長身高顴，剛毅武勇」。元朝末年，朱元璋參加紅巾軍起義，在郭子興部下當了親兵頭目，回家鄉招募軍隊。二十二歲的徐達棄農相投，成了朱元璋的得力幫手。不久，朱元璋奉命南下定遠（今安徽定遠），徐達率二十四人跟隨。他們收編了幾支地主武裝，順勢攻取了滁州（今安徽滁縣）、和州（今安徽和縣）。徐達作戰英勇，升任鎮撫。期間，郭子興與副帥孫德崖發生內訌，郭子興抓了孫德崖，孫德崖的部下則抓了朱元璋，劍拔弩張，互不相讓。經過交涉，雙方同意交換被抓人員，但誰也不肯首先放人。在僵局無法打破的情況下，徐達主動要求代替朱元璋，去到孫德崖軍中充當人質，事件平息後獲歸。經過這件事，朱元璋和徐達的親密關係更進了一層。

至正十五年（西元一三五五年），郭子興病死，朱元璋出任元帥，成爲這支紅巾軍的領袖。他決定率兵渡江，攻取集慶府（今江蘇南京），作爲根據地。進兵途中，一名大漢來投，他就是常遇春。

常遇春（西元一三三〇～一三六九年），字伯仁，懷遠（今安徽懷遠）人。「貌奇偉，勇力絕人，猿臂，善射」。原先追隨劉聚落草，後來發現劉聚無能，這才另擇明主。他見朱元璋，自請爲先鋒。朱元璋說：「你怕是餓極了來混飯吃的吧？」不想收留。常遇春再三懇求。徐達見其人勇猛豪壯，爲之說情。朱元璋終於答應，同意常遇春在軍中效力。

朱元璋揮師渡江，進取采石磯（今安徽馬鞍山長江東岸）。元軍據險設防，頑強抵抗。常遇春在戰鬥中表現出驚人的勇敢和高超的武藝，乘船離岸尙有三丈遠，就奮戈刺向敵人。元軍以戈還擊。常遇春借其力，以戈點戈，乘勢一躍，騰空跳上江岸，大喊一聲，眨眼間擊倒數名敵人。元軍以爲是天降神將，紛紛後退。朱元璋和徐達，指揮士兵捨船登岸，搶佔陣地，瞬間便奪取了采石磯，再擴大戰果，攻取了太平（今安徽當塗）。常遇春一戰而出名，被授爲總管府先鋒，進總管都督。從此，常遇春和徐達一起，成爲朱元璋的得力大將，二人並稱「軍鋒冠」，南征北戰，所向披靡。

徐達和常遇春率兵沿江東下，一舉攻克集慶府。朱元璋將其地改名爲應天府，建立江南行省，再命徐、常東取鎭江、金壇（今江蘇金壇）等地，使應天府的安全有了保障。徐達因此升任淮興翼統軍元帥，常遇春則升任統軍大元帥。

當時，朱元璋的西面是徐壽輝建立的天完政權，長江中游的軍事重鎮安慶（今安徽安慶）仍被元軍所控制。張士誠也已在太湖流域建立政權，國號為周，定都平江（今江蘇蘇州）。朱元璋審時度勢，從實際情況出發，採取「固守東、西，出擊東南」的戰略，先定皖南各縣，然後從徽州路（今安徽歙縣）進取建德路（今浙江建德），包圍婺州（今浙江金華）。至正十八年（西元一三五八年），他以徐達任僉樞密院事，鎮守應天府，自統十萬大軍，以常遇春為行省都督馬步水軍大元帥，進攻婺州及其附近地區。元朝守將紛紛投降，那裏成了朱元璋新建立的浙東行省。常遇春也升任僉樞密院事。徐達留守，再建新功，升任奉國上將軍、同知樞密院事。

至正二十年（西元一三六〇年），陳友諒殺死徐壽輝，自稱漢王，勾結張士誠，從西、東兩個方向，夾攻應天府。朱元璋採納文人謀士劉基的意見，把軍事重點放在西線，集中力量對付陳友諒。徐達和常遇春奉命，先奪得池州（今安徽貴池），然後在九華山（今安徽青陽境）一帶設下伏兵，重創陳友諒，斬首一萬人，俘擄三千人。戰後，徐達升任中書右丞，常遇春升任行省參知政事。

至正二十三年（西元一三六三年）爆發了著名的鄱陽湖之戰，朱元璋統領二十萬兵馬，決戰陳友諒。陳友諒兵馬號稱六十萬，勢焰很盛。徐達、常遇春和另一位大將邵榮，各率一軍，身先諸將，英勇奮戰，初戰即敗其前鋒，殺敵一千五百人，奪得一艘巨艦。朱元璋知道陳友諒滅亡在即，顧慮東線的張士誠偷襲後方，所以命徐達回守應天府。他滿懷信心地說：「吾以徐達留守，緩急可百全也。」這樣，陣前大將就剩常遇春和邵榮二人。關鍵時刻，邵榮「驕蹇有異志」，夥同參政趙繼祖，謀伏兵馬，另有他圖。朱元璋及時發現了這一情況，逮捕邵、趙，卻又不忍處治。常遇春說：「人臣謀反，還可饒恕嗎？臣義不與共生！」朱元璋因此將邵、趙處死，格外器重常遇春。常遇春獨自擔負起指揮全軍的重任，三戰皆捷。陳友諒依仗兵多船多，縱橫於湖上，專門圍擊朱元璋乘坐的戰船。常遇春指揮諸將，左衝右殺，呼聲震天，幾次救援朱元璋脫離險境。雙方在湖上大戰三日，常遇春抓住戰機，在上風縱火，焚燒敵船。漢軍死傷無數，「湖水皆赤」。陳友諒於潰亂中逃跑，中了流箭，一命嗚呼。鄱陽湖之戰，以朱元璋大獲全勝而告結束。

至正二十四年（西元一三六四年），朱元璋自稱吳王，建立了一整套封建統治機構。徐達出任左相國，常遇春出任平章政事。徐、常統兵，轉戰湖廣，徹底掃除了陳友諒的殘餘勢力。

其時，張士誠早就歸順元朝，旋又自立爲吳王。朱元璋決定趁熱打鐵，消滅張士誠。文人謀士李善長提出，消滅張士誠，宜緩不宜急。而徐達則堅定地說：「張士誠驕橫苛薄，大將李伯升之輩暴殄奢侈，用事者黃敬天、蔡彥文、葉德新等，皆迂闊書生，不知大計。臣奉主上威德，率精銳之師，聲罪致討，三吳之地，計日可定。」朱元璋同意徐達的意見，拜他爲大將軍，常遇春爲副將軍，率舟師二十萬進攻湖州（今浙江吳興）。張士誠分兵三路迎戰。徐達、常遇春亦分兵三路針鋒相對。經過激烈交鋒，張士誠屢戰屢敗，徐達、常遇春奪得湖州、吳江（今江蘇吳江），乘勝包圍平江，沿城外築起長圍，把吳軍困在城內，水洩不通。城外架起木塔，木塔上置放火炮，居高臨下，轟擊城內守軍。徐達遣使請示朱元璋作戰事宜。朱元璋手書敕諭，說：「將軍謀勇絕倫，故能遏亂略，削群雄。今事必稟命，此將軍之忠，吾甚嘉之。然將在外，君不御。軍中緩急，將軍其便宜行之，吾不中制。」這等於把作戰的全權交給了徐達。徐達於是下令，向平江發起總攻，一舉攻陷，生擒張士誠，俘擄二十五萬人。徐達進入平江，號令全軍：「掠民財者死，毀居民者死，離營二十里者死。」軍紀嚴明，人心安定。張士誠被押送應天府，自縊而死。徐達、常遇春班師，朱元璋親自出城迎接，封徐達為信國公，常遇春為鄂國公。

朱元璋雄才大略，再拜徐達為征虜大將軍，常遇春為副將軍，率領二十五萬大軍北伐元朝。文人謀士宋濂起草北伐檄文，文中提出了「驅逐胡虜，恢復中華，立綱陳紀，救濟斯民」的口號。關於進兵方略，朱元璋明確指示說：「先取山東，撤彼屏障，移兵兩河，破其藩籬，拔潼關而守之，扼其門檻，天下形勢入我掌握，然後進兵。元都勢孤援絕，不戰自克，鼓行而西，雲中、九原、關隴可席捲也。」朱元璋絕對相信兩位統帥，評價徐達說：「禦軍持重，有紀律，戰勝攻取，得為將之禮，莫如大將軍。」針對常遇春性格比較魯莽的特點，朱元璋告誡說：「當百萬眾，催鋒陷堅，莫如副將軍。不慮不能戰，慮輕敵耳。身為大將，顧好與小校角（摔跤），其非所望也。」

徐達和常遇春完全按照朱元璋的戰略部署，開展軍事行動，先取山東，再移兵西向，克河南，陷潼關。每個戰役中，他倆各有所長，優勢互補，攻無不克，戰無不勝。史載：「是時稱名將，必推（徐）達、（常）遇春兩人，才勇相類，皆太祖所倚重。（常）遇春剽疾敢深入，而（徐）達尤長於謀略。（常）遇春下城邑，不能無誅戮；（徐）達所至不擾，即獲壯士，與謀，結以恩義，爲己用。」徐達精於謀略，常遇春的勇猛更是無人可比。常遇春曾說：「吾能將十萬眾，橫行天下。」因此，軍中給他起了個綽號，叫做「常十萬」。這位常十萬也確實厲害，「衝鋒陷陣，未嘗敗北，雖不習書吏，用兵則與古合」，稱得上是天生的將才。

這年底，朱元璋正式即皇帝位。次年正月，定國號爲明，以應天府爲國都，改元洪武。徐達升爲右丞相，再任太子少傅；常遇春加太子少保銜。

明朝的建立，極大地鼓舞了將士們的士氣。明太祖又親臨汴梁（今河南開封），直接指揮戰事。徐達說：「我大軍平齊魯，掃河洛……元朝聲援已絕，今乘勢直搗元都，可不戰有也。」明太祖深以爲然。於是，徐達、常遇春揮師北上，以捲席之勢，迅速攻下德州（今山東德州）、長蘆（今河北滄州）、直沽（今天津）、通州（今北京通縣）。洪武元年（西元一三六八年）八月，元惠宗妥懽帖睦爾見大勢已去，帶著后妃、太子倉皇逃離大都（今北京）。徐達、常遇春大軍入城，元將帖木兒不花、慶童、迭兒必失等人不降，被斬殺，其餘不戮一人。徐達命封府庫，保管圖書和財寶，禁止士兵侵害百姓，使得吏民安居，市不易肆。捷報送達應天府。明太祖笑顏逐開，命改大都爲北平府。這標誌著元朝的滅亡。

接著，徐達、常遇春奉命進軍山西。鎮守太原的元將擴廓帖睦爾，仍有數萬兵馬，避開正面明軍，繞道進攻北平。徐達面臨著兩種選擇，一是繼續進攻太原，一是回軍守衛北平。他經過權衡，認爲北平有軍隊守衛，萬無一失，而太原空虛，正是攻取的最好機會，因此決定以攻制攻，以騎兵速進，直取太原。常遇春又提出個方案，說：「我騎兵雖集，步卒未至，驟與戰，必多殺傷。不妨夜間劫營，必定得手。」恰在這時，擴廓帖睦爾部將豁鼻馬，派人前來約降，願爲內應。徐、常大喜，迅速和豁鼻馬取得聯繫，同時組織精騎，乘夜銜枚，偷襲元軍大營。擴廓帖睦爾全無防備，全軍潰敗，倉皇中，只帶著十八名親隨落荒而逃。豁鼻馬四萬多兵馬投降。徐達、常遇春麾兵大進，順利攻佔了太原和大同。

其後，徐達和常遇春分兵，轉戰塞北和陝甘，掃蕩元朝的殘餘勢力。洪武二年（西元一三六九年），常遇春追擊逃亡的元惠宗，攻克開平（今內蒙古多倫北），俘獲敵人萬人，車萬輛，馬三千匹，牛五萬頭。回師途中，突然患病，不治身亡，年僅四十歲。明太祖接到喪報，悲痛欲絕，親自到郊外祭奠，並以隆重的禮儀予以安葬。常遇春被追贈爲翊運推誠宣德靖遠功臣、開府儀同三司、上柱國、太保、中書右丞相，追封開平王，謚曰「忠武」。次年，徐達在平定陝西、甘肅以後凱旋。明太祖親至龍江迎勞，頒詔大封功臣，徐達名列首位，爲開國輔運推誠宣力武臣，特進光祿大夫、太傅、中書右丞相參軍國事，改封魏國公，歲祿五千石，賜予不死鐵券。

徐達長女「幼貞靜，好讀書，稱女諸生」。明太祖主動攀親，結爲兒女親家。說：「朕與卿，布衣交也。古君臣相契者，率爲婚姻。卿有令女，其以朕子（朱）棣配焉。」徐達長女嫁明太祖第四子燕王朱棣，另兩個女兒又分別嫁明太祖第十三子代王朱桂、第二十二子安王朱楹，俱封王妃。君臣兒女，三重姻親，這在歷史上是不多見的，表現了他們之間非同尋常的特殊關係。

明太祖稱譽徐達爲「開國功臣第一」，這是千眞萬確的。徐達一生，「廓江漢，清淮楚，電掃西浙，席捲中原，聲威所震，直連塞外，其間降王縛將，不可勝數」。他深通爲將之道，具有良好的個人品德。言簡慮精，令出不二；善撫士卒，賞罰分明；注重軍紀，無憂百姓；忠直無私，痛恨奸佞。明太祖信用胡惟庸，任爲宰相。此人心地詭詐，熱衷於玩弄權術，有意結交徐達，遭到拒絕，轉而賄賂徐達家的看門人福壽，要他謀害主子。福壽不爲私利所動，揭發了胡惟庸的陰謀。徐達深疾其奸，多次向明太祖進言，指出胡惟庸不宜爲相。洪武十三年（西元一三八〇年），胡惟庸謀反罪行敗露，被處死，證明徐達的預見是完全正確的。因此，明太祖更加敬重徐達，稱他爲「徐兄」，稱讚說：「受命而出，成功而旋，不矜不伐，婦女無所受，財寶無所取，中正無疵，昭明乎日月，大將軍一人而已。」

胡惟庸事件之後，明太祖改革官制和軍制，把所有大權集於一身。同時猜忌功臣，殺了很多人。徐達鎮守北平，誠惶誠恐。洪武十七年（西元一三八四年），徐達患了疽病。明太祖把他接回應天府治療。徐達所患疽病，忌吃蒸鵝。可是，明太祖偏偏賜蒸鵝給他吃。徐達不敢不吃，於次年二月病逝，終年五十四歲。明太祖不知是眞是假，又是悲痛欲絕，輟朝臨喪祭奠，追封徐達爲中山王，謚曰「武寧」。

于謙

粉身碎骨全不怕，要留清白在人間

明朝中期正統十四年（西元一四四九年），發生了著名的「土木之變」，堂堂大明皇帝英宗朱祁鎮，竟被北方蒙古瓦剌部首領也先俘擄，舉國震驚，成爲明朝由盛而衰的轉捩點。關鍵時刻，名將于謙擁立新主，領導軍民開展轟轟烈烈的北京（明成祖遷都北平，改名爲北京）保衛戰，擊退異族入侵，維護國家尊嚴，建立了不朽的功勳，其人其事，可歌可泣。

于謙（西元一三九八～一四五七年），字廷益，錢塘（今浙江杭州）人。明成祖永樂十九年（西元一四二一年）進士及第。明宣宗時出任御史、都御史。明宣宗叔父朱高煦發動叛亂，兵敗投降。于謙奉命宣布朱高煦的罪行，聲色嚴厲，表現出一位剛正大臣的風範。繼任監察御史，赴江西、陝西等地，平反冤獄，爲民除害，一身正氣。明宣宗發現于謙可當大任，用爲兵部右侍郎，巡撫山西、河南。于謙輕車簡從，每到一地，必救災賑荒，安撫流民，興修水利，鼓勵發展農業生產，政績顯著。當時，朝中由「三楊」（楊榮、楊溥、楊士奇）輔政，他們都很器重于謙，凡于謙奏事，當天就報告皇帝，絕不拖延。宣德九年（西元一四三四年），于謙升任兵部左侍郎，食二品俸祿，躋身於朝廷重臣的行列。

宣德十年（西元一四三五年），明宣宗病死，明英宗朱祁鎮繼位，年僅九歲。「三楊」相繼病故，宦官王振專權用事，為所欲為。有人告發一個叫做余謙的官員，收受賄賂。王振張冠李戴，錯把于謙當做余謙，抓捕入獄，嚴刑審訊，判了死罪。三個月後發覺錯了，這才把于謙釋放，用為大理寺少卿。山西、河南吏民上書，請求讓于謙到他們那裏任職。于謙再任巡撫，救濟流民二十餘萬人。正統十二年（西元一四一四年）復回朝廷，任兵部左侍郎。

這時，王振專權達到登峰造極的地步，且與蒙古瓦刺部首領也先勾勾搭搭。正統十四年（西元一四四九年）春，也先為「貢馬」事，跟王振鬧翻，遂於七月出動四路兵馬，大舉進攻明朝。警報傳來，朝臣分作兩派，一派主戰，一派主和。王振心想濫冒軍功，所以主戰，而且慫恿明英宗親征，大言不慚地說：「皇上親征，軍民回應，區區賊寇，何足道哉？」于謙也是主戰，但不同意明英宗親征，說：「兵馬不齊，糧草未備，皇上親征，那會有很大的風險。」明英宗年輕氣盛，加上王振的鼓動，聽不進反對意見，說：「朕重文治，也重武功，親征就親征，難道懼他瓦刺不成？」輕敵，盲目，草率，倉促，決定了明英宗兵敗被俘的厄運。

七月十六日，明英宗親率五十萬大軍，以王振為總領，離開京師，向西北方向進發。二十三日到達宣府（今河北宣化），恰遇大風大雨，道路泥濘，行軍艱難。鑒於此，成國公朱勇、兵部尚書鄺林、吏部尚書王直等，建議回軍。朱勇甚至跪地懇求王振，說：「天時不利，敵情不明，聖駕萬萬不可冒進，還是回軍為好。」王振兇神惡煞，說：「回軍？朝廷的威儀何在？皇上的體面何在？」他給朱勇等人定了個怠慢軍心的罪名，罰跪於草叢中，大肆加以凌辱。

八月一日，明軍到達大同，敵勢甚盛，前鋒三萬全軍覆沒。王振此時方知打仗並非兒戲，隨時都有喪命的可能。他嚇出一身冷汗，想來想去還是保命要緊，所以奏告明英宗，掉轉方向，回軍北京。回軍本應取道紫荊關（今河北易縣紫荊嶺），可是王振卻下令取道蔚州（今河北蔚縣），意欲讓皇帝臨幸他的家鄉，藉以炫耀權勢，顯顯威風。大軍東行四十里，他又擔心兵馬經過，可能踩壞自家的莊稼，故又下令繞道宣府。士兵們被折騰得疲憊不堪，而且貽誤了回軍的時間。大軍行至土木堡（今河北懷來東），天近黃昏。將領們主張繼續前進，紮營懷來（今河北懷來），那裏比較安全。而王振卻考慮他的千車輜重還在後面，武斷地決定，就在土木堡紮營。土木堡一帶缺少水源，駐軍連夜打井，深至兩丈，仍不見水。數十萬兵馬又饑又渴，詛天咒地，罵爹罵娘。次日，瓦剌鐵騎抵達土木堡，明軍頓時緊張起來。也先實行麻痹計策，一面派人和明軍議和，一面催促後續部隊快速前進。王振表示同意議和，派出通事前去談判，同時下令移營就水。正當明軍移營之時，也先指揮他的部隊向明軍發動攻擊。一方是兵精將勇，一方是人困馬乏；一方是有備而來，一方是倉皇應戰。結果可想而知，明軍大敗，屍橫遍野。王振死於亂軍之中，明英宗則被也先活活地俘擄了去。

這就是「土木之變」。消息傳到北京，百官慟哭，紛紛要求族滅王振。王振全家老小均被殺害，籍其家，抄得金銀珍寶無數。明英宗同父異母弟弟郕王朱祁鈺，留守監國，計無所出。侍講徐珵（珵，讀作呈）家在蘇州，說：「星象已變，天命已去，莫若放棄北京，遷都南京。」各位朝臣，六神無主，甚至有人失聲痛哭。于謙見狀，厲聲說：「意欲遷都者，當予處斬！京師，天下根本，一動則大事去矣！獨不見南宋渡江事乎？請速召勤王兵，誓以死守！」于謙的態度，使朱祁玨和大臣們統一了想法，決心固守北京。八月，于謙升任兵部尚書，組織北京保衛戰。他說：「京營兵械且盡，急欲遣官募義勇，繕甲兵，修戰具，分兵九門，列營郭外。城邊居民，皆徙入內。」他提出幾位守城將領的名單，豪壯地說：「軍旅之事，臣請以身當之，不效，則治臣之罪！」朱祁玨不懂軍事，一切皆由于謙安排調度。

再說也先，活捉了明英宗，以為奇貨可居，派遣使臣以議和為名，大索金帛，並欲迫使明朝屈辱妥協。明朝一些大臣，隨之附和。于謙洞察也先的奸謀，聯合群臣，奏請皇太后，請立朱祁玨為皇帝，以安民心。朱祁玨反覆推辭。于謙說：「今日事，當以社稷為重，非為他也。」於是，朱祁玨於九月上旬即帝位，是為明代宗，遙尊明英宗為太上皇，上下始安。

十月，也先進攻紫荊關，推出明英宗，叩關誘降。守關將士高聲說：「我大明已有新天子了！」拒不開關。也先奸計不售，奇貨反成贅疣，大怒，攻破其關，直搗北京。

北京城內，疲兵羸馬不滿十萬，有盔甲者僅萬人。但是，于謙以民族大義激勵軍民，同仇敵愾，嚴陣以待。明代宗專門頒詔，召各地兵馬入衛，均受于謙節制。都指揮以下的將領，不用命者，于謙可以先斬後奏。于謙也發出命令，宣布說：「臨戰陣將，不顧軍先退者，斬其將；軍不顧將先退者，後隊斬前隊。」這樣一來，全軍上下形成合力，士氣高昂，足以使任何強敵，膽寒生畏。

瓦剌大軍進至北京城外，仍以明英宗誘降。明軍不予理會。也先惱羞成怒，下令攻城。于謙與副帥石亨，巧妙地在德勝門外設伏，引誘敵人至城下，前後夾擊，發射火炮，一戰而大敗瓦剌軍。也先之弟索羅、宰相卯那孩被當場擊斃。瓦剌軍轉而進攻西直門。都督孫鏜，斬其前鋒數人。瓦剌軍潮水似地前湧，圍攻孫鏜。孫鏜處境危險。于謙接到報告，急命石亨馳援。西直門附近的百姓，則紛紛「升屋呼號，爭投磚石擊敵，嘯聲動地」，那情景實在感人。瓦剌軍死傷慘重，不得不退卻，仍到遠處紮營。

于謙命令軍民抓緊空隙時間，構築軍事掩體，同時命令各地勤王兵，迅速向北京聚集。也先遠師前來，力圖速戰速決，圍攻北京五日，北京巋然不動，而他的士兵卻死了萬餘人，戰馬散失九萬餘匹。派出一支部隊進攻居庸關，亦遭重創，丟盔掉甲，大敗而回。也先原先的氣焰十分囂張，五日後恰似洩了氣的皮球。更要命的是，明朝的勤王之師，旦夕即至，那樣會切斷瓦剌軍的歸路。也先懂得兵法，三十六計走為上，率領殘兵敗將，惶惶然灰溜溜地撤兵，退到關外去了。

也先撤兵。于謙仍不敢掉以輕心，說：「宣府，京師之藩籬；居庸（關），京師之門戶。這兩個地方，最為緊要。」於是，任用精通謀略的左都督朱謙、都御史王竑（竑，讀作宏），分守宣府和居庸關，以拱衛北京的安全。繼命石亨率兵三萬巡大同，楊能率兵一萬巡宣府，防止瓦剌再度入侵。也先屢屢犯境而不能得逞，遂改變手法，主動提出和議，並把沒用的明英宗放了回來。明代宗屈服於大臣的壓力，同意迎回哥哥，但有一條，明英宗不能再當皇帝，回來只能居住南宮，當他的太上皇去。景泰元年（西元一四五〇年），明英宗回到北京，實際上是處於被軟禁的狀態。

當時，明朝的兵制沿用明太祖、明成祖時的做法，守衛京師的士兵分為「五軍營」和「三大營」，號令不一，各自為政，而且兵、將分設，兵無常將，將無常兵。這樣做的好處是，將帥的權力受到限制，難以對中央集權構成威脅；但也有弊端，就是「營政鬆弛，兵將相離」，臨時組合上陣，兵不知將，將不知兵，不可能形成什麼戰鬥力。于謙看到了這一弊端，奏請明代宗，從實戰需要出發，大膽地進行改革。要點是：精選士兵十萬人，分為五個大營，稱「五團營」；每五十人為隊，設隊長；每百人，設領隊官；每千人，設把總；每五千人，設都指揮。都指揮接受提督的命令，平時主持訓練，戰時受命作戰。于謙任總兵官，負責節制提督。這樣，全軍就有了完整的組織體制，兵將相識，統帥的號令能夠得到貫徹執行。改革收到了很好的效果，「五團營」再擴展為「十團營」，另外還有一支「老營」。「由是，京軍之制一變」，京師的防衛能力大大增強。

景泰三年（西元一四五二年），于謙再提出禦寇安邊的十一件大事，獲准施行。明代宗這時忙於鞏固皇位，廢黜明英宗所立的皇太子朱見深，改立自己的兒子朱見濟為皇太子，宮廷內部鬥爭因此激化。于謙「每事抒忠，直陳無隱，人多忌之」。都御史羅通等首先發難，攻擊于謙戰功不實，改革的目的在於擴充自己的權力。于謙十分氣憤，毅然提出辭去總兵官的職務。明代宗不許，攻擊于謙的人反而越來越多，包括軍隊二號人物石亨。于謙性格剛直，獨負才氣，面對政敵，無可奈何，只能歎息說：「此一腔熱血，竟灑何地！」

景泰年間，蒙古瓦剌部和明朝的關係相對比較穩定，于謙主持的兵部也就不那麼重要了。景泰六年（西元一四五五年），于謙因病請求辭去所有職務，居家以賦詩養花為樂。景泰八年（西元一四五七年）正月十七日凌晨，形勢突變。明代宗正在生病，閒居於南宮的明英宗，勾結京軍將領石亨、徐有貞、曹吉祥等，強奪宮門，進入奉先殿，鳴鐘擊鼓，宣布復辟。當天，于謙等數十名大臣被捕入獄。有人大喊冤枉。于謙深知官場的黑暗，冷靜地說：「既然如此，辯無益也！」刑部給于謙定了個「謀逆」罪，擬處以極刑。剛復辟的明英宗裝模做樣，以為于謙有功，尚在猶豫。徐有貞窮兇極惡，說：「不殺于謙，陛下復辟為無名。」六天後，明英宗下令，把于謙棄市，籍其家，家屬戍邊。抄家時發現，于謙身居高位幾十年，「家無餘資」，「蕭然僅書籍而已」。

于謙為官之餘，還寫過一些詩歌，其中最出名的是《石灰吟》

千錘萬擊出深山，烈火焚燒若等閒。
粉身碎骨全不怕，要留清白在人間。

這是一首詠物詩，歌頌石灰生產的過程及其品德。深山的石頭，遭到「千錘萬擊」，經過「烈火焚燒」，「粉身碎骨」，方才成為石灰。石灰最大的特點就是「清白」，不帶雜質，長留人間，造福於人民。詠物意在抒情。石灰，正是于謙忠烈清白一生的真實寫照！

戚繼光

「封侯非我意，但願海波平」

明朝的外患，除了北方的蒙古外，還有東南的倭寇。明世宗嘉靖年間，出了一位名將戚繼光，愛國愛民，抗倭剿倭，在中華民族抗擊外來侵略的史冊上，書寫了壯美的篇章。

戚繼光（西元一五二八～一五八七年），字元敬，號南塘、孟渚，登州（今山東蓬萊）人。出身將門。父親戚景通爲人正直，文武兼備，長期擔任登州衛指揮僉事。戚繼光從小「倜儻，負奇氣，家貧，好讀書，通經史大義」。十七歲時，承襲父職，出任登州衛指揮僉事，負責海防事宜。他胸懷大志，武藝高強，曾在閱讀的兵書上寫下一首自勉詩，云：

雲護牙籤（牙製書籤）滿，星含寶劍橫。

封侯非我意，但願海波平。

戚繼光爲什麼「但願海波平」呢？這不能不說倭寇。

倭寇就是海盜。初始，日本南北朝混戰時期，一些潰兵敗將，以及失意的政客、武士、無賴等，流浪海上，聚而爲盜，稱爲「倭寇」。倭寇是一夥亡命之徒，不僅在海上劫掠商船，而且經常在中國沿海地區燒殺搶掠，極其兇暴和殘忍。據《嘉靖東南平倭通錄》一書記載，明英宗正統四年（西元一四三九年），倭寇侵擾浙江台州的桃渚村，屠戮人民，焚燒房屋，「驅掠少壯，發掘塚墓。束嬰竿上，沃（澆）以沸湯，視其啼號，拍手笑樂」，造成「積骸如陵，流血成川」的慘景。明世宗嘉靖年間，奸相嚴嵩及其子嚴士蕃專權，朝政腐敗，地方官僚地主與倭寇相勾結，倭寇爲害更加猖獗。嘉靖二十七年（西元一五四八年），明朝派朱紈巡撫浙江，兼提督福建軍務。朱紈封鎖海面，擊殺通倭的豪紳李光頭等九十六人，並上書朝廷說：「去外國盜易，去中國盜難；去中國瀕海之盜猶易，去中國衣冠之盜尤難。」李紈的做法，觸動了通倭的「衣冠之盜」的利益。他們指使在朝的後臺老闆，反誣李紈濫殺「良民」。李紈被逼自殺，倭寇橫行江浙，甚至竄至安徽和山東，猖狂至極。負責剿倭的官兵，畏倭如虎，趁火打劫，欺民似狼，故有民謠說：「遇倭猶可逃，遇兵不得生。」兵、倭聯成一體，百姓雪上加霜。倭寇的滔天罪行，給中國人民帶來了巨大的痛苦和災難，也激起了中國人民的憤怒和抵抗。在這樣的背景下，自然可知，戚繼光「但願海波平」，不僅是一種現實的考慮，更是一種崇高的理想。

嘉靖三十二年（西元一五五三年），戚繼光因爲在登州防倭有功，被提拔爲都指揮僉事，統轄三營二十四衛所，主管整個山東的防倭事宜。戚繼光針對海岸線長和防衛任務重的特點，根據倭寇活動的規律，層層布控，重點設防。特別注意整頓軍隊，加強訓練，嚴肅紀律。他的舅父在軍中任普通軍官，一貫自由散漫，屢屢違反號令。戚繼光不徇私情，當眾處分了舅父。事後，又以外甥身分，向舅父賠禮道歉，說明自己必須以法治軍的道理。舅父終於被感動，承認錯誤，從而影響和帶動了其他軍官，全軍面貌煥然一新。「遙知百國渺茫外，未敢忘危負歲華。」這是戚繼光所寫《過文登營》詩中的兩句，最能反映他心懷國家，身負重任，不敢虛度年華的操守和志向。

當時的倭患，以閩浙一帶最爲嚴重。嘉靖三十四年（西元一五五五年），戚繼光奉調到浙江任都司充參將，鎮守寧波、紹興、台州三府。開始，他在原官兵的基礎上，挑選精壯，組建起一支隊伍，嚴加訓練，步伍整齊，軍容壯觀。可是當與倭寇交戰時，隊伍卻畏縮不前，以致被圍困的倭寇竟逃跑了。戚繼光因此受到革職處分，但仍「戴罪辦賊」。有鑒於此，戚繼光決意另建新軍，把提高戰鬥力放在第一位。嘉靖三十八年（西元一五五九年），他在浙江金華、義烏等地，以殺倭保民相號召，募得以勇敢著稱的礦工、農民三千人。這支新軍素質好，能吃苦，經過訓練，具有鐵一樣的紀律，號稱「戚家軍」。

戚繼光訓練戚家軍，從實戰需要出發，專門演習一種叫做「鴛鴦陣」的陣法。每陣由十餘人組成，隊長居前，後面緊跟兩隊士兵，伙夫居後。各人使用不同的兵器，如刀、劍、棍、戟、狼筅、盾牌等，臨敵時各施所長，互相掩護。「狼筅」是戚繼光發明的特殊兵器，就是在毛竹上綁縛尖刀，把柄較長，可以直擊和橫掃，威力很大。每個鴛鴦陣，都是一個獨立的作戰單位；若干個鴛鴦陣聯合，便是一個大陣，稍加變換，又有「二方陣」、「三方陣」等名目，層出不窮。戚家軍利用這一陣法，在河渠、叢林密集的江南地區，神出鬼沒，打擊倭寇，取得了很好的效果。在浙江台州、仙居，戚繼光九戰九捷，共斬殺倭寇六七千人。浙境倭患基本平息。戚家軍回師台州休整。當地百姓出城歡迎，隊伍長達二十里。人們由衷地稱頌戚繼光和戚家軍，是他們剿滅倭寇，保家衛國，方使自己能過著安寧的生活。

嘉靖四十一年（西元一五六二年），惡貫滿盈的奸相嚴嵩父子受到應有的懲罰，新任宰相徐階、張居正主政，抗倭鬥爭有了新的起色。戚繼光奉命，率領戚家軍赴閩，平剿倭寇。福建倭患有三大巢穴：寧德縣的橫嶼、福清縣的牛田、興化府（今福建莆田）的林墩。橫嶼離岸十里，四面環海，雖為孤島，地勢險要，漲潮時可以通船，退潮時則為溝壑泥灘。倭寇以此為據點，設大營，築工事，妄圖長期盤踞；沿岸遍布耳目，消息極為靈通。戚繼光通過偵察，摸清了敵人的情況，先清除沿岸耳目，切斷了橫嶼與外界的聯繫。七月，命令全軍，每人背草一捆，遇泥鋪路，逢溝填壑，進攻橫嶼；同時派出戰船，配備火器，從海上助攻。橫嶼的倭寇，發現兩面受擊，驚慌失措，一面抵抗，一面跳海，半數被殺死，半數被淹死，兩千六百餘人，無一活命。戚繼光一戰而收復橫嶼，表現出了高超的剿倭才幹。

牛田倭寇得知橫嶼丟失，惶恐不安。九月，戚繼光迅速進軍福清，故意放風說：「我軍遠來疲憊，急需休整。平倭乃長久之計，不可操之過急。」牛田倭匪信以為真，思想鬆懈，不為之備。誰知戚繼光在夜間，率領大軍，輕裝銜枚，發動突襲，包圍了牛田。牛田倭匪尚在睡覺，六百多人被擊斃，兩千多人被俘擄。附近各寨的倭寇，聞風喪膽，潰散逃命。

戚繼光馬不停蹄，乘勝進攻林墩的倭寇，斬俘近千人。天明時分，興化百姓方知戚家軍入境，牛田和林墩的倭寇，均被剿滅。人們興高采烈，殺牛獻酒，迎接盼望已久的平倭功臣。從此，戚繼光威名遠播，戚家軍名聞天下，人人都說：「倭寇遇到戚將軍和戚家軍，算是遇到了剋星。」倭寇的殘餘勢力則給戚繼光起了個綽號：「戚老虎」。

十一月，戚繼光和他的部隊返回浙江。倭寇殘餘勢力額手相慶，說：「戚老虎走了，這裏還是我們的天下。」當年冬，新倭萬餘人捲土重來，一舉攻佔了興化。朝廷急命另一位抗倭名將俞大猷爲福建總兵官，並命戚繼光爲副總兵官，再回福建，合力剿倭。次年正月，新倭畏懼戚繼光，放棄興化，退守平海衛（今福建平海）。四月，戚繼光和俞大猷定下計策，兵分三路，進攻平海衛，斬殺倭匪二千二百多人，救出被抓去的民眾三千人。部分倭匪逃往仙遊（今福建仙遊）。戚、俞大軍乘勝追擊，在同安（今福建同安），兩次把倭匪打得落花流水。至此，福建境內的倭患基本解除。戚繼光因功升任都督同知，並代替俞大猷，出任總兵官。嘉靖四十三年（西元一五六四年），廣東山賊吳平，又招納殘倭作亂。戚家軍再進入廣東作戰，倭匪敗逃，後來被完全殲滅。

史載，戚繼光爲將「果毅」，「號令嚴，賞罰信，士無敢不用命」，臨陣作戰，常常是「飆發電舉」，所向披靡。他所領導的戚家軍，依靠沿海軍民的支持，經過十餘年的艱苦奮戰，終於取得了平滅倭寇的重大勝利，在歷史上寫下了濃墨重彩的一筆。中國沿海，一度的確出現了「海波平」的景象，海禁隨之開放，貿易商船南來北往，促進了商品經濟及資本主義萌芽的發展。

明世宗死後，明穆宗登基，宰相張居正爲緩和尖銳的階級矛盾和社會矛盾，推行一系列的改革。軍事上，他主張整飭邊防，抵禦異族入侵，對於北方的蒙古族，採取加強政治、經濟聯繫的政策。爲此，隆慶二年（西元一五六八年），戚繼光被調往北方，任神機營副將，繼以都督同知身分，總理薊州、昌平、保定三鎮軍事，駐軍薊門（今北京密雲），任務是防禦蒙古入侵，保衛北京。朝廷特別規定，凡總兵官以下將校，皆受戚繼光節制。戚繼光到任後，勘察地形，巡視部隊，發現軍中存在著嚴重問題，主要是士兵不練武藝，強壯者多爲長官服務，老弱病殘者方才值勤守衛；邊塞漫長，郵路不暢，防礙資訊傳遞；軍力部署欠妥，前方和後方脫節；將校不懂兵法，沒有威信；士兵缺少訓練，許多人不會使用火器；弓矢不強，射技不精；普遍缺乏實戰觀念，重形式而輕實效。戚繼光把這些歸納爲「七害」，如實上奏朝廷，說：「七害不除，邊備曷修？」同時，他分析了士兵不練武藝的四大弊端，提出六條選將之道，最後建議，從浙江抽調三千人到三鎮來，帶動訓練。朝廷採納了他的建議。於是，三千名原戚家軍的戰士，出現在三鎮的軍營中。一次，命令集結列陣，突然天降暴雨，從早晨到中午，全軍挺立雨中，紋絲不動，主帥使令，如運臂指。三鎮將士見後，無不嘆服，「自是始知軍令」。這三千人很快成爲全軍的骨幹力量，吃苦耐勞，嚴守紀律，英勇無畏，對提高三鎮軍隊的素質，起了很好的示範和表率作用。

戚繼光升任右都督兼總兵官，鎮守從薊州到山海關的各個要塞。爲了防禦，他又提出，應當充分利用長城屏障，在上面修建敵臺（碉堡），據高臨險，以利觀敵和戰鬥。朝廷批准。戚繼光帶領將士，用三年時間，在西起居庸關、東至山海關的長城上，修建了敵臺（碉堡）三千座。每座敵臺高五丈，三層，台內可住士兵百餘人，儲藏兵仗器械和糧草等，「精堅雄壯，二千里聲勢連接」，固若金湯。接著，戚繼光把所屬部隊劃分為三個協（片）十二個區，協置副將一人，區置校官數人，平時負責訓練士兵，戰時奉命出擊，協、區統一號令，聯防聯動，全軍形成整體，戰鬥力大大增強。明穆宗和張居正非常倚重戚繼光，提拔他為左都督，再加太子太保和少保銜。此外，名將李成梁鎮守遼東，也做出了業績。因此，從明穆宗到明神宗的十餘年間，明朝北方邊防相當穩固，人民生活比較安定，社會生產有了新的發展。

戚繼光南平倭亂，北固長城，功勳卓著，千古垂名。可是，在其晚年，當賢相張居正去世後，他也遭到排斥，被誣為「張黨」，貶官奪俸，調往廣東。戚繼光看清了朝廷的黑暗，辭去官職，回了山東老家，整理文稿，著書立說。萬曆十五年（西元一五八七年），戚繼光憂鬱而死，終年六十歲。他留給世人的著作有《紀效新書》和《練兵紀實》等，其中閃爍著一位傑出將帥，畢生報效國家，從嚴治軍，智慧和謀略的光芒。

袁崇煥——一代名將，無辜冤死

明朝晚期，閹禍日滋，邊患日緊，千瘡百孔，內外交困。明神宗萬曆四十四年（西元一六一六年），東北女眞族傑出首領愛新覺羅努爾哈赤（清太祖），統一了女眞各部，在赫圖阿拉城（今遼寧新賓）稱帝，建立了後金政權。努爾哈赤隨即誓師反明，拉開了後金與明朝戰爭的大幕。十年間，努爾哈赤攻無不克，戰無不勝，後來在進攻寧遠（今遼寧興城）時，被明將袁崇煥打敗，含憤而死。袁崇煥因此成了明朝的英雄。

袁崇煥（西元一五八四～一六三〇年），字元素，號自如，東莞（今廣東東莞）人。萬曆四十七年（西元一六一九年）進士，任邵武（今福建邵武）知縣。「爲人慷慨，負膽略，好談兵」。當是時，努爾哈赤在東北攻城掠地，銳不可擋。袁崇煥視拯救國家危難爲己任，密切關注塞外的形勢。遇有從前方退役的老兵，他必向他們打聽東北的地理、邊防和戰鬥等情況。他得知後金軍隊善於騎射和野戰，馬上想到了荷蘭砲的作用。

明朝中期以後，隨著歐洲資本主義的發展，葡萄牙、西班牙和荷蘭等國殖民者相繼來到東方，來到中國。他們爲了取得貿易特權，經常使用武力，欺侮中國人民。福建一帶軍民奮起抵抗，奪得一種火砲，叫做「荷蘭砲」，砲管長，射程遠，裝塡彈藥方便，射擊目標準確，與明朝土製的火砲相比，具有更大的殺傷力。袁崇煥想到，若用這種火砲對付後金鐵騎，必然會大顯神威。

天啓二年（西元一六二二年），袁崇煥赴北京朝覲明熹宗，特意運去幾門繳獲的荷蘭砲，並帶砲手羅立實地施放，使皇帝和朝臣們大開眼界。經過努力，朝廷同意仿造這種火砲，取名「紅夷砲」（後改名爲「紅衣大砲」）。都御史侯恂發現袁崇煥很有軍事頭腦，全力推薦，使之任爲兵部職方主事。期間，努爾哈赤發動新一輪攻勢，明軍潰敗，朝廷緊急研究扼守山海關事宜。袁崇煥關心戰事，單人匹馬，去到關外考察。兵部長官不知他的去向，異常驚訝，就連他的家人也不知他去了哪裏。不久，袁崇煥回到北京，彙報山海關一帶的軍事形勢，豪壯地說：「只要給我軍馬錢糧，我一人就敢承擔守關之職！」朝廷賞識他的勇敢和氣概，於是擢爲僉事，監領關外軍事，同時撥帑銀二十萬兩，供招募兵馬之用。

袁崇煥到任後的第一項任務，是奉遼東經略王在晉的命令，安置遼東的難民。他不敢怠慢，連夜穿行於虎豹豺狼出沒的山谷叢林，四更時便到達目的地。隨行將士無不欽佩其膽略。王在晉任命袁崇煥爲寧前兵備僉事，命在一個叫做八里鋪的地方築城。袁崇煥認爲此非上策，建議派兵解救被圍困在十三山的十多萬難民。王在晉未置可否。恰好，大學士孫承宗巡邊。袁崇煥遂請求，自己率兵五千，進駐寧遠，以壯十三山聲勢，另外再派驍將，前去解救難民。他說：「寧遠離十三山二百里，如有可能，可以進據錦州；不然，則退守寧遠。十三山十多萬難民，怎能棄之不管呢？」孫承宗表示同意，讓王在晉主持解救事宜。王在晉派出三千兵馬前往，只救得六千多人回歸明朝本土，其餘人盡被後金俘擄。

孫承宗代替王在晉，擔任關外統帥。袁崇煥再次重申在寧遠重點設防的主張。孫承宗沒有理由反對，乃派袁崇煥駐防寧遠。袁崇煥到了那裏，「內附軍民，外飭邊備，勞績大著」，最大的成就是親自規劃，帶領將士，新築了一座寧遠城：城垣底寬三丈，頂寬二丈四尺，高三丈二尺，城上垛堞高六尺。新寧遠城巍然屹立在關外，成爲一處重鎮，更是一座抗禦後金南侵的堅固堡壘。袁崇煥忠於職守，誓與新城共存亡。由於他「善撫將士」，所以將士「樂爲盡力」，「由是商旅幅輳，流移駢集，遠近望爲樂土」。

這時，袁崇煥的父親去世。按制，他應回家爲父親守喪三年。但是，爲了國家利益，他沒離開寧遠和軍隊。天啓四年（西元一六二四年），袁崇煥升任兵備副使和右參政，與大將馬世龍等，率水陸馬步軍一萬二千人東巡，經錦州，直達廣寧（今遼寧北鎮），然後由水路返回。這次東巡，袁崇煥發現，錦州一帶，後金的軍隊很少，因此生出一個大膽設想，奪取錦州。天啓五年（西元一六二五年），孫承宗採納袁崇煥的建議，發兵一舉攻佔了錦州及附近的松山、杏山諸城，兵鋒進至大凌河、小凌河流域。此舉使明軍的防線向前推進二百多里，寧遠變成了後方，關外戰局漸趨有利。

明熹宗昏庸荒淫，朝政由大宦官魏忠賢把持。魏忠賢培植私黨，嫉賢妒能，毫無理由地解除了孫承宗的兵權，改由親信高第出任關外經略使。高第不懂軍事，且很懦弱，認爲關外根本無法守衛，居然下令，讓關外的明軍全部撤回關內。袁崇煥反對這一做法，氣憤地說：「兵法有進無退，好不容易奪得的關外諸城，怎能輕易放棄呢？沒有寧遠、錦州等地，山海關也就失去了屏障意義。因此，應當選派得力將領，堅守關外諸城，方是萬全之計。」膽小如鼠的高第，在退卻和逃跑方面是堅定不移的，強令袁崇煥放棄寧遠，撤回關內。袁崇煥斬釘截鐵地說：「我是寧遠守將，守衛疆土乃職責所在，絕不後退半步！」高第一時拿袁崇煥沒有辦法，只得命令其他各城明軍先行撤退。撤退非常倉促，連十多萬石軍糧也丢棄了。明軍一撤，關外的百姓紛紛逃離家園，難民如潮，「死亡載途，哭聲震野」。

天啓六年（西元一六二六年）正月，努爾哈赤探知明軍統帥易人，錦州一帶無人設防，遂親率十三萬兵馬，西渡遼河，佔領錦州，進攻寧遠。寧遠守軍只有一萬多人，守衛孤城，士氣低落。袁崇煥爲了激勵將士鬥志，召開誓師大會，當眾咬破手指，寫下血書，表示誓與寧遠共存亡。將士們受到感染，萬眾一心，決心跟隨主帥，堅守城池，血戰到底。袁崇煥給副將桂滿、左輔朱海、參將祖大壽、守備何克剛等分配了任務，而且實行清野策略，將城外的民戶遷進城內，民房焚毀。有人畏敵，企圖逃跑。袁崇煥執行軍法，毫不留情地將其斬首示眾。

努爾哈赤並沒有把袁崇煥放在眼裏，下令攻城。袁崇煥登城指揮，先用弓箭和石頭對付敵人。努爾哈赤見自己部下傷亡慘重，改命盾牌手出擊，進至城下，挖掘地道，企圖通過地道攻進城內。袁崇煥這時運出紅夷砲來，命砲手羅立開火，轟擊敵人密集的地方。隨著轟隆隆的巨響，砲彈開花，後金軍隊被炸得人仰馬翻，血肉橫飛。城外是一馬平川的開闊地，無處躲藏，後金軍隊全在火砲的轟擊範圍之內，潰不城軍，死傷不計其數。努爾哈赤從未見過這樣厲害的火器，忙命退兵，好不懊惱。次日，努爾哈赤重整旗鼓，兵分四路，進攻寧遠的四個城門。袁崇煥早有安排，四面城牆上均置有紅夷砲。所有火砲同時發射，山搖地動，八面開花。後金四員大將當場斃命，努爾哈赤也受了重傷。努爾哈赤眼看形勢不妙，慌忙下令退兵。袁崇煥率領輕騎殺出，乘勢追擊三十餘里，大獲全勝。這一仗，共殲滅後金軍隊一萬多人，是明朝對後金作戰以來，取得的第一次大勝利。

當寧遠激戰正酣的時候，明朝君臣坐論對策，拿不出一點辦法。高第統兵十餘萬，坐鎮山海關，不發一兵一卒救援。因此，所有人都以爲，寧遠必失無疑。數日後，袁崇煥的捷報送達北京，滿朝文武且驚且喜，無不稱讚袁崇煥的膽略和英勇。於是，明熹宗詔令，提升袁崇煥爲右僉都御史兼遼東巡撫。魏忠賢也想抓兵權，改由心腹王之臣取代高第，出任關外經略使，並指派心腹劉應坤、紀用巡撫遼東。袁崇煥上書揭露魏忠賢的陰謀。明熹宗念其功，給袁崇煥加兵部右侍郎銜。魏忠賢再使其奸，奏請皇帝，將關內關外軍事分開，王之臣專督關內，袁崇煥專督關外。袁崇煥進而收復了錦州，意識到自己處境的尷尬，上書說：臣在關外，宜用遼人守遼土，且守且戰，且築（城）且屯。戰雖不足，守則有餘。將士立功，必遭忌恨，蒙冤獲罪，云云。袁崇煥的擔心不是沒有道理，這可從日後的遭遇得到證明。

努爾哈赤兵敗返回盛京（今遼寧瀋陽），很不服氣地對臣屬們說：「朕自二十五歲起兵以來，攻無不勝，戰無不取，何獨寧遠一城不能下焉？偏偏遇著個袁崇煥，可恨可惱！」努爾哈赤氣恨交加，八月傷、病併發，不治身亡。其子皇太極繼承汗位（清太宗），決心再與袁崇煥交鋒。天啓七年（西元一六二七年），皇太極發兵進攻錦州和寧遠。袁崇煥憑藉紅夷砲的威力，打敗皇太極，取得了著名的寧錦大捷。

袁崇煥著意修繕破爛的錦州城垣，需要時日。他以給努爾哈赤弔喪爲名，派人去盛京，偵察後金的虛實和動向。皇太極遣使作答。袁崇煥爲了贏得修繕錦州的時間，奏請朝廷，提出和議問題。皇太極正準備進攻朝鮮，無暇南顧，同意議和。此後，雙方互有信使往來，戰事暫時止息。袁崇煥抓緊時間，修築錦州、中左、大凌三城。

袁崇煥的舉動，讓魏忠賢抓住把柄。魏忠賢已經號稱「九千歲」，專斷朝綱，氣焰薰天。他在和議上大做文章，誣衊和攻擊袁崇煥「通敵賣國」。袁崇煥多次上書，說明和議只是權宜之計，目的在於修築三城，如果三城沒有竣工，敵人來犯，那麼必將功虧一簣。他明確指出，抗擊後金，應該實行「守爲正著，戰爲奇著，和爲旁著」的方針，只有如此，方可在關外站穩腳跟。明熹宗表示同意「三著」方針，怎奈魏忠賢大權在握，硬是以莫須有的罪名，把袁崇煥罷職，改由王之臣兼督關外軍事。

這年八月，明熹宗忽然病死，其弟朱由檢繼位，就是明思宗崇禎皇帝。崇禎帝頗有一種勵精圖治的架勢，剷除了魏忠賢閹黨，削奪了庸碌之輩的兵權，重新起用袁崇煥，任爲右都御史兼兵部左侍郎，總督薊遼軍事，兼管登州、萊州、天津軍務。崇禎帝對袁崇煥寄予厚望，專門接見，詢問軍事部署情況。袁崇煥回答說：「關於用兵方略，臣在奏書裏已經講明。臣只希望得到陛下的關心和支持，擬用五年時間，便可收復遼東。」崇禎帝說：「只要能收復遼東，朕是不會吝嗇封賞的。願卿竭盡全力，解救天下人的倒懸之苦，朕的子孫也會享受福祿。」給事中許譽卿不以為然，問袁崇煥說：「你說五年收復遼東，這可能嗎？」袁崇煥說：「我見聖上焦急憂勞，那樣說是為了寬慰聖上。」許譽卿說：「聖上英明，你既說了大話，到時候不能兌現，怎麼辦？」袁崇煥自知失言，再見崇禎帝，說：「遼東戰事本來不易，陛下既然委任於臣，臣實不敢推辭。但是，五年內收復遼東，需有幾個條件：一是戶部要給夠軍餉，二是工部要給夠軍械，三是吏部要選派人才，四是兵部要抽調將士。各方面通力配合，方能做到。」崇禎帝立命四部大臣，滿足袁崇煥提出的條件，保證遼東戰事的需要。

袁崇煥擔心的不是軍事上的問題，而是人事上的問題。他直言不諱地說：「以臣的能力，收復遼東有餘，然而很難調劑眾人口味。只怕臣一離開朝廷，便遠出萬里，疾賢妒能的人縱然不會以權力制約臣，也會以反對意見干擾臣的謀劃。」袁崇煥想到以前孫承宗等人受到疑忌和排斥的先例，又說：「臣收復遼東，還是當初的計策，以遼人守遼土，以遼土養遼人，守為正著，戰為奇著，和為旁著。其法只能逐漸推行，而不能操之過急，在於實效而不在於虛浮。用人的人和被人所用的人，都要互相尊重，不起疑心。守邊的將士和朝廷的大臣不同。軍中可驚可疑的事情很多，最怕攻其一點而不及其餘。諸多有利於前方將士的事情，不見得也有利於朝廷大臣。況且，圖謀敵人越急，敵人就會使用反間計，興風作浪，亂我內部陣營。臣倒不是過於疑懼，其實什麼情況都有可能發生，所以還是告言在先爲好。」崇禎帝信誓旦旦，說那種情況絕不會出現，並賜予袁崇煥尚方寶劍和蟒袍玉帶，允許他便宜行事。袁崇煥接受了尚方寶劍，不敢領受蟒袍玉帶，然後馳赴山海關，專心經營關外事務。

皇太極切齒痛恨袁崇煥，面對寧遠一帶鐵桶似的防禦，無計可施。漢族謀士范文程極有計謀，建議繞開寧遠，取道蒙古，從喜峰口（今河北遷西北）越過長城，直攻北京。崇禎二年（西元一六二九年）十月，皇太極採納其計，率兵數十萬，以蒙古軍爲嚮導，長途奔襲，從喜峰口突破長城，攻取遵化（今河北遵化）。崇禎帝聞警，飛檄山海關，調兵入援。山海關總兵趙率教最先趕到，戰死。未及一個月，後金軍隊連克遵化、薊州（今河北薊縣）、順義（今北京順義）、通州（今北京通縣）等地，北京告急。遠在關外的袁崇煥，趕忙帶領祖大壽、何克剛二將，星夜馳援北京。十一月在廣渠門外，打敗了後金的軍隊。崇禎帝略感欣慰，賜予袁崇煥御膳和貂皮衣服，以示慰問。袁崇煥請求讓將士進城休息整頓，未獲批准。誰知就在這時，袁崇煥最擔心的事情發生了。

原來，朝廷中一些大臣一直忌恨著袁崇煥，抓住他當初曾和後金議和的事實，再做文章，誣衊他引導敵人圍攻北京，以便逼迫朝廷，簽定城下之盟。范文程再給皇太極出了個主意，施行反間計，詭稱袁崇煥與後金已經簽定了密約。他們還把捉到的兩名宦官放回，指使二人如此這般，散布流言。宦官見到崇禎帝，一口咬定說，袁崇煥已經叛國投降。崇禎帝說到底是個昏庸之君，不辨眞僞，便將袁崇煥逮捕下獄。崇禎三年（西元一六三〇年）八月，崇禎帝在沒有任何證據的情況下，竟將袁崇煥處以肢解的酷刑，並抄家，妻子和兄弟等流放三千里外。

袁崇煥堪稱一代名將，就這樣莫名其妙地無辜冤死。《明史》歎息說：「自崇煥死，邊事益無人，明亡徵（兆）決矣！」這以後，李自成、張獻忠領導的農民大起義風起雲湧，明王朝不久便將壽終正寢。

洪承疇——引領清軍入關的「導盲犬」

明思宗崇禎皇帝冤殺袁崇煥，等於自毀長城。崇禎九年（西元一六三六年），皇太極稱帝，改國號為清，改元崇德，加強對明朝的攻勢，明、清戰爭進入一個新的時期。崇禎帝任用洪承疇為薊遼總督，洪承疇兵敗投降，反過來成為引領清軍入關的「導盲犬」，起到了別人無法替代的特殊作用。

洪承疇（西元一五九三～一六六五年），字亨九，福建南安（今福建晉江）人。明神宗萬曆四十四年（西元一六一六年）進士，任陝西布政使參政。崇禎初年，陝北爆發了高迎祥、李自成、張獻忠領導的農民大起義。崇禎帝認為洪承疇具有軍事才能，任命他為延綏巡撫、陝西三邊總督。崇禎七年（西元一六三四年），擢為太子太保、兵部尚書，兼督河南、山西、陝西、四川、湖北軍務。他督軍鎮壓高迎祥、李自成的起義軍，屢打敗仗，因而被削去很多兼職，改為專督關中軍務。崇禎九年（西元一六三六年），高迎祥在周至（今陝西周至）誤中陝西巡撫孫傳庭的埋伏，被捕犧牲。李自成繼續領導這支起義軍，號稱「闖王」，轉戰於渭河流域，並攻佔了四川北部一些州縣。崇禎十一年（西元一六三八年），李自成在潼關遭到洪承疇的伏擊，傷亡慘重，僅以十八騎突圍，隱入商洛山中休整。張獻忠接著被「招撫」，農民起義軍一時轉入低潮。

當崇禎帝忙於鎮壓農民起義軍的時候，皇太極已改女眞族名爲滿洲（辛亥革命後通稱滿族），稱帝，並改國號爲清，垂涎中原，虎視眈眈。當時，錦州一帶，還被明軍扼守著，成爲清軍通往山海關道路上的最大障礙。爲此，皇太極從崇德四年（西元一六三九年）起，就進行軍事部署，採用騷擾戰術，決心奪取錦州。錦州守將祖大壽向朝廷告急。崇禎帝意識到其地的重要，於崇禎十二年（西元一六三九年）任命洪承疇爲薊遼總督，統領曹變蛟、王廷臣、白廣恩、馬科、吳三桂、楊國柱、王樸、唐通八位總兵，十三萬軍隊，四萬匹戰馬，開赴錦州，迎戰清軍。錦州周圍，另有松山、杏山、塔山諸城，彼此形成拱衛之勢。洪承疇到任，意高氣滿，自認爲錦州固若金湯，萬無一失。

皇太極幾次到錦州前線，考察地理形勢和明軍虛實。他針對洪承疇戰線拉得很長，後勤供應相對困難的弱點，派出許多傑出的將領，輪流攻掠錦州周邊和寧遠地區，攪得明軍高度緊張，片刻不得安寧。他還在錦州的北面，修築了義州城（今遼寧義縣），駐軍屯田，作爲進攻錦州的前哨陣地。隨後，陸續調兵遣將，把錦州重重包圍起來。崇德六年也就是崇禎十四年（西元一六四一年），八月，皇太極再次親臨前線，命令切斷明軍的糧餉供應，逐漸收縮包圍圈。明軍將士大爲恐慌，出擊清軍，一敗再敗，整個軍心爲之動搖。八位總兵紛紛請求突圍，退守寧遠。洪承疇這時方覺得自己成了困獸，如不突圍，只有死路一條，於是下達了突圍的命令。皇太極胸有成竹，說：「今夕明師其遁！」他也下達命令，從陸地到海上，把所有的通道封死，不准放過一人。結果，突圍的明軍，遭到清軍的封堵截殺，死者不可勝計。洪承疇和遼東巡撫邱民仰等，率領殘兵敗將，退居松山。只有總兵吳三桂和王樸等，突圍而出，逃至寧遠。這次戰役，明軍死了五萬多人，還有大批將士潰逃，洪承疇手下，只剩總兵曹變蛟、王廷臣等一萬多人，而且被圍困在松山，動彈不得。祖大壽也遭圍困，無法與洪承疇取得聯繫。

皇太極命洪承疇、祖大壽投降。洪、祖還算硬氣，表示要以身殉國。九月，皇太極返回京城盛京（今遼寧瀋陽），留下其弟多鐸、其子豪格等，繼續包圍松山和錦州。洪承疇仍然企圖突圍，均被清軍擊敗。年底，洪承疇軍中糧食耗盡，很多士兵投降了清軍。次年二月，松山副將夏成德堅持不住，開城降清。清軍乘勢發動攻擊，遂克其城。洪承疇、邱民仰、曹變蛟、王廷臣及三千多士兵，均成了俘虜。皇太極發來詔令，把劉、曹、王斬首，唯獨把洪承疇押往盛京。

皇太極感到洪承疇很有利用價値，特讓漢族謀士范文程前去勸降。洪承疇破口大罵，聲稱寧死不降。房上恰有灰塵落在洪承疇的衣服上，洪承疇珍惜衣服，輕輕拂去。范文程從這一細節中看清了洪承疇的爲人，回報皇太極說：「洪承疇必不死，惜其衣，況其身乎？」皇太極再派美貌的莊妃博爾濟吉特氏（小名大玉兒，即後來的孝莊太后），以美色相勾引，據說還以身相許，使洪承疇的態度發生了變化。接著，皇太極親自來到洪承疇的住處，並脫下自穿的貂裘長袍，披到洪承疇身上。洪承疇受寵若驚，慌忙跪地磕頭，說：「眞命世之主也！」這一跪，表明他已屈節降清了。洪承疇投降，影響了祖大壽。祖大壽亦降，獻出了錦州城。從此，明軍主力喪失殆盡，山海關外的土地皆歸清政權所有。

皇太極盛情禮待洪承疇，引起了文臣武將的不快。他們說：「陛下待洪承疇爲何這樣禮重？」皇太極說：「吾曹櫛風沐雨數十年，將欲何爲？」眾人回答說：「欲得中原耳。」皇太極大笑說：「很對！比如行道，吾等皆是瞎子，今獲一導者，吾安得不樂？」原來，皇太極是把洪承疇當作一條「導盲犬」，他要用來引路，奪取中原天下！

明崇禎帝得知松山、錦州失陷，以爲洪承疇肯定以身殉國了，發下詔令，命在十三壇設置靈位並建祠，準備親自祭奠爲國捐軀的「功臣」。不想接著就得到報告，說洪承疇已經叛國降清。崇禎帝又氣又惱，卻也無可奈何。

洪承疇投降，隸屬於鑲黃旗漢軍。皇太極雖然禮重他，卻一直沒有封他官職。皇太極病死，其子福臨繼位，就是清世祖順治皇帝，皇叔多爾袞輔政。順治元年（西元一六四四年）三月，敗而復興的李自成起義軍攻克北京，崇禎帝吊死在煤山（今北京景山），明朝滅亡。五月，多爾袞統領清軍南下。這時，洪承疇的「導盲犬」作用發揮出來，積極給清軍指點進軍路線，而且參與招降鎭守山海關的明將吳三桂。山海關一戰，李自成被清、明聯軍打敗，匆匆撤離北京。洪承疇和吳三桂引領清軍，輕而易舉地開進了北京。多爾袞需要利用洪承疇，任命他爲太子太保、兵部尚書，另加右副都御史銜，同內院官一起佐理機務。洪承疇恰也賣力，建議起用亡明大學士馮詮，仿效明內閣舊制，組建起一個臨時內閣，負責擬旨等事項。秋天，順治帝到了北京，並以北京為國都，宣布對全國進行統治。洪承疇、馮詮等奏定郊廟樂章及禮儀制度，使清朝的朝會、祭祀程式走上了正軌。

順治二年（西元一六四五年），多爾袞命其弟豫親王多鐸，兵下江南，鎮壓各地的抗清義軍。洪承疇被委以重任，以原官總督軍務，招撫江南各省，而且擁有「招撫南方總督軍務大學士」印，賜敕便宜行事。他原是明朝高官，對於亡明遺老遺少上層人物，具有一定的影響力。所以，招撫進行得卓有成效。招撫不成，他就出動兵力鎮壓，手段之殘酷，比起滿洲將帥來，有過之而無不及。當時，江南還有個朱姓南明政權。南明魯王對洪承疇抱有幻想，寫信封為國公，希望他能反水。這件事讓清朝廷知道了，許多人主張逮捕審訊洪承疇。順治帝和多爾袞考慮，寫信封公乃魯王所為，洪承疇並未答應，故不予追究，反而賜詔慰問。這使洪承疇感激涕零，效忠於清朝，矢志不渝。

洪承疇坐鎮南京，發生了一件趣事。松江府華亭（今上海松江）少年夏完淳，能詩能文，號稱「神童」。他具有民族氣節，與老師陳子龍等，聚集義士抗清，膽氣過人。一次，他們秘密聚會，共圖大舉，不幸事洩被捕，押解南京。途中，陳子龍投江而死，夏完淳鎮定自若，慷慨赴難。到了南京，夏完淳發現，審問他的大員正是民族敗類洪承疇，不由怒火中燒，昂然挺立。洪承疇企圖誘降神童，收攏人心，虛情假意地說：「你個娃娃家懂得什麼？顯然是受了叛逆之徒的矇騙，誤為人用，方才作亂。從今，你若歸順大清，老夫保你前途無量。」

夏完淳唾了一口，說：「呸！你才是叛逆之徒！我夏完淳乃大明子民，保家衛國，何亂之有？」他故裝不認識洪承疇，高聲說：「我年齡雖小，卻常聽人說，國朝有位亨九先生，出鎮薊遼，憤戰韃虜，兵敗不降，寧死不屈，一代人傑，名揚天下。我雖晚生，常慕先生之忠烈，仰先生之節義，願隨其後，猶恐不及哩！」

洪承疇聽了這番話，羞得面紅耳赤，瞋目結舌，無所措手足。旁邊有人解圍，告訴夏完淳說：「堂上坐的，正是洪承疇洪大人。」夏完淳故意正色說：「一派胡言！亨九先生早已戰死疆場，爲國捐軀。天子親爲設壇祭奠，朝臣爲之哀悼，舉國上下，誰人不知，誰人不曉？」說著，他又手指洪承疇，斥責說：「你這叛逆之徒，自己無恥無節倒也罷了，怎敢冒亨九先生英名，玷污先烈忠魂？」

夏完淳一頓巧罵，氣貫長虹，痛快淋漓。洪承疇坐在審判席上反倒受了審判，心驚肉跳，無地自容。他惱羞成怒，立刻露出劊子手的嘴臉，命將夏完淳處死。夏完淳從容就義，年僅十七歲。

順治六年（西元一六四九年），洪承疇加官少傅兼太子太傅，兩年後任都察院左都御史。他替朝廷辦事，儘管不遺餘力，但仍遭到滿洲貴族的猜忌。南明桂王朱由榔，盤踞在西南地區，利用農民起義軍餘部的力量，堅持抗清。順治十年（西元一六五三年），順治帝再以洪承疇爲內翰林弘文院大學士，繼授太保兼太子太師、內翰林國史院大學士、兵部尚書兼都察院右副都御史，並賜「經略大學士」印及蟒朝衣、冠帶、弓矢等物，命他經略湖南、湖北、廣東、廣西、雲南、貴州等地，總督軍務兼理糧餉。洪承疇到任，仍像以前一樣賣力，進攻南明政權，步步進逼。順治十三年（西元一六五六年），洪承疇加官為太傅，仍兼太子太師，後又改授武英殿大學士。洪承疇進兵貴州、雲南，朱由榔節節敗退，逃往緬甸。順治十六年（西元一六五九年），洪承疇以「山川險阻，瘴毒為害」為由，建議停止進兵。朝廷雖然採納了他的建議，但認為這是消極怠戰，放縱窮寇。恰好，洪承疇患了眼病，請求卸任。順治帝順水推舟，予以批准，解除了他的兵權，召回京師調理。清聖祖康熙帝即位後，洪承疇致仕，於康熙四年（西元一六六五年）病死，結束了很不光彩的一生，卻獲得「文襄」的諡號。

吳三桂——民族敗類，國家仇敵

清朝定鼎北京前後，如果說明將洪承疇是漢族敗類的話，那麼另一個明將吳三桂，則既是民族敗類，又是國家仇敵。因為這個吳三桂，先是叛明降清，引領清軍入關，受封高官厚爵；待到清朝的統治地位鞏固以後，他又野心膨脹，發動叛亂，割據稱帝，分裂國家，最終落了個可恥的下場。

吳三桂（西元一六一二～一六七八年），字長白，祖籍高郵（今江蘇高郵），後遷徙遼東（今遼寧遼陽）。出身於官僚地主家庭。父親吳襄，明崇禎初年官錦州總兵。吳三桂長大，以武舉承襲父蔭，任都督指揮，再任寧遠總兵。清太宗皇太極在東北攻城掠地，決意奪取錦州。錦州守將祖大壽，恰是吳三桂的舅父。崇禎帝任命洪承疇為薊遼總督，率領八位總兵十三萬兵馬，開赴錦州迎戰清軍，吳三桂為八位總兵之一。經過松錦戰役，洪承疇、祖大壽兵敗投降，吳三桂突圍逃回寧遠，官降三級。其時，明軍主力喪失殆盡，唯獨吳三桂手下尚有一些兵馬，號稱五十萬，成為明朝抵禦清軍的唯一資本。皇太極病死，其子福臨繼位，是為清世祖順治帝，皇叔多爾袞輔政。崇禎十七年（西元一六四四年）初，李自成在西安稱帝後，師向北京，勢如破竹。崇禎帝顧南顧不了北，特封吳三桂為平西伯，命其退守山海關。三月，李自成攻克北京，崇禎帝吊死，明朝滅亡。多爾袞聞訊，立刻驅兵南下，進軍山海關。吳三桂頓時處於兩難境地，同時也成了個關鍵人物。

吳三桂的父親吳襄歸附李自成，特意寫信給吳三桂，言稱自己已做闖王臣民，令其也倒戈投誠。吳三桂為自全之計，決意遵從父命。李自成則派人勞軍，送來白銀四萬兩，另遣大將率兵二萬，代替吳三桂鎮守山海關。正在這節骨眼上，吳三桂忽然接到家人報告，說他鍾情的愛妾陳圓圓，被李自成的部將劉宗敏強佔去了。吳三桂聽了這話，火冒三丈，怒髮衝冠，拍案而起，說：「大丈夫連一女子都保不住，還有何面目做人！」他立刻修書給清政權，「泣血乞師」。恰好，多爾袞受洪承疇的指點，致信吳三桂，信中說：「我國欲與明修好，屢致書不一答。是以整師三入，蓋示意於明，欲其熟籌通好。今則不復出此，唯底定中原，與民休息而已。聞流賊陷京都，崇禎帝慘亡，不勝髮指，用率仁義之師，沉舟破釜，誓必滅賊，出民水火！將軍思報主恩，與流賊不共戴天，誠忠臣之義，勿因過去守遼東與我為敵，尚復懷疑。昔管仲射（齊）桓公中鉤，桓公用為仲父，以成霸業。將軍若率師來歸，必封以故土，晉為藩王。國仇可報，身家可保，世世子孫，長享富貴。」於是，吳三桂叛明降清。明末清初詩人吳偉業在《圓圓曲》詩中寫道：「衝冠一怒為紅顏」，諷喻的就是這件事。其實，吳三桂降清，又何止是為「紅顏」呢？「封以故土，晉為藩王」，「世世子孫，長享富貴」，這一誘惑才是根本的原因。

吳三桂既降於清，卻又捨不得丟掉那四萬兩白銀。他僞裝歸順李自成，接收了銀兩，卻襲殺了送銀的使者及其隨從五千人。然後給吳襄覆信，「義正詞嚴」地責備父親認賊作主，不忠不義。

李自成招降吳三桂失敗，親率二十萬大軍，前往山海關決戰。李自成和吳三桂在關西的石河一帶對陣，激戰正酣，多爾袞指揮的清軍猝然而至。李自成的軍隊大敗，退回北京。多爾袞遂在軍前封吳三桂爲平西王，撥付馬步軍各一萬人，命他爲先鋒，乘勝追擊李自成。李自成殺了吳襄及其家人。陳圓圓很是乖巧，聲稱自己可以說服丈夫歸順闖王，因而保住了性命，後來復歸吳三桂。四月底，李自成匆匆稱帝後，匆匆撤離北京。五月初，清軍在吳三桂、洪承疇的引領下，輕而易舉地進了北京。秋天，順治帝也來到北京，並以北京爲國都，舉行開國大典，清由一個地方政權變爲中國最後一個對全國進行統治的封建王朝。

順治帝定鼎北京，大封功臣，賜予吳三桂「平西王」冊印、白銀萬兩、御馬三匹，加封薊國公，命他率兵殺向陝西，追擊李自成農民起義軍。明朝降將孔有德、尚可喜、耿仲明也受封王號，率兵殺向江南。滿洲旗兵督師於後，開始了一場殘酷的民族戰爭。吳三桂窮追李自成不捨，破潼關，入陝西。李自成被迫放棄西安，進入湖北。順治二年（西元一六四五年）四月，李自成在九宮山（今湖北通山境）遭到地主團練的襲擊，不幸遇難，死年三十九歲。次年，張獻忠兵敗犧牲，標誌著明末農民大起義的失敗。清朝廷嘉獎吳三桂的「功勞」，封他爲親王，給予豐厚賞賜，命其出鎮錦州。親王是清朝封給皇家成員的尊號，吳三桂當時還不敢接受，辭之。

江南人民的抗清鬥爭風起雲湧。順治五年（西元一六四八年），清朝廷需要利用吳三桂，又命他鎮守漢中。朱姓後裔建立的南明政權第四任皇帝朱由榔，盤踞南寧（今廣西南寧），依靠張獻忠餘部的力量，堅持抗清。順治九年（西元一六五二年），吳三桂奉命殺向四川，進攻成都和重慶，屢戰不利。四川巡撫郝沐，疏劾吳三桂「擁兵觀望」。吳三桂亦上書自辯，反劾郝沐「冒功」。順治帝正倚重吳三桂，以漢人殺漢人，有意將郝沐貶官，給吳三桂增俸，並把妹妹嫁給吳三桂之子吳應熊。吳應熊因此封和碩額駙，官至少保兼太子太保，後進位至太子太傅。吳三桂感激涕零，效忠於朝廷，更加賣力。

順治十四年（西元一六五七年），朝廷以吳三桂為平西大將軍，進兵貴州和雲南，與洪承疇等，合力進攻南明政權。兩年後，吳三桂攻克昆明（今雲南昆明）。朱由榔日暮途窮，敗退緬甸。順治帝這時犯了個絕大的錯誤，認為吳三桂「功高蓋世」，特命其鎮守雲南，總管軍民事，雲南將吏，皆由其任免。吳三桂從此成了一方諸侯，逐漸萌生出異志。

順治十八年（西元一六六一年），順治帝病死，年僅八歲的兒子玄燁繼位，是為清聖祖康熙帝。這年底，吳三桂以強兵壓境，迫使緬甸把朱由榔交出。康熙元年（西元一六六二年），吳三桂因「功」，再次被封為親王，兼轄貴州。四月，吳三桂把朱由榔及其兒子等，絞殺於昆明。

康熙帝年少登基，由索尼、蘇克薩哈、遏必隆、鰲拜四位大臣輔政。鰲拜野心勃勃，善於玩弄權術，漸漸獨自掌握大權，架空康熙帝，專橫跋扈。康熙帝主要精力用於對付鼇拜上，無暇顧及邊防大事。吳三桂利用這一機會，大力發展自己的勢力。他取得了世鎮雲南，節制總督、巡撫的特權，擴充軍隊，重用心腹，建立起一支強大的私人武裝。他在貴陽（今貴州貴陽）建造藩府，豪華崇麗，「假竣渠築城爲名，重榷關市，壟斷鹽井、金銅礦山之利，厚自封殖」，並與西藏互市，以致「貨財充溢，貸諸富賈」。他在朝廷各要害部門安插自己的死黨，通過所謂的「西選」，推薦親信，擔任了各省大員。他的兒子吳應熊在北京，利用尊貴的身分，積極活動，拉攏朝臣，搜集情報，隨時向父親通報消息。吳三桂爲迷惑朝廷，大建園林，廣求美女，裝出一副貪圖享樂，胸無大志的樣子。其時，尙可喜封平南王，鎮守廣東；耿精忠（耿仲明之孫）封靖南王，鎮守福建。吳、尙、耿三人，合稱「三藩」。「藩」，是爲藩籬、屏障的意思。

康熙八年（西元一六六九年），康熙帝智除鼇拜，開始親政。他爲了維護國家的統一，首先著手解決三藩問題。康熙十二年（西元一六七三年），尙可喜因年老，欲回遼東故里，奏請准其子尙之信襲任王位，留鎮廣東。康熙帝詔准尙可喜告老還鄉，卻不准尙之信承襲王位。這一下子，觸動了吳、耿二藩。吳三桂老奸巨滑，假裝上書，奏請撤藩，試探朝廷的態度。康熙帝和朝臣合議其事，發生了激烈的爭論。最後，康熙帝拍板說：「藩鎭久握重兵，勢成尾大，非國家利。」特別是吳三桂，「蓄異志久，撤亦反，不撤亦反。」遂決定下令撤藩。接著，耿精忠也假裝提出撤藩的請求，康熙帝照准。這，無疑給了三藩當頭一棒。

吳三桂弄巧成拙，暴跳如雷。他原以爲自己把中原河山都奉獻給清朝，主子對奴才總該有所回報，沒料想卻是這樣無情！於是，他脫下清朝王爵的衣冠，又穿起明朝將軍的盔甲，跑到被他絞殺的朱由榔墳前，痛哭流涕，說他忠於大明故主，現在要反清爲先帝報仇了。十一月，這個民族敗類，糾集部將吳應麒、吳國貴、高大節和女婿夏國相、胡國柱等，又打出「復明討虜」的旗幟，在雲南發動了反清的叛亂。

吳三桂脅迫雲南巡撫朱國治參加叛亂。朱國治不從，被殺害。爾後，吳三桂自號「周王天下都招討兵馬大元帥」，號召各地親信反清。耿精忠、尙之信先後回應，四川提督鄭蛟麟、陝甘提督王輔臣等也加入叛亂行列。一時間，聲勢浩大，戰火燃遍半個中國，史稱「三藩之亂」。

康熙帝眼見三藩勢熾，卻是胸有成竹，坐鎭京師，從容調度。他果斷地殺了吳應熊，然後調集清軍主力，集中討伐吳三桂，而以剿撫兼施的策略，分化耿精忠、尙之信、王輔臣等。耿、尙、王在形勢不利的情況下，復又歸順朝廷。這使吳三桂陷於孤立，戰事連連失利。康熙十七年（西元一六七八年），吳三桂「兵興六年，地日蹙，援日寡，思竊號自娛」。三月，他徹底拋棄了「復明討虜」的遮羞布，公然在衡陽（今廣西衡陽）演出了一幕稱帝的鬧劇，定國號爲周，改元昭武，改衡陽爲定天府，置百官，封功臣，祭天地，造新曆。他把自己居住的地方稱「殿」，搭起一些房屋稱「朝房」。爲了顯示尊貴，臨時把「殿」上的瓦用漆塗成黃色。可是登基的這一天，偏偏風雨大作，沖掉了黃漆，毀掉了旗幟，污泥濁水，狼藉一片，大煞風景。

吳三桂稱帝時已六十七歲，稱帝後便病倒了。八月，又患了痢疾，上吐下瀉，噤不能語，竟至一命嗚呼。他的孫子吳世藩繼位，勉強支撐三年，在清軍的凌厲攻勢下，日暮途窮，服毒自殺。

吳三桂是個歷史丑角。他是明朝的將帥，卻引領清軍入關，實爲漢族敗類；清朝已經初步統一，他又叛亂反清，實爲國家仇敵。叛亂和分裂，違背歷史潮流和國家利益，不得人心，吳三桂滅亡，純屬必然。

鄭成功、施琅——收復臺灣，名垂青史

清朝順治帝和康熙帝在位期間，出了兩位傑出將帥，一是鄭成功，一是施琅。他倆具有崇高的愛國主義精神，率兵英勇奮戰，使寶島臺灣回到祖國的懷抱，名垂青史，世代流芳。

臺灣包括臺灣島、澎湖列島和龜山島、火燒島、蘭嶼、彭佳嶼、釣魚島、赤尾嶼等島嶼，自古以來爲中國領土。秦、漢時，中國大陸人民已開始和臺灣接觸；隋、唐以後，關係更爲密切；南宋時，澎湖已隸屬福建路晉江縣；元、明時，正式在澎湖設立行政管理機構巡檢司。明熹宗天啓四年（西元一六二四年），號稱「海上馬車夫」的荷蘭殖民者，派兵侵佔臺灣，修築要塞，先在一鯤身（今臺灣安平）建「熱蘭遮」城（一稱臺灣城），繼又在赤嵌（今台南）建「普羅文查」（一稱赤嵌城）和「熱蘭遮」兩大堡壘互爲犄角，作爲控制臺灣的據點。荷蘭殖民者對臺灣實行殘酷的壓迫和剝削，徵收高額賦稅，壟斷對外貿易，進行奴化教育，離間高山族和漢族的團結，激起臺灣各族人民反侵略反奴役的鬥爭浪潮。他們在鬥爭中，不斷尋求大陸人民的支援，特別把希望寄託在堅持抗清的鄭成功身上。

鄭成功（西元一六二四～一六六二年），本名福松，一名森，字大木，泉州南安（今福建南安）人。父親鄭芝龍，原爲海盜，經常出入臺灣，後降明爲臣，任總兵。母親田川氏，係日本人。鄭森出生在日本，七歲時回國，喜愛讀書，好練武藝，「有文武略，拔出諸父兄中，遠近皆矚目」。明思宗崇禎十四年（西元一六四一年），鄭森十七歲就考中武進士，任都指揮使，不久進位總兵。明朝滅亡，清軍入關。鄭芝龍及其弟鄭鴻逵、鄭芝豹等，擁戴朱氏後裔，在南京建立南明政權。南明第二任皇帝叫朱聿鍵，封鄭芝龍爲平國公。鄭芝龍帶領兒子鄭森拜謁皇帝。朱聿鍵見鄭森相貌堂堂，一表人才，大爲驚異，特意賜國姓朱，名成功。鄭森接受其名卻不改姓，從此便叫鄭成功。民間則稱其爲「國姓爺」。

清軍大舉南下。鄭芝龍暗中與洪承疇勾結，導致南明政權節節敗退。鄭芝龍爲了榮華富貴，乾脆投降清將博洛，還要鄭成功一起投降。鄭成功斷然拒絕，在叔父鄭鴻逵的幫助下，逃往海上。鄭芝龍則隨清軍到了北京，隸正黃旗漢軍，被授予三等爵號。

鄭成功決心繼續抗清，「以死報國」。他先到南澳（今福建南澳）募兵，得數千人。隨後便以南澳爲基地，組織抗清力量，很快發展壯大起來。南明第四任皇帝朱由榔即位於肇慶（今廣東肇慶），改元永曆，封鄭成功爲威遠侯，後改爲廣平侯。鄭成功欣然接受，並一直沿用永曆年號。

鄭成功從南澳出兵，兩三年間，接連攻佔同安、海澄、泉州等閩南沿海許多地方，繼進據金門、廈門，並以金、廈爲抗清根據地。廈門時名中左所。鄭成功爲表示忠於明朝，改其名爲「思明州」。設六官（禮、戶、吏、兵、刑、工）以理庶政，分所部爲七十二鎮，遙奉朱由榔。接著，他又攻克彰州，利用彰州、泉州的有利條件，積極發展海外貿易，並同內地加強經濟聯繫，以致思明州「井里煙火，幾如承平時景象」。

期間，清朝廷多次拉攏鄭成功，曾封他為海澄公，並封鄭芝龍為同安侯，讓鄭芝龍寫信，勸鄭成功降清。鄭成功一概拒絕。順治十一年（西元一六五四年），朝廷派遣特使，授予鄭成功為靖海將軍，許諾只要降清，可以屯兵彰、潮、惠、泉四府。鄭成功依然不予理睬，抗清照舊。順治帝終於無法忍耐，任命濟度為定遠大將軍，率兵討伐鄭成功，並把鄭芝龍奪爵下獄。鄭成功針鋒相對，以兵抵抗。鄭芝龍在獄中還寫信給鄭成功，說：「你若不降，且族誅矣！」鄭成功以父親的為人為恥辱，抗清更加堅決。鄭芝龍降清，並沒有得到好結果，後被殺害。

永曆十二年（順治十五年，西元一六五八年），朱由榔封鄭成功為王。鄭成功辭而不受，仍稱招討大將軍。次年，鄭成功與南明魯王大臣張煌言聯軍北伐，聲勢浩大。聯軍共有八十三營，十七萬水陸精銳。鄭成功率部將甘輝、余英等，由崇明（今上海崇明）而上，破瓜州（今江蘇邗江南），克鎮江，圍攻南京。張煌言率軍溯江而上，進駐上游門戶蕪湖（今安徽蕪湖），扼控要害，並分兵攻克池州（今安徽貴池）、徽州（今安徽歙縣）等四府三州二十四縣。鄭、張上下呼應，南京清軍幾不可守。但由於是孤軍深入，加上麻痹輕敵，北伐失敗，鄭成功退回金、廈，張煌言退回浙東。

清朝廷為了對付鄭成功，在加強軍事進攻的同時，下令沿海居民內遷三十里，禁止舟船出海，以切斷鄭成功的後勤供應。這給鄭成功造成很大的困難。他考慮要有立足之地，馬上想到「先基」之地臺灣。恰好，處於荷蘭殖民者高壓下的臺灣百姓，派人聯絡，渴望鄭成功大軍，到臺灣去支援他們的鬥爭。荷蘭殖民者大爲恐慌，忙派一「通事」（翻譯）何廷斌，以通商爲名，前來刺探鄭成功的虛實。誰知何廷斌是一位愛國者，反向鄭成功透露了荷蘭殖民者內部的機密情況，並進獻了一份臺灣地圖，敦促鄭成功盡快出兵，以解救臺灣百姓於水火之中。

主觀因素和客觀因素，促使鄭成功下了收復臺灣的決心。永曆十五年（順治十八年，西元一六六一年）四月，鄭成功統率三百五十艘戰艦，二萬五千名將士，從金門出發，取道澎湖，馳向臺灣。軍容極其雄壯，《臺灣外記》一書記述說：「成功坐駕豎起帥旗，旁列五方，中懸龍纛，發炮三聲，金鼓震天」，「諸提督照序魚貫」，乘風破浪前進。月底，在一個濃霧瀰漫的拂曉，鄭成功的船隊由熟悉水道的何廷斌引領，乘著海潮，順利通過泥沙淤積的鹿耳門航道（今安平北），成功登陸，直逼赤嵌城。當地百姓聽到祖國軍隊到達的消息，群情振奮，紛紛前來歡迎和勞軍。

當時，駐在臺灣的荷蘭殖民軍約二千餘人。他們船堅炮利，武器上佔有優勢。駐防赤嵌城一帶的殖民軍萬沒想到鄭成功會突然而至，張惶失措，寫信給駐臺「總督」揆一求援，說：「中國兵從天而降，危險！危險！」揆一立刻指揮殖民軍從海陸兩方面進行反撲，均被鄭成功擊敗。揆一退守臺灣城，鄭成功則佔領了赤嵌城。

鄭成功初戰告捷，移兵攻向臺灣城。臺灣城是揆一的大本營，四周圍牆高聳，防守嚴密。鄭成功攻城之前，先致書揆一，大意說：臺灣自古就是中國領土，我今來索要，必須歸還。爾等固守危城，兵不過二千，何以對抗我師？若知不敵，可舉白旗，舉城投降，我亦停戰，以誠相待，保證爾等安全；若不聽忠告，可舉紅旗，雙方決戰。但是，爾等生死在我掌中，何去何從，望速立斷。」揆一自恃地形有利，糧草充足，懸出紅旗，還致書鄭成功說：我有上帝保佑，至死不會放棄臺灣城。鄭成功大怒，猛攻臺灣城，一時未能奏效。爲了減少傷亡，鄭成功改變策略，決定「圍困俟其自降」。同時，派人發動高山族人，搜捕逃散的敵軍，殺教士，焚教堂，肅清荷蘭殖民軍在各地的勢力。八月，荷蘭殖民者曾派甲板船十餘隻、海軍數百人，增援揆一。鄭成功發兵迎擊，大獲全勝，奪獲甲板船二隻，小艇三隻。從此，揆一龜縮在臺灣城，外援斷絕，再無任何指望。

鄭成功包圍臺灣城八個多月後，決定實行強攻。二十八門巨炮同時開火，地動山搖。荷蘭殖民軍死亡過半，糧草將盡，水源被切斷，陷入絕境。揆一再也神氣不起來了，威風全無，乖乖地高舉白旗，出城投降，並在投降書上簽字。

這一天是康熙元年十二月十三日，即西元一六六二年二月一日。被荷蘭殖民者佔據了三十八年之久的臺灣，終於回到了中國人民手中！當地人民如同過節似的，慶祝這一歷史性的勝利。

鄭成功曾賦詩吟道：「開闢荊榛逐荷夷，十年始克復先基。」就是說，他在非常艱難的條件下，經過十年努力，方才驅逐了荷蘭殖民者，使臺灣回歸祖國，恢復了先人的基業。爾後，鄭成功採取一系列政治、經濟措施，經營臺灣。「改赤嵌地方爲東都明京，設一府二縣，以府爲承天府，縣爲天興縣、萬年縣……改臺灣爲安平鎮」。組織士兵屯田，獎勵各族人民墾荒，並遷徙福建沿海數十萬居民到臺灣居住。同時制訂法律，興辦學校，等等。這些措施，爲臺灣經濟文化的發展奠定了基礎。

鄭成功收復和經營臺灣，具有偉大的歷史意義。第一，它說明中國人民英勇奮鬥，最早打敗一個資本主義強國，在中國人民反抗外來侵略、維護國家領土主權的鬥爭中建立了不朽的功勳。第二，它促進漢族和高山族人民之間的傳統友誼，促進臺灣的開發，使臺灣得以成爲一個更美麗和富庶的寶島。可惜，鄭成功收復臺灣後不到一年就病死了，年僅三十九歲。

鄭成功死後，其子鄭經（一名錦）嗣立，自封延平王，表示願意稱臣於清，但要保持獨立狀態，妄圖「自立乾坤」。他背離鄭成功的路線，一度改東都爲「東寧國」，置天興、萬年二州。「三藩之亂」時，他還支持耿精忠，合兵進攻廣東。康熙二十年（西元一六八一年），鄭經去世，部將馮錫范、劉國軒等，殺其長子，立其次子鄭克塽（塽，讀作爽）爲王，臺灣政局陷入混亂，「人心惶惑無定」。康熙帝雄才大略，審時度勢，決定進取臺灣，制止分裂，維護國家統一。這一任務落到了名將施琅身上。

施琅（西元一六二一～一六九六年），字琢公，晉江（今福建泉州）人。初爲鄭芝龍部將，任左衝鋒。鄭芝龍降清，鄭成功招施琅抗清，施琅猶豫未決。鄭成功遂將施琅及其家人拘捕。施琅以計逃脫，其父施大宜、其弟施顯等，均被鄭成功殺害。鄭成功的過激行爲，促使施琅降清，任同安副將，擢同安總兵。康熙元年（西元一六六二年），施琅出任福建水師提督，抗擊鄭成功之子鄭經騷擾東南沿海地區，奪取了金門等島嶼，加官右都督，次年升任靖海將軍。康熙七年（西元一六六八年），施琅覺察鄭經企圖獨立的政治傾向，建議朝廷「宜急攻之」。康熙帝非常重視他的建議，專門召他至京城，詢問攻臺方略。施琅視鄭經爲「賊」，分析說：「賊兵不滿數萬，戰船不過數百，鄭經智勇俱無。若先取澎湖以扼其吭，賊勢立絀，倘復負固，則重師泊臺灣港口，而別以奇兵分襲南路和北路。賊分則力薄，合則勢蹙，臺灣計日可平。」當時，康熙帝尚未親政，且有「三藩」問題，統一臺灣還沒有列入議事日程。但是，施琅的方略給他留下了深刻的印象，特提拔施琅爲內大臣，隸鑲黃旗漢軍。

康熙二十年（西元一六八一年），鄭克塽繼任延平王，臺灣局勢動盪。大學士李光地、福建總督姚啓聖等，認爲「三藩」基本平定，正是攻取臺灣的最好機會，並推薦施琅爲攻臺統帥。康熙帝深以爲然，再授施琅爲福建水師提督，加太子少保，諭令相機進取。施琅至軍，嚴格訓練軍隊，滿有把握地上書說：「賊船久泊澎湖，悉力固守。冬春之際，颶風時發，我舟驟難過洋。臣今練習水師，又遣間諜通臣舊時部曲，使爲內應。俟風便，可獲全勝。」康熙帝受個別大臣反對意見的影響，曾命「暫緩進剿」。施琅態度堅決，上書說：「臣已簡水師精兵二萬，戰船三百，足以破滅海賊。請驅督撫治糧餉，但遇風利，即可進行，並請調陸路官兵協剿。」康熙帝隨之堅定了信心，特命李光地和姚啓聖，負責後勤供應，全力支持施琅的軍事行動。

施琅認眞研究了鄭氏的兵力部署情況，確定了「先取澎湖以扼其吭」的作戰方針。康熙二十二年（西元一六八三年）六月，施琅率戰艦三百，水師二萬，從銅山（今福建東山）出發，首先攻取澎湖。李光地不解，說：「衆人都說南風不利，今乃刻六月出師，何也？」施琅通陣法，善水戰，熟悉海上風候，說：「海上風雲變化無常。北風猛烈，船隻難以聚攏。夏至前後二十多天裏，風微，夜間尤爲平靜，我舟可聚泊大洋，觀釁而動，不過七日，舉之必矣。鄭氏澎湖守將劉國軒，最爲勇猛。若是別人守衛澎湖，戰敗了還會再戰。現在，只要打敗劉國軒，敗則膽寒，臺灣可不戰而下！」

施琅乘潮進抵澎湖，攻佔了其南的八罩島。劉國軒固守澎湖主島，建造工事，環二十餘里爲壁壘。雙方將戰。劉國軒見東南雲起，將有颶風，心中甚喜。因爲海戰最怕颶風，這對施琅不利。誰知片刻過後，但聞雷聲，卻無颶風。劉國軒大驚失色，說：「天命矣，今且敗。」施琅命部將藍理率船發起攻擊。劉國軒乘潮，派出艦艇，把藍理包圍。施琅乘坐樓船，突入敵陣，忽中流矢，傷了眼睛，血流如注，仍然指揮戰鬥。總兵吳英讓施琅包紮傷口，代替指揮，斬首三千級，攻佔兩個島嶼。施琅帶傷，督促百艘戰船，分進東西方向，搶佔島嶼，分散劉國軒的兵力；繼命五十六艘戰船，排成八個縱隊，另以八十艘戰船隨後，揚帆直進。劉國軒出動所有兵力拒戰。怎奈官兵猶如海上蛟龍，異常驍勇，且有火炮，具有強大的殺傷力。從辰時戰至申時，共焚毀敵艦百餘艘，溺死的敵軍不計其數。其後，雙方又大戰了七天，施琅完全攻佔了澎湖列島，劉國軒敗退臺灣。

施琅奪得澎湖，臺灣失去屏障。鄭克塽驚恐萬狀，慌忙派人向施琅乞降。施琅上書奏陳。康熙帝予以批准。八月，施琅大軍通過鹿耳門航道，進駐臺灣。鄭克塽剃髮跪降，交出了「延平王」印。鄭成功當年殺害了施琅的父親及其家人，很多人以爲他會報父仇，嚴厲懲治鄭克塽。而施琅考慮的是國家利益，說：「絕島新附，一有誅戮，恐人情反側。吾所以銜恤茹痛者，爲國事重，不敢顧私也。」表現了一位傑出將帥坦蕩無私的襟懷。

施琅從海道報捷北京。康熙帝接到捷報，正值中秋佳節，即興賦詩，旌表施琅的功績，仍授其爲靖海將軍，賜予御袍等物。施琅辭封，請求如內大臣例賜予花翎。康熙帝破例，准其所請。

臺灣平定，如何處理善後事宜，是個關係重大的問題。有人提出「宜遷其人，棄其地」的荒謬主張。施琅堅決反對這種意見，上了長篇奏書，大意是說：臺灣地方數千里，人民數十萬，野沃土膏，物產富饒，斷不可棄；同時，臺灣乃江、浙、閩、粵四省之左戶，東南之屏障，有著重要的國防地位，「棄之必釀成大禍，留之誠永固邊圉」。這一見地，高明精闢。康熙帝堅決支持施琅的正確意見，於康熙二十三年（西元一六八四年）在臺灣設一府（臺灣府）三縣（臺灣、鳳山、諸羅縣），隸福建省，並在臺灣設巡道一員，總兵官一員，副將二員，駐軍八千；另在澎湖設副將一員，駐軍二千。施琅再次上書，請求以禮相待鄭克塽及其歸降人員。康熙帝同意，命鄭克塽、劉國軒、馮錫範攜帶眷屬赴北京，賜予府第，封鄭克塽爲公銜，劉國軒、馮錫范爲伯銜，其他人等，安排在近省墾荒。

康熙二十七年（西元一六八八年），施琅到北京朝覲康熙帝。康熙帝十分高興，賞賜優厚，深情地勉勵說：「爾前爲內大臣十有三年，當時尚有輕爾者。唯朕深知爾，待爾甚厚。後三藩平定，唯海寇潛據臺灣爲福建害，欲除此寇，非爾不可。朕特加擢用，爾能不負任使，舉六十年難靖之寇，殄滅無餘。或有言爾恃功驕傲，朕令爾來京。又有言當勿遣者，朕思寇亂之際，尙用爾不疑，況天下已平，反疑而勿遣耶？今命爾復任，宜益加敬愼，以保功名。」施琅感謝皇上的厚愛，說：「臣年力已衰，懼勿勝封疆之重。」康熙帝說：「將尙智不尙力。朕用爾亦智耳，豈在手足之力哉？」施琅奉命還任，康熙三十五年（西元一六九六年）病死於任上，終年七十六歲。康熙帝追贈他爲太子少傅，謚曰「襄莊」。

鄭成功和施琅收復臺灣，維護了國家主權和統一，建立了豐功偉績。從此，在清中央政府的統一管理下，臺灣與大陸的關係更加密切，臺灣的開發進入一個新時期。清德宗光緒帝時，詔准在臺灣爲鄭成功建祠，供人祭奠。鄭成功和施琅的名字，永遠銘刻在中華民族統一和團結的史冊上！

年羹堯、岳鍾琪——功高震主，武臣巨擘

從清聖祖康熙帝到清高宗乾隆帝的一百多年間，是清朝的鼎盛時期，史稱「康乾盛世」。鎮壓各地割據勢力和少數民族上層反動分子的叛亂，維護國家統一，是這個盛世的標誌之一。這期間出現了兩位將帥——年羹堯和岳鍾琪，長期在西北用兵，為創建清朝「寰宇一統」的政治局面作出了貢獻。

年羹堯（西元?～一七二六年），字亮工，漢軍鑲黃旗人。官僚家庭出身。其父年遐齡，歷任兵部主事、刑部郎中、河南道御史，遷工部侍郎，出為湖廣巡撫。年羹堯在康熙三十九年（西元一七〇〇年）中進士，官授庶起士、檢討、鄉試考官、內閣學士。康熙四十八年（西元一七〇九年），出任四川巡撫。漠西厄魯特蒙古的準噶爾部領主噶爾丹發動叛亂，康熙帝三次親征，基本上把叛亂平定。噶爾丹死後，其侄策旺阿拉布坦也走上了叛亂的道路，不僅控制了天山南、北地區，還派兵進入西藏拉薩，殺害拉薩汗，擄其妻子，搶掠各廟重器，囚禁達賴喇嘛，使西藏陷入混亂。年羹堯主動上書，請求赴松潘（今四川松潘）協理軍務。康熙五十七年（西元一七一八年），康熙帝認為年羹堯「實心任事」，「治事明敏」，

提拔他爲四川總督，兼管巡撫事。康熙五十九年（西元一七二〇年），康熙帝派出兩路大軍入藏，驅逐了叛軍，使西藏的局勢穩定下來。年羹堯以定西將軍的身分，參加了平叛戰爭，建立了軍功。康熙六十年（西元一七二一年），年羹堯到北京覲見康熙帝。康熙帝看重他的才幹，任命他兼理四川、陝西總督，從而使其成爲雄踞西北的封疆大吏。

康熙帝後期，眾多的皇子爲爭奪皇儲位置，進行著白熱化的尖銳鬥爭。年羹堯堅定地支持皇四子雍親王胤禛，爲胤禛的鐵杆心腹之一。他的妹妹還是胤禛的側福晉（相當於妾），所以彼此的關係格外親密。康熙六十一年（西元一七二二年），康熙帝駕崩。胤禛內靠舅舅隆科多，外靠年羹堯，奪得帝位，就是清世宗雍正皇帝。雍正帝爲了報答年羹堯，任命他爲撫遠大將軍，取代允禵（禵，讀作題）的職務。允禵是雍正帝的胞弟，手握重兵，顯然會對皇權構成威脅。同時，雍正帝封年羹堯之妹爲貴妃，給年遐齡加尚書銜。

年羹堯又進位太保，封三等公。雍正元年（西元一七二三年），盤踞在青海的蒙古和碩部領主羅卜藏丹津又發動叛亂，多次大掠西寧等地。雍正帝命年羹堯發兵征討，並命大將軍延信及防邊理餉諸大臣，四川、雲南、陝西督、撫、提、鎮，關於軍事方面的大事，必須報告年羹堯，並受其節制。

年羹堯率兵進駐西寧，再進爵爲二等公。羅卜藏丹津趁清軍尚未聚集的機會，進攻西寧，被擊退。然後，年羹堯坐鎮指揮，調兵遣將，從多個方向出擊，追剿叛軍。青海一帶，地廣人稀，地理、氣候條件十分惡劣，作戰的耗費巨大。年羹堯獅子大開口，不斷向朝廷要兵馬要錢糧要裝備。雍正帝為了平叛的需要，盡量滿足他的所有要求，「悉如所請」。年羹堯在軍事方面還是有一套的，憑藉強大的人力和物力，打了一系列的勝仗。雍正二年（西元一七二四年），羅卜藏丹津兵敗潰逃，青海基本被平定。年羹堯上書，就青海的善後事宜提出若干意見。雍正帝照准，改西寧衛為西寧府，設立青海辦事大臣，分蒙古族為二十九旗，加強了對青海的管理。十月，年羹堯入覲。雍正帝賜予雙眼花翎、四團龍補服、黃帶、紫轡、金幣等物，榮寵至極。

功勳和榮譽使年羹堯飄飄然，進而昏昏然。他掌握西北的軍、政、財大權，「才氣凌厲，恃上眷遇，暴虐驕縱」。他在西北行文，直書各省總督、巡撫姓名，盛氣凌人。還請皇帝發侍衛從軍，使為前後導引，執鞭墜鐙。蒙古諸王見他，必須下跪，就連皇家女婿也不例外。西北的官員，任命貶黜，均由他說了算。陝西布政使胡期恆不學無術。年羹堯一句話，使之升任甘肅巡撫。四川巡撫蔡珽比較正直，年羹堯一句話，使之下獄治罪。桑成鼎、魏之耀原是年羹堯的僕人，因為忠誠於主子，所以升任布政使和副將。此外，年羹堯還大肆貪污受賄，聚斂的錢財不計其數。更甚者，他赴北京覲見雍正帝的時候，沿途總督、巡撫跪道迎送。到了北京，王公大臣出城迎接，他高坐於馬上，趾高氣揚，旁若無人。年羹堯的驕縱，激起了公憤，凡受他欺凌的官員，無一不說他的壞話。蔡珽戴罪入京，揭露了年羹堯貪暴的情狀，獲得赦免。胡期恆入京述職，奏對悖謬，因而被奪官。雍正帝還從其他管道得知年羹堯的種種不法行為，不禁警覺起來。

雍正三年（西元一七二五年），雍正帝已經坐穩了皇位。他擔心年羹堯功高震主，所以決定及早消除隱患。二月，出現日月合璧，五星聯珠的天象。年羹堯上書祝賀，書中把「朝乾夕惕」一語錯寫成「夕惕朝乾」。雍正帝抓住這一把柄，大做文章，認爲年羹堯是故意所爲，諭旨斥責說：「羹堯不以朝乾夕惕賀朕，是何居心？再則，羹堯青海之功，亦在朕許與不許之間也。」這是個信號，表明雍正帝對年羹堯產生了偏見。年羹堯利令智昏，並不覺察，依然上書，陳述青海增汰官兵等事。四月，雍正帝駁回他的上書，諭旨說：「年羹堯舉劾失當，不惜蕃民，致驚惶生事，反以降蕃復叛具奏。青海蒙古饑饉，匿不上聞。怠玩昏憒，不可復任總督，改授杭州將軍。」年羹堯從四川、陝西總督和撫遠大將軍，降爲杭州將軍，等於是一落千丈。他很不服氣，上書說：「不敢久居陝西，亦不敢（實是不願）遽赴浙江，今於儀征水陸交通之處候旨」。雍正帝認爲這是討價還價，更是威脅，怒不可遏，催促赴任。這時，各地總督、巡撫和朝中大臣看出了門道，紛紛上書，揭發年羹堯的罪狀。雍正帝據此，再將年羹堯降官降爵，最後乾脆削去所有官職。

年底，年羹堯被逮捕，押至北京，接受審訊。議政大臣、三法司、九卿會審，給年羹堯定了大逆之罪五，欺罔之罪九，僭越之罪十六，狂悖之罪十三，專擅之罪六，忌刻之罪六，殘忍之罪四，貪黷之罪十八，侵蝕之罪十五，凡九十二款，當大辟（殺頭），親屬緣坐。雍正帝這時假裝寬宏，說：「年羹堯謀逆雖實，而事跡未著，朕念青海之功，不忍加極刑。」隨即，把大辟改爲自裁。年羹堯在獄中自盡，其子年富和幕僚鄒魯、汪景琪等被斬首，年遐齡罷官罷爵，親屬多數發配邊疆。

年羹堯被削去軍權以後，鎭守西北的重任落到岳鍾琪身上。岳鍾琪（西元一六八六～一七五四年），字東美，祖籍臨洮（今甘肅岷縣），其父岳升龍任四川提督，舉家徙居成都，故算成都人。岳鍾琪青年時代酷愛武事，主動從軍，當過中軍游擊和副將，隨清軍入西藏，出任前驅（先鋒），平定策旺阿拉布坦叛亂，因功被授爲左都督，擢爲四川提督，受賜孔雀翎。雍正帝即位後，年羹堯器重岳鍾琪的才幹，請爲參贊軍事，共同鎭壓羅卜藏丹津叛亂。岳鍾琪「沉毅多智略，御士卒嚴，而與同甘苦，人樂爲用」。他在青海前線，「臨陣挾二銅錘，重百餘斤，指麾嚴肅不可犯」，多次率兵出擊，每戰必勝。雍正二年（西元一七二四年）被授爲奮威將軍。在追擊羅卜藏丹津的戰役中，他率本部兵馬，半個月內，轉戰千里，斬殺叛軍八萬餘人，生擒羅卜藏丹津的母親和妹妹。羅卜藏丹津裝扮成婦人模樣逃入準噶爾部。青海基本平定後，雍正帝授予他爲三等公，賜予黃帶。岳鍾琪繼續剿滅叛軍的殘餘勢力，兼任甘肅提督，再兼甘肅巡撫。雍正三年（西元一七二五年），年羹堯獲罪，岳鍾琪代理川、陝總督，繼正式出任川、陝總督，並加兵部尙書銜。岳鍾琪就安定青海的社會秩序、發展生產、互市貿易、攤丁入畝、駐軍防守等提出了一些建議。雍正帝表示同意，一一批准施行。

雍正四年（西元一七二六年），四川涼山一帶少數民族的土司發動叛亂。雍正帝命岳鍾琪和雲貴總督鄂爾泰一起，率兵鎭壓，繼在那裏實行「改土歸流」政策，把很多少數民族世襲的土司改設爲流官，地域涉及四川、貴州、雲南和廣西等地。在其後的五年內，由土司改成流官的地區共有三百零九處之多，大大削弱了土司的割據狀態。

這時的岳鐘琪，駐軍川、陝、甘三省，位高權重，引起了許多人的疑忌。成都傳言，岳鐘琪將要謀反。岳鐘琪襟懷坦蕩，把傳言如實報告朝廷。雍正帝信任岳鐘琪，說：「數年以來，讒鐘琪者不止謗書一篋，甚且謂鐘琪為岳飛後裔，欲報宋、金之仇。鐘琪懋著勳勞，朕故任以要地，付之重兵。川、陝軍民，受聖祖六十餘年厚澤，尊君親上，眾共聞之。今此造言之人，不但謗大臣，並誣川、陝軍民以大逆。」他命當地的督、撫嚴厲查處謠言製造者，一個叫做盧宗的人，因造「蜚語」被斬首。湖南的曾靜、張熙，受已死老師呂留良的思想影響，千里迢迢來見岳鐘琪，列舉雍正帝九大罪狀，鼓動起兵反清。岳鐘琪還是如實上奏。雍正帝大怒，命將呂留良家屬、師徒，以及其他有關人員全部治罪，死者戮屍，活者斬首，造成一大血案。

羅卜藏丹津逃亡至準噶爾部，被領主策旺阿拉布坦收留。策旺阿拉布坦的兒子噶爾丹策零，盤踞伊犁（今新疆伊犁），侵擾蒙古各部，使天山北路陷入混亂。雍正帝命岳鐘琪為寧遠大將軍，屯兵巴里坤，命傅爾丹為靖邊大將軍，屯兵阿爾泰山，分別出西路和北路，進行討伐。整個清朝，漢族將帥官拜大將軍，滿洲士卒麾下受節制者，唯岳鐘琪一人。為此，雍正帝加岳鐘琪少保銜。雍正八年（西元一七三〇年），雍正帝將岳鐘琪和傅爾丹召回京城，面授征討機宜。期間，噶爾丹策零兵犯巴里坤，打敗參贊軍務的紀成斌，掠去很多駱駝和戰馬。岳鐘琪緊急回到前線，請求移軍駐屯吐魯番和巴爾庫爾，以便進軍伊犁，直搗敵人巢穴。雍正帝不大放心，諭旨說：「鍾琪前既輕言長驅直入，又爲敵盜駝馬，既恥且憤，必欲進剿，直搗巢穴，能必勝乎？」接著，岳鍾琪得到情報，說敵人將自吐魯番侵犯哈密、安西等地，遂改變主意，建議堅壁固守。這一改變，使雍正帝大爲惱火，他諭旨批評說：「前以鍾琪軍寡，諭令持重堅守，今已有二萬九千人，另有馬步軍二千，敵彼二萬，轉戰七晝夜，猶足相當。乃以二萬九千人而云眾寡莫敵，何懦怯至此？鍾琪於地勢軍機，茫然不知，朕實爲煩憂。」

雍正九年（西元一七三一年），噶爾丹策零果然發兵進攻吐魯番。岳鍾琪一面派兵增援，一面建議進襲烏魯木齊。雍正帝諭旨說：「今年秋間襲擊，是第一善策；援吐魯番，乃不得已之舉。若但籌畫應援，而不計及襲擊，是捨本求末也。」雍正帝和岳鍾琪就用兵方略問題，明顯產生了矛盾，這決定了岳鍾琪倒楣的命運。秋天，岳鍾琪在傅爾丹北路軍大敗敵軍的情況下，再次建議進襲烏魯木齊。雍正帝命令他「勿貪功前進，勿坐失機宜」，只需「略行襲擊，即撤兵回營」。雍正十年（西元一七三二年）初，岳鍾琪部將雲倬違背命令，沒有乘勝追襲逃跑之敵，被逮至京師治罪。雍正帝再發一道諭旨，說：「岳鍾琪素諳軍旅，本非庸才，但以懷游移之見，致戰守乖宜。前車之鑑，非止一端。嗣後當痛自省惕，一號令，示威信，朕猶深望之。」

從實而論，岳鍾琪用兵並無什麼大的過錯。雍正帝兩次指責他，無非是怕他成爲又一個年羹堯。大學士鄂爾泰等揣摩皇帝的心思，趕忙上書，奏劾岳鍾琪「專制邊疆，智不能料敵，勇不能殲敵」。雍正帝因此把岳鐘琪降爲三等侯，削去少保銜。六月，岳鐘琪被召回京師，由張廣泗代理定遠大將軍。張廣泗奏劾岳鐘琪「調兵籌餉，統馭將士，種種失宜」。雍正帝因此盡奪岳鐘琪官爵，交兵部拘禁。雍正十一年（西元一七三三年），新任定遠大將軍查郎阿又奏劾岳鐘琪「驕蹇不法」。次年，鄂爾泰等給岳鐘琪定了罪名，擬斬立決。雍正帝法外「開恩」，改爲斬監候。

雍正帝死後，清高宗乾隆帝繼位。乾隆二年（西元一七三七年），岳鐘琪得以獲釋，回歸老家。乾隆十一年（西元一七四六年），地處四川西北部的大金川土司莎羅奔發動叛亂，朝廷損兵折將，久征無功。次年，乾隆帝想到了岳鐘琪，重新起用，授爲總兵，再授爲四川提督，賜孔雀翎，命其統兵平叛。岳鐘琪熟悉四川的地理形勢，很快提出了平叛的方略。但是，統帥納親、四川總督張廣泗不予配合。乾隆帝信任岳鐘琪，把納親和張廣泗調離，改以大學士傅恆爲統帥，全力支持岳鐘琪。岳鐘琪很受感動，決心一年內平定叛亂，豪壯地說：「臣雖老，請肩斯任！」

岳鐘琪統領清軍，採用正確的進軍路線，步步爲營，深入溝壑叢林作戰，屢戰屢勝。莎羅奔的地盤越來越小，請求歸降。岳鐘琪徵得傅恆的許可，僅率十三騎去到莎羅奔的軍營。莎羅奔頭頂佛經發誓，降附朝廷，永不作亂。岳鐘琪帶領莎羅奔拜見傅恆。傅恆高坐於帥帳，岳鐘琪戎裝佩刀，侍立一旁，威風凜凜。莎羅奔驚駭地說：「我曹仰岳公如天人，乃傅公儼然踞其上，天朝大人誠不可測也！」乾隆帝接到捷報，深感欣慰，讚賞岳鐘琪獨到的軍事才能，給他加太子少保銜，復封三等公，賜號曰「威信」。岳鐘琪入覲。乾隆帝命在紫禁城騎馬，賦詩表彰其功績。

岳鐘琪還鎮四川，實行「改土歸流」政策，鞏固了朝廷對西南少數民族地區的統治。其後，西藏的珠爾默特、雜谷的土司蒼旺、重慶的流民陳琨相繼作亂，均由岳鐘琪率兵平定。乾隆十九年（西元一七五四年），岳鐘琪在平定陳琨之亂後，病死於回軍途中。乾隆帝賜祭葬，謚曰「襄勤」。後來，乾隆帝曾賦詩懷念五位功臣，稱讚岳鐘琪爲「三朝武臣巨擘」。

曾國藩——
鎮壓太平天國的血腥劊子手

清朝自乾隆帝以後，迅速走向衰敗。清宣宗道光二十年（西元一八四〇年），爆發了鴉片戰爭，清朝失敗，隨後被迫簽訂中、英《南京條約》，中國開始淪爲半殖民地半封建社會。清文宗咸豐帝即位後，爆發了洪秀全領導的太平天國革命。咸豐三年（西元一八五三年），太平軍攻克南京，洪秀全自稱天王，改南京爲天京，建都於此。清朝廷大爲驚恐，起用漢族地主武裝力量鎮壓太平軍。曾國藩首當其衝，積極爲朝廷賣命，充當了血腥劊子手的角色。

曾國藩（西元一八一一～一八七二年），字伯涵，號滌生，湖南湘鄉人。道光十八年（西元一八三八年）中進士，做了十多年的京官，升至內閣學士、禮部侍郎兼兵部侍郎。太平天國初起，他上書奏陳，說：「今日之急，首在用人，人才有轉移之道，有培養之力，有考察之法。」他主張裁撤只拿軍餉不思作戰的將士，建立精銳之師，對付太平軍。咸豐帝認爲他的意見不錯，改授刑部、吏部侍郎。咸豐二年（西元一八五二年），曾國藩因母喪回到老家，奉命在長沙辦團練，由此開始了反太平天國的事業。團練原是地方分散的地主武裝。

曾國藩打破舊有辦法，把它組建成一支新型的正規軍隊，號稱湘軍。他極端仇恨太平軍，稱之爲「匪」、「寇」、「賊」，好殺戮，曾凶恨地說：「三四十年來，應殺不殺之人充滿山谷，遂以釀成今日流寇之禍。」湖南人民據此給他起了個綽號，叫做「曾剃頭」。而他卻說：「書生好殺，時勢使然耳。」

太平天國定都天京後，一面北伐，一面西征。曾國藩的湘軍遭遇太平軍，連打敗仗。在一次戰鬥中，他走投無路，投水自盡，幸被部下救起，方才保住性命。事後，他總結經驗教訓，認識到兵貴精不貴多，說：「古人用兵，先明功罪賞罰。今世亂，賢人君子皆潛伏，吾以義聲宣導，同履危亡。」此後，他注重軍事訓練，聘請一些人如江忠源、羅澤南、胡林翼等，充當幕僚，而且建立了水師，逐漸使湘軍具有了一定的戰鬥力。咸豐五年（西元一八五五年），曾國藩被授爲兵部侍郎，移兵東向，進攻太平軍。不過，清朝廷對曾國藩的湘軍心存疑忌，而是把希望寄託在江南大營和江北大營上。江南大營被太平軍擊潰，欽差大臣向榮自殺，和春繼爲欽差大臣；江北大營也被太平軍擊潰，欽差大臣托明阿被革職，德興阿繼爲欽差大臣。和春與德興阿重建江南、江北大營，形成圍攻天京的態勢。

咸豐六年（西元一八五六年），太平天國統治核心發生內訌：東王楊秀清逼天王封他爲「萬歲」，洪秀全密詔北王韋昌輝帶兵入天京，屠殺楊秀清及其家屬、部下兩萬多人；翼王石達開奉命，起兵殺韋昌輝及其黨羽，輔政，又遭洪秀全的猜忌；石達開爲了自保，統領十餘萬太平軍將士出走，單獨行動。這場內訌，使太平天國蒙受重大損失，造成了嚴重危機。

八月，太平天國在樅陽（今安徽樅陽）召開會議。著名將領陳玉成、李秀成脫穎而出，擔負起挽救危局的重任。咸豐八年（西元一六五八年），陳、李聯合捻軍，發動浦口（今江蘇浦口）戰役，再次摧毀江北大營，殲滅清軍萬餘人，解除了大京北面的威脅。接著發動三河（今安徽巢縣附近）戰役，殲滅湘軍六千多人，擊斃曾國藩的得力幫手李續賓等，使天京的上游形勢大大改觀。

這期間，曾國藩曾回家爲死去的父親辦理喪事，隨後復出，辦浙江軍務。他認爲謀取天京，必須佔有安徽，特別是安慶（今安徽安慶）這個戰略要地。咸豐十年（西元一八六〇年），陳玉成、李秀成摧毀了江南大營，佔領常州和蘇州，隨後開始太平軍的第二次西征，企圖奪取武漢。清朝廷這時不得不重用曾國藩，給他加兵部尚書銜，授兩江總督、欽差大臣，督辦江南軍務，節制南北水陸各軍。曾國藩手中有了權力，立即調兵遣將，迅速完成了對安慶的包圍。陳玉成緊急回軍，援救安慶。咸豐十一年（西元一八六一年），太平軍和湘軍在安慶展開了激烈的爭奪戰，歷時半年，太平軍死傷一萬多人，安慶終於落入曾國藩之手，天京失去了上游的一道屏障。陳玉成退守廬州（今安徽合肥），次年被叛徒苗沛霖出賣，英勇犧牲。

當長江流域戰事正緊的時候，爆發了第二次鴉片戰爭。咸豐帝丟棄北京，逃至熱河（今河北承德避暑山莊）避難。曾國藩奪得安慶，派人向朝廷報捷，咸豐帝已一命嗚呼。當年發生「辛酉政變」，年僅六歲的清穆宗同治帝生母葉赫那拉太后，勾結恭親王奕訢，除去肅順等八位顧命大臣，掌控了朝政。這位太后，便是權慾薰心的慈禧太后。慈禧太后名義上與另一位太后（慈安太后）共同垂簾聽政，實際上逐漸獨攬了大權。奕訢升任議政王大臣，也受慈禧的制約。

慈禧上臺，認識到曾國藩的湘軍，是她鎮壓太平天國所能依靠的唯一軍事力量，因此，她命給曾國藩加太子少保銜，由其統轄江蘇、安徽、江西、浙江四省軍務，規定四省巡撫以下官員，都受他節制，還要他保薦封疆將帥。「朝有大政，咨而後行」。曾國藩的弟弟曾國荃，擢爲浙江按察使；曾國藩舉薦的李續宜、沈葆楨、李鴻章、左宗棠，分任安徽、江西、江蘇、浙江的巡撫。接著，廣西、河南、貴州的巡撫，也都成了湘軍系統的人。

同治元年（西元一八六二年），慈禧再提拔曾國藩爲協辦大學士。曾國藩成了朝廷的鷹犬和走狗，開始向太平天國發動全面進攻。他把李鴻章的淮軍派往上海，把左宗棠派往浙江，自己則以安慶爲大本營，用嫡系部隊，沿長江東向，水陸並進，奪得了皖南、淮南和長江沿線的各個據點。湘軍的水師，控制了長江水面。五月，曾國荃的部隊抵達天京城外的雨花臺，李昭壽的部隊扼守浦口，天京的形勢嚴峻起來。

而這時，太平天國內部仍然危機重重。洪秀全已喪失了領導革命繼續前進的能力，貪圖享樂，任人唯親，死報著「拜上帝會」的宗教信仰，指望「上帝」和「耶穌基督」，能夠派遣「天兵天將」，保佑他的「天國」。當兵臨城下的時候，他提出個「進北攻南」的計畫，力圖把戰場擴大到長江以北和長江上游去。但是，這個計畫未能得到實施。曾國藩老奸巨滑，一面圍困天京，一面命李鴻章和左宗棠，首先發起進攻。李鴻章借助英國軍隊，攻佔了蘇州和常州。左宗棠借助法國軍隊，攻佔了杭州。這樣，天京就處於孤立無援的狀態，一些階級異己分子和動搖分子倒戈投降，軍心渙散。李秀成等入援天京，一場決戰在即。其時發生疾疫，湘軍和太平軍死人很多，「死亡山積，幾不能軍」。曾國藩把情況報告朝廷。慈禧用皇帝的名義，諭旨慰問曾國藩，說：「天災流行，豈卿一人之咎？意者朝廷政多缺失，我君臣當勉圖禳救，爲民請命。且環顧中外，才力、器量無逾卿者！時勢艱難，無稍懈也。」曾國藩受到這樣的讚譽和倚重，感覺涕零，鎮壓太平軍，更加死心蹋地，不遺餘力。

同治三年（西元一八六四年）四月，太平天國再遭重創，洪秀全病死，其子洪天貴繼承天王位。曾國藩命令曾國荃，發起最後的攻擊，並命李鴻章前來會師。李秀成和干王洪仁玕（玕，讀作干）率領太平軍，堅守拒敵。六月，湘軍用重炮轟塌城牆，衝進城內。城內一萬多太平軍將士血戰到底，部分人被殺害，部分人突圍而出。天京淪陷。李秀成在突圍後被俘，洪仁玕保護洪天貴逃至江西也被俘，均遭殺害，轟轟烈烈的太平天國革命以失敗告終。

曾國藩用太平軍的屍骨和鮮血換取了高官厚爵。「天子褒功，加太子太傅，封一等毅勇侯，賞雙眼花翎。」「開國以來，文臣封侯自是始。」其實，曾國藩根本算不上什麼「文臣」，實際上是以「文」之虛，行「武」之實。他「身在軍中，意氣自如，時與賓佐酌酒論文」，「天性好文，治之終身不厭，……一貫以禮」。正因爲如此，他比起明火執仗的武將來，具有更大的虛僞性和欺騙性。

清朝廷依靠曾國藩的湘軍，殘酷鎮壓了太平天國。然而，湘軍的存在，必然會對朝廷構成新的威脅。慈禧和奕訢懂得這個道理，下令逐步裁撤湘軍，改由更加馴服的淮軍取而代之。太平天國失敗後，其餘部與捻軍會合，以張宗禹、賴文光等爲領袖，繼續開展抗清鬥爭。他們活動在山東和陝西一帶，故又有「東捻」和「西捻」的區別。捻軍作戰最大的特點是，從不進攻敵人堅守的城池，也不固守任何陣地，專門避開鋒芒，以變幻不定的快速行軍，使敵人尾隨追趕，疲於奔命，待敵稍有鬆懈時，迅即給予致命的一擊。清朝名將僧格林沁，就死於他們的這一戰術中。捻軍攻勢咄咄逼人。慈禧等急命曾國藩節制直隸（今河北）、山東、河南三省，全力對付東捻，而以左宗棠對付西捻。曾國藩坐鎮徐州，提出「畫河圈地」的辦法，利用自然地形設防，限制捻軍的活動範圍。這一辦法初始，成效甚微，西捻一度北渡黃河，進軍至保定，直接威脅到北京。朝廷驚恐，議論紛起，都說曾國藩「計迂闊，然亦無他術可制捻」，還有人彈劾他「驕妄」。曾國藩恰也自愛，藉口有病，乞假數月。朝廷批准，他以散員身分，留軍效力。同治五年（西元一八六六年），曾國藩還任江南，改由李鴻章督軍，鎭壓東捻。次年，曾國藩就補大學士。李鴻章還是用「畫河圈地」的辦法，平定東捻。左宗棠用同樣的辦法，平定西捻。「畫河圈地」的辦法是曾國藩最早提出的，他因此被授爲武英殿大學士，調任直隸總督，地位相當於宰相。史載，他在直隸任上，「以練兵、飭吏、治河三端爲要務，次第興革，設清訟局、禮賢館，政教大行。」他還是清朝「洋務派」的首領之一，主張學習西方，興辦軍事工業和企業，購買外國兵器，選派學童出國留學等。外國列強入侵中國，提出許多無理要求。同治帝詢問曾國藩，哪些可許，哪些不可許。他回答說：「爭彼我之虛儀者可許，其奪吾民生計者勿許也。」

同治九年（西元一八七〇年），發生「天津教案」：法國天主教育嬰堂虐死嬰兒數十名，天津人民憤起反抗，焚燒外國教堂及領事館，打傷侵略分子二十人。朝廷忙命曾國藩前去處理。曾國藩屈服於侵略者的壓力，媚外求榮，除向法國「謝罪」外，還殺了愛國人士十七人，承諾賠款重建教堂。他的行徑遭到國人的痛斥。慈禧爲保護這個劊子手和賣國賊，又將他調任兩江總督，改由李鴻章任直隸總督。同治十一年（西元一八七二年），曾國藩病死，結束了兇惡無恥的一生。傳世有《曾文正公全集》，書中保存了中國近代史的許多珍貴資料。

左宗棠——心高氣傲，有罪有功

清文宗咸豐帝至清德宗光緒帝期間，還有一位將帥和曾國藩齊名，就是左宗棠。他和曾國藩相比，既有共同之處，又有不同之處，心高氣傲，有罪有功，是個具有雙重性格的人物。

左宗棠（西元一八一二～一八八五年），字季高，湖南湘陰人。舉人出身，三考進士不中，絕意仕進，潛心研究輿地和兵法，經常自比諸葛亮，愛說豪言壯語，逐漸很有名氣。太平天國興起後，湖南巡撫張亮基聘用爲知縣，共守長沙，升任直隸州同知。湘軍系統的駱秉章出任湖南巡撫，聘用左宗棠爲幕僚，視爲左右手。清文宗咸豐帝聽說其人，一天問史館編修郭嵩燾說：「你認識舉人左宗棠嗎？爲何久不出也？年幾何矣？過此精力已衰，汝可爲書諭吾意，當及時出，爲吾辦賊。」「辦賊」係指鎮壓太平軍。曾國藩也看重左宗棠的才幹，積極推薦，使之任兵部郎中，加四品卿銜，協助組建湘軍。左宗棠另外招募五千人，組成一支軍隊，號稱「楚軍」。從此，左宗棠和曾國藩、李鴻章一起，共同鎮壓太平軍，雙手沾滿人民的鮮血。

咸豐十一年（西元一八六一年），左宗棠被授爲太常寺卿，襄辦江南軍務，繼爲浙江巡撫。清穆宗同治二年（西元一八六三年），升任浙、閩總督，兼巡撫事。曾國藩兵圍天京，左宗棠奉其命，借助法國軍隊，攻佔了杭州，因「功」加太子少保銜，受賜黃馬褂。同治三年（西元一八六四年），曾國藩攻克天京，左宗棠趁機平定浙江，因「功」封一等恪靖伯。左宗棠節制浙江、福建、江西三省軍事，繼續鎮壓太平軍的餘部。在嘉應（今廣東梅州）戰役中，兇殘地殺害了一萬六千多人，因此受賜雙眼花翎。

太平天國革命失敗後，左宗棠又和曾國藩、李鴻章一起，鎮壓東、西捻軍和陝西、甘肅的回民起義。他向朝廷獻計獻策，說：「進兵陝西，必先清關外之賊；進兵甘肅，必先清陝西之賊；駐兵蘭州，比先清各路之賊。然後饋運常通，師行無阻。」而且提出，要用炮車制伏捻軍的騎兵，要用騎兵制伏捻軍的步兵。陝西的捻軍和回民義軍聯合，攻掠陝北各地。左宗棠上書請罪，致被革職留用。西捻被基本平定後，回民義軍的勢力還很強大。左宗棠奉命，率兵進寧夏、甘肅、青海，進行鎮壓。同治十二年（西元一八七三年），他被任命爲陝、甘總督協辦大學士，加一等輕車都尉。次年進爲東閣大學士，「朝廷尤矜寵焉」。

史載：「宗棠爲人多智略，內行甚篤，剛峻自天性。」他是由曾國藩推薦而步步高升的，然而在一些問題上，「獨與抗行，不少屈，取捨時合時不合」。他敢於發表自己的意見，「鋒穎凜凜向敵」，「好自矜伐」。他「志行忠介」，「廉不言貧，勤不言勞」，很少過問家事。湖南巡撫胡林翼曾寫信告訴屬吏說：「左公不顧家，請歲籌三百六十金以贍其私。」

左宗棠還是「洋務派」首領之一，支持和參與興辦了一些軍事工業和企業。

此前的左宗棠，無疑是個軍閥，是個劊子手。此後的左宗棠，在新疆問題上，表現出了遠見卓識，具有一定的愛國主義思想。

早在清高宗乾隆帝在位期間，就加強了對邊疆地區的控制，反對民族分裂。乾隆二十年（西元一七五五年）和二十一年（西元一七五六年），乾隆帝發兵進攻伊犁，堅決鎮壓了蒙古準噶爾部貴族達瓦齊和阿睦爾撒納發動的叛亂，設置伊犁將軍、參贊大臣、領隊大臣、都統等，率兵分駐伊犁等地，鞏固了朝廷對天山北路的統治。乾隆二十三年（西元一七五八年），他又發兵進攻葉爾羌（今新疆莎車），鎮壓了維吾爾族宗教首領大和卓（布敦那）、小和卓（霍集占）發動的叛亂，分設參贊大臣等，統屬於伊犁將軍，率兵駐守，鞏固了朝廷對天山南路的統治。其後，天山南北便統稱「新疆」。

鴉片戰爭後，外國列強入侵中國，英國和沙皇俄國垂涎中國的新疆地區，勾結當地的分裂勢力，妄圖實行所謂的「自治」。清穆宗同治年間，境外的浩罕汗國流亡軍官阿古柏，率兵進入南疆，攻佔喀什噶爾（今新疆喀什）、莎車、和闐等七城，自稱畢調勒特汗，建立了反動的「哲德莎爾國」。俄國遂與阿古柏簽約，承認他是「獨立國君主」。北疆則有一個阿布特拉地方政權，控制著包括伊犁、塔城、烏魯木齊在內的廣大地區。陝西回民頭子白彥虎投降阿古柏，佔有烏魯木齊及其附近地區，使天山北路也進入阿古柏的勢力範圍。同治十年（西元一八七一年），俄國侵略軍襲取伊犁城，消滅了阿布特拉，謊稱「代管」伊犁，並揚言要進攻烏魯木齊，直接向清朝廷進行勒索。清朝廷派員與俄國談判，沒有結果，俄國佔有伊犁成了既成的事實。與此同時，英國也不甘落後，通過印度和阿富汗進入南疆。同治十三年（西元一八七四年），阿古柏又和英國簽訂條約，英國得到了在南疆通商、駐使和設領事館等權力。這使新疆的形勢複雜而微妙，它隨時都有可能被外國列強和反動勢力，從中國分裂出去的危險。

如何對待這一嚴峻問題，清朝廷統治集團內部意見不一。以李鴻章爲代表的投降派，一貫媚外求榮，上書說：自乾隆帝以來，朝廷在新疆，每年要花三百多萬兩兵費，簡直是個無底洞，實在不值得。而且，阿古柏已與英、俄立約，如果用兵新疆，必然會遭到英、俄的反對，那是很危險的事情。他還搬出已死的曾國藩來，說曾國藩早有「暫棄關（指玉門關）外，專清關內」的打算，那才是「老成謀國之見」。因此，他主張擱置新疆問題不管，而以主要力量專務海防，加強他的北洋海軍。左宗棠堅決反對這種重海防、輕塞防的荒謬論調，認爲海防、塞防應當並重，二者缺一不可。光緒元年（西元一八七五年），他上書朝廷，明確地說：「關隴新平，不及時規還國家舊所沒地，而割棄使別爲國，此坐自遺患。新疆之地，阿古柏不能有，不西爲英併，即北折而入俄耳。吾地坐縮，邊要盡失，防邊兵不可減，糜餉自若。無益海防而挫國威，且長亂。此不可！」他特別指出，如果爲了省錢，停止用兵，採取退讓政策，那麼敵人就會得寸進尺，不僅新疆不保，就連甘肅和蒙古西部也會受到威脅。這時，他的軍隊已經到達河西走廊，部分軍隊已經進駐哈密，並在那裏屯墾開荒地，從事備戰事宜。

李鴻章和左宗棠在新疆問題上的分歧，從本質上說，是要不要捍衛國家領土完整的問題，是對帝國主義的擴張和侵略採取什麼態度的問題。軍機大臣文祥支持左宗棠的意見。慈禧太后第二次垂簾聽政，沒有理由反對，遂任命左宗棠爲欽差大臣，督辦新疆軍務。

左宗棠深知，用兵新疆，存在著兵員、軍餉、糧食、運輸四大困難。爲此，他精心籌劃，整頓軍隊，挑選精壯者爲兵，裁汰老弱者爲農，實行「兵農分置」；四處籌餉，除申請朝廷撥付外，還自行挪借，甚至向外國貸款；採購糧食，開闢多處糧源，包括向俄國商人購買；雇用民夫和民間騾馬，運輸作戰物資，構築起一條千里運輸線。這時的左宗棠，顯示出一位有爲將帥的謀略和品格，指揮調度，堅定果斷，井然有序。

光緒二年（西元一八七六年），左宗棠把大本營從蘭州前移至肅州（今甘肅酒泉），根據實際情況，確定了「先北後南」的作戰方針。他以劉錦棠爲先鋒，首先向天山北路進軍，攻擊阿古柏的打手白彥虎部。白彥虎部一觸即潰，逃往南疆。劉錦棠順利奪取了烏魯木齊及其附近各地，接著攻佔了瑪納斯。左宗棠命全軍進行休整，隨後實施天山戰役，進軍南疆。

阿古柏驚恐萬狀，一面請求英國主子出面調停，一面以重兵據守吐魯番、托克遜、達阪，力阻清軍南進。英國駐華公使代表阿古柏，向清朝廷「乞降」，但要保留阿古柏政權爲「屬國」地位，「免去朝貢」。朝廷徵詢左宗棠的意見。左宗棠斷然拒絕，指出這是英國的陰謀，絕不能答應。他轉而函告劉錦棠：如果阿古柏派人求降，可以押解肅州處治，特別要注意阿古柏以求降爲名的緩兵詭計。

次年開春，劉錦棠按照部署，揮師轉向南路。左宗棠再派出張曜、徐占彪兩部，配合劉錦棠，同時出擊。左宗棠鄭重叮囑劉錦棠等，說：「大軍規復新疆，乃吊伐之師，與尋常討賊有異，切忌燒殺搶掠。」三路大軍配合前進，英勇作戰，迅速攻克吐魯番、托克遜、達阪，完全打通了通往南疆的道路。阿古柏退到庫爾勒，走投無路，絕望自殺。他的兒子伯克胡里和白彥虎，分兵把守天山南路各地。這時，朝廷裏又響起了反對聲音，認爲左宗棠在新疆用兵，花費巨大，主張停止進軍，「劃定疆界」。左宗棠痛斥這種謬論，說：「今時有可乘，乃爲劃地縮守之策乎？」他上書朝廷，陳說利害關係。慈禧還是沒有理由反對，同意左宗棠繼續用兵。

光緒三年（西元一八七七年），左宗棠的各路軍隊進入南疆，多次擊敗伯克胡里和白彥虎，先後攻佔了喀喇沙爾（今新疆焉耆）、庫爾勒、庫車、阿克蘇等地。伯克胡里和白彥虎退守喀什噶爾、和闐、葉爾羌、英吉沙一帶，作最後的頑抗。十一月，清軍收復各城，伯克胡里和白彥虎狼狽地逃到俄國境內。

這樣，整個新疆，除了伊犁地區外，均被左宗棠的軍隊所控制。光緒四年（西元一八七八年），左宗棠建議建立新疆行省，並請與俄國交涉，歸還伊犁，引渡叛首伯克胡里和白彥虎二人。清朝廷遂派崇厚爲專使，出使俄國，商討通商、分界、償款等事項。崇厚是個糊塗蟲，連伊犁地區在哪裏都不知道，商討中一切由俄國說了算，他只是點頭而已。於是，雙方在光緒五年（西元一八七九年）簽訂一個條約，俄國答應歸還伊犁地區，但這個地區的西境和南境仍屬於俄國；而且，中方還要給俄方五百萬盧布的「償金」。崇厚擅自簽訂這個喪權辱國的條約，激起多數朝臣的憤慨。左宗棠上書說：「自俄據伊犁，蠶食不已，新疆乃有日蹙百里之勢。俄視伊犁為外府，及我索地，則索償盧布五百萬元。是還我伊犁，於俄無損，我得伊犁，僅一荒郊。崇厚所簽條約，是劃伊犁西、南之地歸俄矣！……俄人包藏禍心，妄忖吾國或厭用兵，遂以全權之使臣牽制疆臣。為今之計，當先之以議論，委婉而用機，次決之以戰陣，堅忍而求勝。臣雖衰慵無似，敢不勉力！」清朝廷決定拒絕承認這個條約，把崇厚定為死罪。俄國政府一面通過駐華公使提出抗議，一面在伊犁聚集軍隊，還命其海軍進入黃海，實行武力恫嚇。左宗棠也不含糊，派出三路軍隊，兵鋒直指伊犁，擺出強硬姿態。光緒六年（西元一八八〇年）四月，他把大本營從肅州前移至哈密，而且運去一具棺材，以示寧死也要收復伊犁的決心。這時，英國出面斡旋。清朝廷委曲求全，派曾紀澤出使俄國，談判修正前約問題，開釋對崇厚的懲處，同時把左宗棠召回北京，以劉錦棠代替其職務。光緒七年（西元一八八一年），曾紀澤與俄國簽訂新的條約，伊犁地區終於歸還中國。但是，俄國在中國西北邊疆，又吞併了七萬平方公里的土地，中國對俄國的「償款」，增加到九百萬盧布。

左宗棠在新疆所進行的戰爭，形式上是他在陝、甘地區軍事行動的延續，然其性質發生了改變。以前，他鎮壓太平軍、撚軍和回民義軍，是為了維護清朝的封建統治，屬於反動性質；而在新疆用兵，對付的敵人是對新疆人民實行暴虐統治和壓迫的阿古拉割據政權，以及妄圖分裂中國的英、俄侵略者，旨在維護國家統一和民族利益。正因爲如此，左宗棠的行動，得到了新疆各族人民的有力支持。這是他能獲得勝利的決定性的原因。左宗棠被召回北京，受賜紫禁城騎馬，授軍機大臣，兼値譯署，位同宰相。然而，左宗棠畢竟是一位將帥，乍到朝中任職，成天與那些老朽的官僚打交道，很不習慣，故而「引疾乞退」。慈禧嫌他性格剛峻，礙手礙腳，樂得任命其出爲兩江總督，兼南洋通商大臣。左宗棠遏制了英國、俄國分割中國領土的陰謀，贏得其他帝國主義國家的好感。所以當他到達上海時，「西人爲建龍旗，聲炮，引導之維謹」。

光緒九年（西元一八八三年），法國侵略軍侵略越南，接著侵略中國，中法戰爭爆發。左宗棠又生出豪情，自請赴雲南督師，並命原先部將王德榜組建一支「恪靖定邊軍」。慈禧、李鴻章執意妥協退讓，致使戰爭初期失利。左宗棠又被召回北京，再任軍機大臣。法國侵略軍大舉入侵。左宗棠親到福建視師，並命一支軍隊到臺灣，加強臺灣的防禦。光緒十年（西元一八八四年），清朝廷正式設置新疆省，左宗棠的夙願得以實現。光緒十一年（西元一八八五年），李鴻章在清軍力挫法軍的情況下，無恥地與法國簽訂了屈辱的《中法會訂越南條約》。七月，左宗棠病死於福州，死年七十三歲。朝廷追贈他爲太傅，謚曰「文襄」。

袁世凱——竊國大盜，跳樑小丑

慈禧太后實際統治中國近半個世紀，對內鎮壓人民反抗，對外奉行妥協投降政策，使中國形成了半殖民地半封建的統治秩序，也加速了清朝的滅亡。清朝滅亡前後，知名將帥首推袁世凱。這個人既是竊國大盜，又是跳樑小丑，所作所為，違背歷史潮流，落下千古罵名。

袁世凱（西元一八五九～一九一六年），字慰亭，號容庵，河南項城人。早年依靠淮軍將領吳長慶，捐得同知銜。光緒十一年（西元一八八五年），經李鴻章保薦，出任駐朝鮮通商大臣。七年後被授為道員。光緒二十一年（西元一八九五年），被派往天津小站訓練「新建陸軍」，繼任直隸按察使。此舉為他從事反革命事業打下了基礎。光緒二十四年（西元一八九八年）戊戌變法期間，袁世凱偽裝贊成維新運動。七月，名義上親政的光緒帝在頒發了許多新政上諭後，任用譚嗣同、楊銳、劉光第、林旭四人為軍機章京上行走，參預新政事宜。這一組織性措施，觸動了慈禧敏感的神經。慈禧正在頤和園「休養」，立刻和親信榮祿密商，著手實施發動政變，廢黜光緒帝的計畫。光緒帝得知慈禧的陰謀，焦急而又驚慌，寫了一道密詔，讓楊銳帶給康有為，說：「朕惟世局艱難，非變法不足以救中國，非去守舊衰謬大臣，而用通達英勇之士不能變法。而皇太后不以爲然，朕屢次幾諫，太后更怒。今朕位幾不保，汝康有爲、楊銳、林旭、譚嗣同、劉光第等，可妥速密籌，設法相救。朕十分焦灼，不勝企望之至。」康有爲等都是沒有實力的文弱書生，在危急關頭豈能救得皇帝？他們經過緊急磋商，最後決定爭取袁世凱，指望他能殺死榮祿，保護皇帝。

於是，光緒帝兩次召見袁士凱，賞以侍郎銜，命他專管練兵事宜。譚嗣同秘密會見袁世凱，要他在天津殺死榮祿，然後以一半兵力包圍頤和園，一半兵力護衛皇宮。譚嗣同對袁世凱說：「你如果不幹，可到頤和園告密請賞，把我譚嗣同殺了。」袁世凱信誓旦旦，慷慨陳詞，一再表白自己不是那種卑鄙小人，還說：「誅榮祿，如殺一狗耳。」不過，他推說事情需要準備，等到九月，慈禧和光緒帝到天津閱兵時，方能採取行動。

袁士凱回到天津權衡利害以後，立即向榮祿告密，全盤交代了譚嗣同夜訪的情況。榮祿火速進京，跑到頤和園，報告慈禧。慈禧決定提前發動政變，八月初回到皇宮，囚禁了光緒帝，宣布再度垂簾聽政。接著下令逮捕康有爲、梁啓超等維新派代表人物及支持變法的官員。結果，康有爲逃亡香港，梁啓超逃亡日本，譚嗣同、林旭、楊銳、劉光第、楊深秀、康廣仁被殘酷殺害，史稱「戊戌六君子」。

袁世凱靠出賣維新派取得了慈禧的寵信。光緒二十五年（西元一八九九年）升任山東巡撫，血腥地鎮壓義和團運動。光緒二十六年（西元一九〇〇年），八國聯軍侵犯北京，慈禧挾持光緒帝逃往西安。袁世凱積極參加帝國主義策劃的「東南互保」。次年，李鴻章在簽訂了可恥的《辛丑合約》後死去，袁世凱升任直隸總督兼北洋大臣。這是他從事反革命事業一個新的起點。

慈禧像功臣凱旋一樣回到北京，爲了欺騙國人和取悅洋人，也搞起「新政」來了。其中一項內容是改革軍制，組建「新軍」，袁世凱統率下的北洋六鎮，轉眼間成了「北洋新軍」。慈禧還同意「預備立憲」，袁世凱趁機提出了「變更政體」的請求。所謂變更政體，就是由朝廷頒布憲法，實行君主立憲，以抵制日益高漲的資產階級革命運動。這期間，中國革命的先行者孫中山，在海外和國內四處奔走，宣傳革命思想，組建革命團體，發動武裝起義。特別是光緒三十一年（西元一九〇五年），他發起成立中國同盟會，確定了「驅除韃虜，恢復中華，建立民國，平均地權」的綱領，產生了巨大的影響。

光緒三十二年（西元一九〇六年），朝廷採取步驟，「厘定官制」，削減地方督撫的權力。袁世凱迫於形勢，奏請免掉他的各項兼差，把北洋軍隊六鎮中的四鎮（每鎮約一萬三千人）交給陸軍部，只保留駐在天津和山海關的兩鎮，仍歸他指揮。次年，他被調任外務部尚書兼軍機大臣。從表面看，袁世凱被剝奪了軍權，而實際上，北洋六鎮中的五鎮將領均是他的鐵杆親信，時刻與他保持著密切的聯繫。光緒三十四年（西元一九〇八年）十月，光緒帝和慈禧在三天內接連死去。按照慈禧生前的安排，她的侄孫愛新覺羅溥儀繼承帝位，就是宣統皇帝。宣統帝時年三歲，其父載灃爲攝政王，掌握了實際權力。載灃意識到袁世凱是個危險的野心家和陰謀家，新皇帝登基不久，便免掉了他的一切職務。袁世凱不動聲色，住到河南彰德的洹上村，名曰「退隱」，實是窺測時機，準備捲土重來。北洋的將領和各地的官紳，紛紛前往拜訪，洹上村儼然成了另一個權力中心。

宣統三年八月十九日（西元一九一一年十月十日），武昌的革命軍發動起義，一夜之間取得了勝利。當年為農曆辛亥年，故稱辛亥革命。隨後的一個多月內，十餘個省宣布獨立，不再接受清朝廷的統治，轉而擁護新成立的湖北軍政府。載灃大為驚恐，計無所出。許多朝臣立刻想到袁世凱，建議重新起用。其中包括內閣總理慶親王奕劻，早被袁世凱賄賂買通。載灃儘管疑懼袁世凱，但此時別無他法，只能用皇帝名義發布上諭說：「湖廣總督著袁世凱補授，並督辦剿撫事宜。」

袁世凱故意擺譜，拒絕出任湖廣總督。載灃萬分焦急，派了內閣協理大臣徐世昌拜見袁世凱，敦促他出山。徐世昌恰是袁世凱的好友，袁世凱隨即提出六個條件，要求把指揮軍事的全權交給他，並由他組織責任內閣。也就是說，他要成為內閣首腦，掌握軍政大權。

載灃只能答應條件，遂任命袁世凱為欽差大臣，統領水陸各軍。袁世凱的親信馮國璋、段琪瑞分任第一、二軍統領。袁世凱命馮、段進攻武漢，很快佔領漢口。他用這一行動向朝廷證明，只有他，才能收拾當時的局面，同時也是為了向革命軍顯示自己的力量。

九月，載灃廢去原內閣，授袁世凱為內閣總理大臣，並催他回京，主持大事。袁世凱卻不著急，前往漢口，試探革命陣營的態度，尋找他所能利用的人。湖北軍政府都督黎元洪，還有那個汪精衛，希望袁世凱贊助共和。黎元洪甚至寫信給袁世凱說：「將來民國總統選舉時，第一任之中華共和國大總統，公固不難從容獵取也。」同盟會領導人之一黃興也希望袁世凱參加推翻清朝，並說，他若這樣做，就能成爲中國的拿破崙和華盛頓。袁世凱摸清了革命陣營的政治脈搏，隨後回到北京，正式出任總理大臣，組成了新的內閣。這個內閣，得到了帝國主義列強的支持。因爲袁世凱在他們心目中，是個「最可信賴」的人。

這年十月，黎元洪出面，召集各獨立省的都督到武漢開會，制訂一個《中華民國臨時政府組織大綱》。接著，會議移至南京舉行，決定只要袁世凱贊成共和，可以選舉他爲大總統。這時，孫中山從國外回到上海，局勢發生了新的變化。孫中山在革命派中享有崇高的威望，於是各省都督投票選舉，共十七票，孫中山以十六票當選中華民國臨時政府大總統。十一月十三日（西元一九一二年一月一日），孫中山在南京宣誓就職，就任臨時大總統，宣告中華民國成立。

這一結果是袁世凱始料所未及的。他抓緊進行部署。北京方面，他迫使攝政王載灃自請退位，獨自掌握了清朝的所有大權；南京方面，他施以武力威脅及議和利誘的雙重策略，使南京政府不可能有所作爲。孫中山在就任臨時大總統時曾經承諾，只要袁世凱推翻清朝，自己可以讓出大總統的職位。於是，南北方舉行談判，談判的實質問題是：在什麼條件下結束清王朝，同時取消南京政府，使一切權力歸於袁世凱。袁世凱在南北方談判期間，反過手對朝廷施加壓力，提出奏摺，竭力申說以現有兵力財力，無法「剿撫」南京政府，然後托稱有病，不再上朝，而由他的親信代表他和朝廷聯繫。

袁世凱在南方和北方雙雙獲利。清朝廷實際上已陷入癱瘓狀態。袁世凱指示北洋將領聯名上書，籲請皇帝立即退位，確定共和政體。西元一九一二年二月十二日，「垂簾聽政」的隆裕太后焦頭爛額，不得不用皇帝名義頒發了退位詔書，從而結束了清朝的統治，同時也結束了中國二千多年來的皇帝專制制度。南京的參議院根據袁世凱提出的方案，批准了「關於清帝遜位後優待之條件」。袁世凱取得「以全權組織臨時共和政府」的資格，也就否定了南京政府。十四日，孫中山爲形勢所逼，同時也爲共和大局考慮，向參議院提出辭職。十五日，參議院選舉袁世凱爲臨時大總統，黎元洪爲副總統。參議院電告袁世凱，竟然稱他爲「世界之第二華盛頓，中華民國之第一華盛頓」。

孫中山有言在先，民國臨時政府地點設於南京，袁世凱需到南京就任大總統。袁世凱詭計多端，指使親信曹錕的部隊在北京嘩變，劫掠商民，製造混亂，藉以證明非由他坐鎮北京不足以穩定北方局勢。帝國主義列強配合行動，造成一種袁世凱離開北京，「內憂外患」就會接踵而來的假象。南京方面步步退讓，最後同意袁世凱不必到南京就職。三月十日，袁世凱在北京宣布就任臨時大總統，提名由他的好友唐紹儀出任國務總理。辛亥革命的勝利果實，最終落到了袁世凱手中。

這年十月十日，袁世凱就任正式大總統，宣布前清政府及中華民國臨時政府，與各外國政府簽訂的條約、協約、公約，「必應恪守」。這個態度受到帝國主義列強的歡迎，他們紛紛承認了袁世凱的中華民國政府。封建帝制換上了民國的招牌，皇帝換成了大總統，但中國仍然是在帝國主義列強控制下的半殖民地半封建國家。

袁世凱靠陰謀手段爬上了大總統的寶座，立刻暴露出兇惡的嘴臉，一面向外國大借款，一面殘酷地鎮壓革命黨人。同盟會改組成爲國民黨，宋教仁是該黨的核心人物之一。袁世凱收買暴徒，刺殺了宋教仁，而且罷免了國民黨的三個都督。時在上海的孫中山、黃興，號召南方各省力量，開展「反袁」鬥爭，由此爆發了「二次革命」。袁世凱稱孫中山、黃興等爲「暴徒」，下令通緝，使「二次革命」歸於失敗。西元一九一三年十一月，袁世凱乾脆下令解散國民黨，把隸屬於國民黨的議員資格全部取消。西元一九一四年三月，他獨斷地召開了約法會議，炮製出「約法增修大綱」七條，取消議會制和內閣責任制，走上了總統個人獨裁的道路。西元一九一五年一月，他又炮製「大總統選舉法」，規定大總統任期十年，並可連任。還有一項規定十分奇特，繼任大總統候選名單由現任大總統預先確定，寫在「嘉禾金簡」上，密藏於「金匱石室」中，屆時，打開石室，取出名單，人們只能照單「選舉」。這實際上是封建王朝的「皇儲密建法」，目的在於使袁世凱的兒子，日後也能當上大總統。其時，歐洲大戰（第一次世界大戰）如火如荼，西方列強均捲入其中。日本帝國主義認爲這是獨佔中國的好機會，悍然派兵侵略山東，進而提出二十一條蠻橫無理的要求。袁世凱居然全部接受，爲日本更大規模地侵略中國提供了條件。

袁世凱另有所想，那就是復辟帝制。實際上，他與皇帝已沒有什麼兩樣了，所差的只是個名號而已。這時，他及其黨羽大肆製造輿論，說民主共和不適於中國，中國必須實行帝制，而且僞造了全國擁戴袁世凱當皇帝的「民意」。十二月十二日，袁世凱急不可待，正式宣布實行帝制，重新穿戴冠冕，做起了皇帝；改中華民國爲「中華帝國」，並像歷代皇帝使用年號那樣，決定次年爲「洪憲元年」。

這是歷史的大倒退！袁世凱接受日本二十一條，出賣國家主權和利益，已經激起全國人民的憤慨；繼又復辟帝制，更使全國人民怒不可遏。各地迅速掀起反對和聲討袁世凱的浪潮。蔡鍔領導的護國軍從雲南進軍四川。西南幾個省甚至宣布獨立。袁世凱陷入困境和窘境之中，預定在西元一九一六年元旦舉行「登極大典」未敢舉行，一再推延。三月二十二日，他在內外交困的情況下，不得不宣布撤銷帝制。前前後後，他只當了八十三天皇帝。北洋軍閥內部矛盾激化，段琪瑞、馮國璋等奉勸袁世凱下臺。六月六日，這個竊國大盜、跳樑小丑，在億萬人民的唾罵聲中，憂懼而死，結束了卑劣無恥的一生。

中國史話（1）尋找失落的歷史年表

《石器時代、夏、商、西周》（170萬年前~B.C771）

定價：250元

本書共分四章，內容包括：文明初始、尋找失落的年表、三星堆、殷墟婦好墓等。

這裡有中華文明的歷史遺存、感慨萬千的斷代工程、嘆為觀止的考古發掘，本書為讀者考證遠古人類的生存方式、解讀夏商周的歷史年表、述說不為人知的傳奇與奧妙。

中國史話（2）唇槍舌戰的春秋時代

《東周、春秋戰國》（B.C770~ B.C222）

定價：250元

本書分西周和春秋戰國和曾侯乙墓兩部分。

內容包括：封建王朝的開端、制禮作樂與由神及人。

中國史話（3）氣吞山河的雄奇帝國

《秦、兩漢三國、魏晉南北朝》（B.C359~A.C573）

定價：250元

本書共分五章，內容包括：秦帝國、兩漢三國、金縷玉衣、魏晉風度、石刻上的歷史等。您可以領略曇花一現的鐵血軍團、風雲際會的兩漢王朝、群雄爭霸的三國鼎立，亦可親歷橫掃天下的大秦帝國、撫摸魅力永駐的雲岡龍門，書中再現了白衣飄然的魏晉風度。

中國史話（4）塵封不住的絢麗王朝

《隋唐、兩宋、五代十國（遼、西夏、金）》（A.C581~A.C1206）

定價：250元

本書共分八章，內容包括：隋朝業績、虞弘墓、盛唐氣象、大唐遺風、五代與遼文化、汴京夢華、錦繡江南、西夏王朝等。書中涵蓋風華絕代的隋唐氣象，一枝獨秀的兩宋雲煙，塵封千載的西夏往事，可以領略繽紛瑰寶的大唐繁華，品味錦上添花的兩宋芳澤，探尋黃沙深處的王朝蹤影。

中國史話（5）三朝上演的皇權沉浮

《元、明、清》（A.C1206~A.C1842）

定價：250元

本書共分六章，內容包括：元朝風韻、明朝興起、康乾盛世、避暑山莊、文化劫掠、近代鐵路等。通過本書您可以了解縱橫四海的蒙古帝國、氣吞華宇的明朝帝都、濃墨重彩的康乾盛世，您可以縱覽氣象萬千的元朝風韻、起航大氣磅礡的明代巨輪，可以透視盛極而衰的清宮末路。

中國史話（6）吶喊聲中的圖強變革

《清末、民初》（A.C1900~1919）

定價：250元

本書分為庚子國變和記憶百年兩部分。主要內容包括：庚子國變的真相、清軍和義和團對東交民巷的圍攻、聯軍攻進了北京城、孫中山革命、清帝遜位、民國成立等。

中國將帥事略／張雲風著. -- 一版. -- 臺北
市：大地, 2007.12
面：　公分. --（History：25）

ISBN 978-986-7480-83-5（平裝）

782.21　　　　96022511

中國將帥事略

HISTORY 025

作者	張雲風
創辦人	姚宜瑛
發行人	吳錫清
主編	陳玟玟
出版者	大地出版社
社址	114台北市內湖區瑞光路358巷38弄36號4樓之2
劃撥帳號	50031946（戶名　大地出版社有限公司）
電話	02-26277749
傳眞	02-26270895
E-mail	vastplai@ms45.hinet.net
網址	www.vasplain.com.tw
美術設計	普林特斯資訊股份有限公司
印刷者	普林特斯資訊股份有限公司
一版一刷	2007年12月

大地

定　價：300元